欠发达地区新能源发展评价及政策研究

New Energy Development and its
Policy Evaluation in Underdeveloped Areas

李世祥 吴巧生 白俊 王楠 著

中国社会科学出版社

图书在版编目（CIP）数据

欠发达地区新能源发展评价及政策研究 / 李世祥等著 . —北京：中国社会科学出版社，2022.10
ISBN 978 - 7 - 5227 - 0575 - 0

Ⅰ.①欠… Ⅱ.①李… Ⅲ.①不发达地区—新能源—产业发展—产业政策—研究—中国 Ⅳ.①F426.2

中国版本图书馆 CIP 数据核字（2022）第 135622 号

出 版 人	赵剑英
责任编辑	黄 晗
责任校对	王玉静
责任印制	王 超

出　　版	中国社会科学出版社
社　　址	北京鼓楼西大街甲 158 号
邮　　编	100720
网　　址	http://www.csspw.cn
发 行 部	010 - 84083685
门 市 部	010 - 84029450
经　　销	新华书店及其他书店
印　　刷	北京明恒达印务有限公司
装　　订	廊坊市广阳区广增装订厂
版　　次	2022 年 10 月第 1 版
印　　次	2022 年 10 月第 1 次印刷
开　　本	710 × 1000　1/16
印　　张	16
插　　页	2
字　　数	262 千字
定　　价	86.00 元

凡购买中国社会科学出版社图书，如有质量问题请与本社营销中心联系调换
电话：010 - 84083683
版权所有　侵权必究

前　言

党的十九届五中全会指出，当前和今后一个时期，中国发展不平衡不充分问题仍然突出、生态环保任重道远、农业基础还不稳固。随着脱贫攻坚战和全面建成小康社会取得全面胜利，中国彻底解决绝对贫困问题，欠发达地区的经济发展重心随之转向解决相对贫困问题，以及缩小城乡区域发展和收入分配差距，全面推进乡村振兴，实现均衡发展。同时，中国欠发达地区主要位于中西部地区，该地区是中国重要的生态屏障和生态功能区，新能源资源丰富。但是，传统用能结构和用能方式使得欠发达地区原本脆弱的生态环境不堪重负，面临着艰巨的生态环保任务。因此，平衡欠发达地区经济发展与环境保护是新时代高质量发展的重要使命。新能源扶贫以绿色、低碳、环保的优势成为破解这一困境的突破口，展开对新能源扶贫的深入研究，有助于巩固脱贫攻坚成果和乡村振兴有效衔接。

本书以欠发达地区新能源发展评价及政策研究为研究对象，从理论、实证和政策三个层面对欠发达地区新能源发展的环境效应、减贫效应及政策进行分析。全书共分为十章。其中，第一章是导论，包括选题背景、研究目的及意义，综述国内外研究进展，提出研究思路、主要内容及方法；第二章是欠发达地区新能源发展理论基础，包括欠发达地区概念、能源—经济—环境内在逻辑联系、能源贫困成因及其社会经济影响、新能源扶贫政策效应和减贫效应等相关理论；第三章是欠发达地区经济社会发展与能源消费现状，包括欠发达地区经济社会现状、能源消费及其影响因素分解等；第四章是欠发达地区生态环境及生态足迹分析，包括欠发达地区的自然生态环境特点、突出环境问题和生态足迹分析测算等；第五章是能源与环境约束下欠发达地区经济增长尾效分析，包括欠发达地区能源与碳排放的经济增长尾效模型与方法、指标体系构建、实证结果分析和政策建议等；第六章是欠发达地区新能源发展现状及潜力评价，包括欠发达地区新能源发展面临的政策机遇、资源特点及优势、开发现状，以及基于PSR框架下的欠发达地区太阳能发展潜力评价及风险挑战等；第七章是欠发达地区新能源发展的经济增长效应，包括欠发达地区新能源发展经济效应指标体系、模型方法、实证分析和政策建议等；第八章是欠发达地区新能源发展的环境效应，包括欠发达地区能源消费EKC关系，新能源消费、工业化和城镇化等要素对EKC的影响机理及政策建议等；第九章是欠发达地区新能源发展的减贫效应，包括新能源扶贫减贫效应的作用机理、模型方法和数据变量，以及基于PSM-DID的欠发达地区新能源扶贫减贫效应评价等；第十章是欠发达地区新能源发展提升机制、战略重点与政策优化，包括新能源发展政策价值、政策目标、发展模式和政策工具等，新能源发展战略重点内涵、布局和工程，以及欠发达地区新能源发展政策优化思路等。

整体而言，本书的特点主要体现在以下四个方面。一是提出基于经济—能源—环境相互耦合的欠发达地区新能源发展及其理论分析框架。综合资源环境经济学、发展经济学和公共政策等多学科理论，本书对环境效应视角下欠发达地区新能源发展的现状评价、环境效应、经济效应及政策分析进行系统梳理，有利于阐释"绿水青山就是金山银山"的习近平生态文明思想。二是注重理论与实证分析相结合。基于系统耦合思维，本书采用多学科交叉研究方法，构建欠发达地区新能源发展政策评估模型、能源尾效模型和经济增长空间效应模型等，科学揭示欠发达地区新能源发展与经济增长、环境保护之间的内在逻辑关系。三是归纳总结欠发达地区新能源发展实践经验。本书立足欠发达地区新能源扶贫实践，提出欠发达地区新能源发展实践经验在于充分发挥欠发达地区新能源潜力，将新能源发展与巩固脱贫攻坚、乡村振兴相结合，以实现资源开发、经济增长和环境保护协同发展为目标，带动欠发达地区经济高质量发展。四是构建欠发达地区新能源发展及政策优化体系。本书紧紧围绕欠发达地区新能源发展与巩固脱贫攻坚成果的内在逻辑联系，从统筹经济发展、生态保护和巩固脱贫攻坚成果协同发展角度，探索提出欠发达地区新能源发展及政策的优化思路和方法，为巩固拓展新能源扶贫成果同乡村振兴相衔接提供智力支撑。

目 录

第一章 导论 …………………………………………………… (1)
   第一节 研究背景和意义 ………………………………… (1)
   第二节 相关研究进展 …………………………………… (4)
   第三节 研究思路、内容及方法 ………………………… (28)
   第四节 本书的主要观点 ………………………………… (31)

第二章 欠发达地区新能源发展理论基础 ………………… (34)
   第一节 欠发达地区范围界定 …………………………… (34)
   第二节 能源消费、经济增长与环境效应 ……………… (38)
   第三节 能源贫困的成因及其社会经济影响 …………… (50)
   第四节 新能源扶贫的政策效应及减贫效应 …………… (55)

第三章 欠发达地区经济社会发展与能源消费现状 ……… (65)
   第一节 欠发达地区经济社会发展现状 ………………… (65)
   第二节 欠发达地区能源消费现状 ……………………… (69)
   第三节 欠发达地区能源消费影响因素分解 …………… (71)

第四章 欠发达地区生态环境及生态足迹分析 …………… (85)
   第一节 欠发达地区的自然生态环境 …………………… (85)
   第二节 欠发达地区面临的突出环境问题 ……………… (87)
   第三节 欠发达地区的生态足迹分析 …………………… (90)

第五章　能源与环境约束下欠发达地区经济增长尾效分析 …………（101）
第一节　问题的提出 ……………………………………………（101）
第二节　经济增长尾效测算模型及方法 ………………………（102）
第三节　欠发达地区经济增长尾效实证分析与讨论 …………（107）
第四节　结论与小结 ……………………………………………（115）

第六章　欠发达地区新能源发展现状及潜力评价 …………………（119）
第一节　欠发达地区新能源发展的政策机遇 …………………（119）
第二节　欠发达地区特点与新能源发展优势 …………………（123）
第三节　欠发达地区新能源开发利用现状 ……………………（129）
第四节　欠发达地区新能源发展潜力评价
——以太阳能为例 ………………………………………（141）
第五节　欠发达地区发展新能源的挑战 ………………………（150）

第七章　欠发达地区新能源发展的经济增长效应 …………………（154）
第一节　问题的提出 ……………………………………………（154）
第二节　新能源发展的经济增长效应模型与方法 ……………（157）
第三节　基于欠发达地区新能源发展的实证结果与讨论 ……（163）
第四节　结论与小结 ……………………………………………（172）

第八章　欠发达地区新能源发展的环境效应 ………………………（174）
第一节　问题的提出 ……………………………………………（174）
第二节　新能源发展的环境效应模型与方法 …………………（177）
第三节　基于欠发达地区的实证结果与讨论 …………………（180）
第四节　结论与小结 ……………………………………………（184）

第九章　欠发达地区新能源发展的减贫效应 ………………………（186）
第一节　问题的提出 ……………………………………………（186）
第二节　新能源扶贫减贫效应机理、模型及方法 ……………（187）
第三节　新能源扶贫减贫效应评价 ……………………………（192）
第四节　结论与小结 ……………………………………………（198）

第十章 欠发达地区新能源发展提升机制、战略重点与政策优化 …………………………………………………………（200）
  第一节 欠发达地区新能源发展提升机制 …………………（200）
  第二节 欠发达地区新能源发展提升战略重点 ……………（207）
  第三节 欠发达地区新能源发展提升政策优化路径 ………（218）

参考文献 ……………………………………………………………（225）

后　记 ………………………………………………………………（247）

第 一 章

导　　论

第一节　研究背景和意义

一　研究背景

能源是人类经济社会发展的重要物质基础。自工业文明以来，现代国家和地区一般都构建了以传统化石能源为基础的产业生产和消费系统。然而，由于化石能源是不可再生的资源，无法持续更新以满足人类需求，不可避免出现供应危机问题。同时，化石能源消费带来的环境污染和全球气候变化直接威胁人类的生存环境和身心健康，造成生态环境危机。近年来，在能源开发尤其是新能源开发方面，以风能、太阳能等为代表的新能源凭借其清洁、绿色、低投资、高潜力等优势，受到世界各国政府越来越多的关注和投入。2006年中国颁布实施《可再生能源法》，国务院及其各部委先后出台了一系列支持新能源发展的政策措施，为中国新能源的开发和利用提供了强有力的法律保障和政策支持。随着中国经济社会发展进入新时代，社会公众对环境质量的满意度已成为能源领域重要的考核指标。为了应对环境问题，保障能源供给安全，实现能源利用和经济社会的可持续发展，社会各界对可再生能源的投资和关注不断增加，可再生能源对化石能源的替代效应愈加凸显。

党的十八大提出"能源革命"战略，包括"四个革命"即能源生产革命、能源消费革命、能源技术革命和能源体制革命，鼓励新能源和可再生能源发展，保障国家能源安全（童亚辉，2019）。该战略的提出为中国能源发展指明了方向，促使中国能源发展由传统能源向新能源转变。党的十九大报告指出，进一步推进中国能源生产和消费革命，加快构建清洁低碳、安全高效的现代能源体系（钱智民，2019）。习近平总书记也多次强调"绿水青山就是金山银山"，正确处理经济发展和环境保护的关系。因此，新时代中国能源资源的开发利用必须要与可持续发展的绿色生态理念和生态文明社会建设的要求相契合。

目前，中国能源消费结构不合理，煤炭仍然占据主导地位。据国家统计局数据，2019年，中国煤炭消费量占能源消费总量的57.7%，天然气、水电、核电、风电等清洁能源消费量占能源消费总量的23.4%，石油约占能源消费总量的18.9%（国家统计局，2020）。同时，在中国欠发达地区，能源贫困问题较为突出，主要体现在用能方式落后、能源消费结构不合理、开发利用率低等方面。目前，中国大多数欠发达地区用能方式仍然以薪柴和煤炭的直接燃烧为主，这种不合理的能源使用和消费方式，不仅会污染空气，危害人体健康，而且过度砍伐也会导致土地植被覆盖率降低，加剧土壤流失，破坏生态环境。

中西部地区是中国相对贫困人口的集中分布区，也是中国新能源的富集地。开发利用新能源，对改善欠发达地区生态环境、带动欠发达地区新能源产业发展、助力乡村振兴，具有重要的战略作用和意义。实践中，中国大力引导和支持以水电、风电、光伏为支撑的新能源扶贫。2014年，国家出台《关于实施光伏扶贫工程工作方案》，将光伏产业作为能源领域参与脱贫攻坚战的重要政策工具（国家能源局和国务院扶贫办，2014）。2016年，国家进一步出台《农村小水电扶贫工程试点实施方案》，将农村小水电发展纳入脱贫攻坚战的重要任务（国家发展改革委和水利部，2016）。2018年，《进一步支持贫困地区能源发展助推脱贫攻坚行动方案（2018—2020年）》颁布，支持欠发达地区因地制宜发展风能、太阳能、生物质能等可再生能源，有序推进欠发达地区风电基地和光伏电站建设（国家能源局，2018）。将新能源的开发利用与巩固脱贫攻坚成果相结合，既可以帮助欠发达地区致富，又可以充分开发利用新能源、保护生态环境，这为破解环境效应视角下欠发达地区能源贫困对经济增长的约束效应，探索出一条中国特色的新能源扶贫道路、巩固脱贫攻坚成果和助力乡村振兴提供了重要思路和途径。

二 研究目的及意义

(一) 研究目的

欠发达地区的落后不只是经济发展的落后和收入水平的低下，还有长期被忽略的能源基本服务不足和能源获取方式的落后，即能源贫困。随着欠发达地区脱贫致富和经济发展，能源资源和环境容量的消耗也随之增加，进而产生新的资源环境问题，这是巩固脱贫攻坚成果和环境保护两大战略平衡中的难题。新常态下，破解这一难题要有新的思维。在新能源备受世界主要国家青睐和中国大力发展新能源的背景下，支持和引导欠发达地区发展新能源，为实现乡村振兴和保护环境双重目标提供了新的契机。本研究的目的在于，结合世界新能源发展经验和中国新能源扶贫实践，科学分析欠发达地区新能源发展中的环境效应，研究中国欠发达地区发展新能源的路径及新能源扶贫机制。具体而言，包括以下两个方面：

（1）探索出一条适应欠发达地区脱贫致富的新能源发展路径，拓展能源发展中区位选择、环境约束及人文发展相关内容，丰富资源环境经济学和发展经济学相关知识体系。

（2）构建适应欠发达地区的新能源发展提升长效机制和政策体系，为政府相关部门提供决策参考。

(二) 研究意义

根据研究背景和目的，本项研究的意义主要体现在以下两个方面：

1. 理论意义

新能源发展中的区位选择、环境约束及人文发展，是资源环境经济学和发展经济学中需要进一步拓展的重要学术问题，而研究欠发达地区新能源发展、环境效应及巩固提升长效机制可以在很大程度上回答这一问题，因而具有独特的学术价值。同时，以环境效应为研究视角，有助于扩展欠发达地区新能源发展的领域和视野，丰富能源贫困环境的基础理论。因此，本研究具有重要的理论意义和学术价值。

2. 现实意义

欠发达地区的能源问题一直是能源研究的热点话题之一。基于环境效应视角，将新能源的开发利用与巩固脱贫攻坚成果有机结合在一起，研究欠发达地区新能源发展长效机制和政策，可为完善现有相关政策体系并为政府部门决策提供参考,这对于推动生态文明新农村建设、巩固脱贫攻坚战略成果和助力乡村振兴具有重要的政策应用和参考价值。因此,本研究具有重要的现实意义。

第二节 相关研究进展

为了全面了解相关研究成果和进展,本节借助文献计量法,从国外和国内两个方面,围绕欠发达地区新能源发展及其扶贫进行文献综述。

一 国外

基于 Web of Science(WOS)核心合集数据库,运用文献计量研究法,分析了国外关于新能源发展及其扶贫相关研究进展,主要特点如下。

(一)发文量及发文趋势

国外越来越关注新能源扶贫及其环境效应研究。以"new energy development"或"new energy poverty alleviation"与"remote or poor or rural"进行主题检索,包括清洁能源、太阳能、风能、生物质能、氢能、地热能、海洋能、小水电、化工能、核能、光伏、可再生能源等,文献类型选定"artical",语种限定为"English",时间跨度为2000—2020年,检索文献1282条,剔除明显无关的文献,经 CiteSpace 合并重整文献,整理出1280篇英文文献作为计量分析的样本数据。结果显示(图1-1),2000—2020年 WOS 数据库中欠发达地区新能源发展及扶贫相关研究呈现加速上升的年度分布特征。根据文献的分布情况,可分为三个阶段:第一阶段为缓慢发展阶段(2000—2006年),稳定在每年20篇左右,发文量较少;第二阶段为稳步发展阶段(2007—2015年),该阶段发文量保持稳步增长态势,累计发表490篇,占总量的38.28%,为欠发达地区新能源发展及扶贫研究提供了坚实的研究基础;第三阶段为快速发展阶段(2016—2020年),研究热度高、成果产出多。

(二)国别分析

就各个国家发文量而言,主要集中于美国、中国以及部分发展中国家。统计欠发达地区新能源发展及扶贫研究领域不同国家的发文数量(图1-2),发文量排名前十的国家仅有中国、印度和南非三个发展中

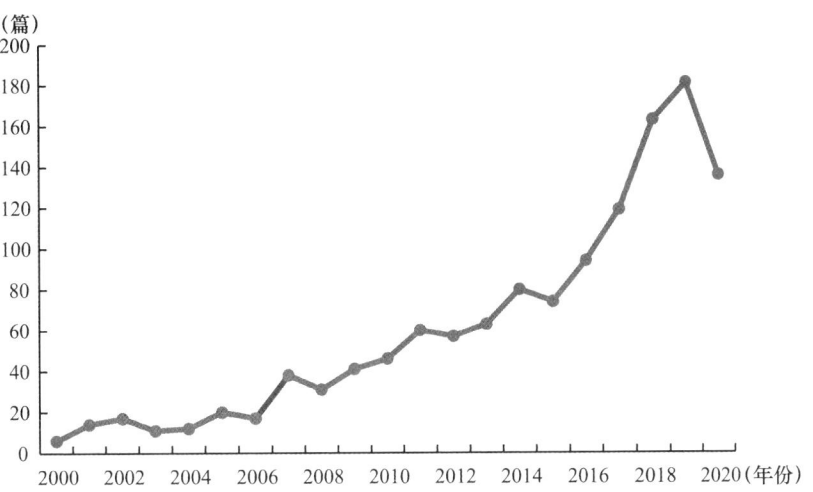

图1-1 WOS收录欠发达地区新能源发展及扶贫研究年度发文量

家,其余均为发达国家。美国和中国两国的发文量占总发文量的34.77%,远高于其他国家。其中美国的发文量最高,达233篇;中国紧随其后,发文量为212篇,这说明中国学者在新能源发展及扶贫研究方面已步入世界前列。

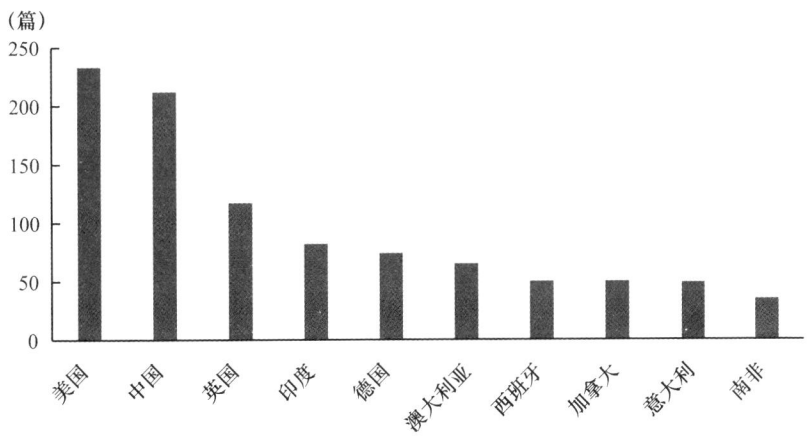

图1-2 WOS收录欠发达地区新能源发展及扶贫研究排名前十的各国发文量

就各个国家学术合作交流来看,国际合作集中在发达国家。分析发文国家的共现网络图谱(图1-3)显示,各个节点之间的连线较为密集,说明在欠发达地区新能源发展研究领域,国际合作交流较多,形成了较强的合作网络体系;但是主要集中在发达国家,发展中国家较少。一方面,这些国家都是能源消费及需求大国,面临着一定的能源短缺和碳排放过度引起的环境恶化问题,这为其在新能源发展及扶贫领域的研究提供了背景和条件;另一方面这些国家都十分重视能源安全和可持续发展问题,所以在新能源发展及利用方面的投入和支持相对较多。例如,美国奥巴马政府提出节能增效、新能源开发、智能电网研发和应对气候变化四大政策支柱;日本《第五次能源基本计划》首次将可再生能源定位为2050年的主力能源,全面推进日本能源转型;德国通过《能源战略2050》和《可再生能源法案(2017年版)》《能源数字化转型法案》《电力市场法案》三大修正案等一揽子能源法案,确立了可再生能源的优先发展地位。

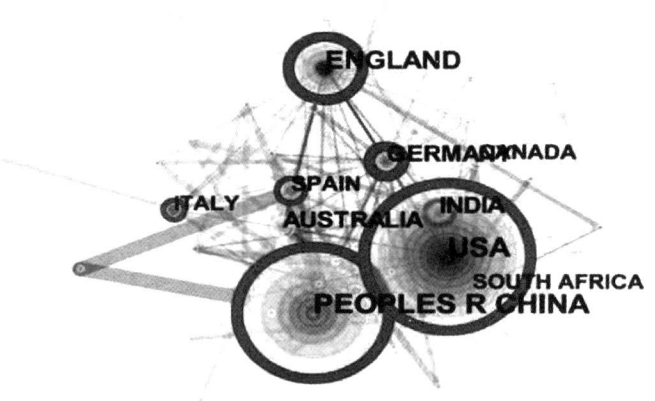

图1-3　2000—2020年欠发达地区新能源发展及扶贫研究国家共现网络图谱

(三) 研究热点分析

根据 2000—2020 年国外欠发达地区新能源发展及扶贫的关键词突现排序显示（图1-4），以 2010 年为界，20 年来国外学者们的研究，大致可以划分为两个阶段。

Top 25 Keywords with the Strongest Citation Bursts

Keywords	Year	Strength	Begin	End	2000 - 2020
renewable energy	2000	11.6958	2001	2006	
biomass energy	2000	4.6247	2005	2009	
sustainable development	2000	6.8279	2005	2010	
bioma	2000	6.2681	2007	2010	
biofuel	2000	7.5127	2007	2014	
bioenergy	2000	4.6364	2008	2013	
africa	2000	3.8258	2008	2013	
india	2000	4.4035	2008	2011	
renewable energy technology	2000	3.6003	2009	2010	
simulation	2000	4.3175	2011	2014	
area	2000	3.6488	2014	2016	
perception	2000	4.3255	2014	2017	
turbine	2000	3.7276	2014	2015	
fairness	2000	3.6018	2014	2017	
challenge	2000	4.2572	2015	2018	
acceptance	2000	4.7781	2015	2017	
life cycle assessment	2000	3.5715	2015	2017	
risk	2000	3.6563	2016	2017	
solar	2000	4.1955	2016	2018	
ruralelectrification	2000	3.4762	2016	2018	
transition	2000	4.2716	2017	2020	
barrier	2000	5.1277	2017	2020	
governance	2000	4.1768	2017	2018	
agriculture	2000	5.0958	2017	2018	
microgrid	2000	3.6868	2018	2020	

图1-4 国外欠发达地区新能源发展及扶贫词突现排序

1. 第一阶段（2000—2010 年）

全球气候变化的威胁、对燃料进口的高度依赖以及电力需求水平的迅速上升等问题都加剧了全球范围内对可持续能源系统的追求。这一阶段，国外对可再生能源及其可持续发展问题较为关注。

（1）可再生能源的重要性及影响

关于民众对新能源或可再生能源的认识存在较大差异，影响了公众参与意愿。European Commission（2003）指出，欧洲民众对各种新能源开发利用的看法存在较大差异。据英国商业、企业和管理改革部（BERR，2008）调查显示，由于民众可以将太阳能和风能与日常生活联系起来，而生物能源只停留在抽象层面中，公众对生物能源的认识低于其他可再生能源。但是，研究表明，民众欢迎更多参与可再生能源开发的机会。

Kellett（2007）认为，地方能源规划中应该有更高程度的公众参与，特别是在农村地区需要制定分散的、以社区为基础的可再生能源计划。Rogers（2008）等认为，人们普遍支持在当地产生和使用可再生能源。

关于新能源或可再生能源的重要性与发展必要性的问题，学者们从环境污染、成本和就业等多个维度进行了研究。Resch 等（2008）指出，可再生能源可以引导能源系统实现可持续发展和供应安全。Zahnd（2004）提出，将使用木材获取能源换成太阳能发电可以减少平时使用的一半木材，有助于实现无烟化。Dimas（2007）认为，太阳能、风能、生物能、地热和水力发电是重要的可再生能源，有助于减少温室气体排放。Byrne 等（2007）以中国西部三省 531 户农户为样本，通过生命周期成本计算和地理信息系统（GIS）方法，对独立的、小规模的可再生能源技术用于农村电气化的经济和生计影响进行了评估。分析结果表明，在满足农村生计能源需求方面，离网可再生能源技术可以为传统发电机组提供具有成本效益的替代方案。Mondal 等（2010）指出，风能可再生能源技术在部署时不太可能提供大量永久性就业机会，但将在项目建设地点附近创造就业机会。

关于新能源或可再生能源在城乡发展前景方面存在差异，Nakata 等（2005）从土地约束的角度指出，大多数可再生能源并不密集，需要大面积的土地才能达到相当大的电力水平。这是城市使用可再生能源的一个障碍，因为需要在离市区一定距离的地方安装大型设施，并需要新的大型输电系统。因此考虑到可再生能源技术的土地需求，在农村城镇和村庄使用可再生能源可能更有效，因为附近可能有足够的土地面积来安装发电容量，而不需要新的长距离输电。在发展农村经济的背景下，一般认为生产性新能源利用能够为农业或商业提供动力，以提高生产力和经济效益。

就新能源发展的社会影响而言，Cabraal 等（2005）指出，虽然能源是农村发展的必要条件，但它本身不足以产生预期的社会经济效益。农村发展不仅强调增加收入以减少贫穷，还强调改善健康、普及初级教育、赋予妇女权力和两性平等等重要方面。发展的目标是增加穷人的收入，并确保他们受到教育、健康和平等对待。因此，对生产性新能源利用的理解，不仅要考虑到对提高收入的直接影响，还要考虑对教育、健康和性别问题的间接影响。

(2) 新能源的环境影响及可持续发展问题

虽然新能源发电比例的提高正日益成为许多国家实现温室气体减排战略的重要组成部分（Bergmann 等，2008），但是可再生能源的扩张可能会对环境和社会产生重大影响。特别是可再生能源项目对景观、野生动物、空气污染、电价和就业机会都有影响。Madlener 等（2004）认为，目前新能源发展的政策工具都存在忽略可再生能源技术对环境、社会和经济的影响等问题。研究表明，在制定可再生能源发展政策时，需要将社会、经济和生态的影响综合考虑。

不同可再生能源对环境产生不利影响存在差异性。Sharma 等（2013）指出，实施大规模的生物质能生产计划需要大量的土地和水资源，而杀虫剂和化肥的过度使用加剧了水污染。同时，相比煤炭（地下采矿）、石油或天然气开采作业，从事农业和林业生物质生产相关的职业伤害和疾病更多。Harte（2000）指出，鉴于目前的技术，在标准化能源单位的基础上，太阳能系统最初可能比传统的核能和化石能源系统造成更多的温室气体排放和环境退化等问题。Lee 等（2010）指出，风力发电机通常会干扰生物栖息地，造成噪声污染、审美退化和鸟瞰干扰等问题，并且风车大规模发电会降低风速，给生态系统造成压力。Abbasi 等（2000）认为，大型水电站对水质的影响是所有发电替代方案中最具生态破坏性的，水力发电站的人工水库会释放甲烷气体。此外，还认为利用海洋热能产生的大量海水可能会扰乱发电厂附近海洋的热结构，改变盐度梯度，并改变溶解量气体、营养物质、碳酸盐和浊度。Rosa 等（2006）甚至提出每生产一单位电能，一些水电站水库的温室气体排放量可能与化石燃料发电厂的排放量相当。Ármannsson（2003）提出，地热能源可能造成的不利环境影响有：地表扰动、液体抽出引起的物理环境影响（如地面沉降）、噪声、热污染以及易耗化学品的释放。

2. 第二阶段（2010—2020 年）

(1) 新能源的公众认知

全球气候变化给能源使用带来了挑战，促使各国开始重视清洁、可再生能源的寻找和研究。由于各国政府的重视，使得公众也逐渐对新能源产生更多认知。公众认知是影响人们对新能源接受和应用程度的重要因素，这认知包括对环境风险的意识、对新能源的了解。普遍来说，公众的环境风险意识越高,接受新能源的概率则会越大。Shin 等(2015)通过政策研究发现,风险意识和环境政策联系密切,环境政策有利于反映出风险意识并影响公众看法。Liu(2016)、Nordman(2016)等提出,风电场已被纳入能源旅游计划,且受到众多游客的欢迎,这有利于提高公众对新能源的认可。Tan 等(2019)认为,公众对空气质量恶化的感知越深,对新能源公交车支付的意愿也就越强。

(2)新能源开发的挑战

随着公众对新能源了解的加深,以及部分新能源开发引发的风险,使社会大众对新能源发展前景产生了一些担忧。Soini(2011)认为,风电场、输电线路等新能源基础设施影响原有环境景观,因此公众经常对政府建设新能源的提议产生强烈抵制。Kim(2018)、Cordoves-Sanchez(2019)发现,公众了解到开发氢能、核能的潜在风险后,对这些特殊新能源的负面看法在逐渐增加。Gebreslassie(2020)认为,开发商在建设新能源设施之前,没有考虑当地居民意见、没有及时进行公平的土地赔偿,这会引起居民对新能源开发的负面看法。研究分析公众对新能源的看法,尤其是负面看法,有助于政府发现新能源开发面临的风险和挑战,并科学制定新能源政策、顺利推广新能源应用、加快能源转型的步伐。

(3)能源转型

在全球都面对气候变化挑战的背景下,欠发达地区居民燃烧传统固体能源往往危害公众健康、破坏生态环境,因此欠发达地区能源转型必须提上议程。改变贫困农村地区居民的生产、生活用能和能源消费结构,有利于当地经济增长、减缓资源消耗速度。可再生或新能源有潜力实现能源的持续供应,满足生产、生活需要。Kowsari 等(2011)指出,充足、可靠和负担得起的能源一直被视为发展的基础。Mainali 等(2014)利用能源可持续指数(ESI)评价发展中国家农村家庭能源可持续性的现状,结果表明增加清洁高效生活能源和电力的使用,有利于农村能源的可持续性提升。但是实现欠发达地区能源转型需要考虑可行性和可操作性,前期的技术积累、基础设施建设、外来投资都将影响能源转型的实现。Jefferson(2018)、Welton(2019)、O'Sullivan(2020)等指出,新能源基础设施影响环境景观、偏远地区政治经济发展落后、政策制定和实施环节脱离、缺乏规范管理、信息不对称等问题,这些都会阻碍农村居民对新能源的选择。Munro（2019）强调，可再生能源的使用需要技术、资金、基础设施建设的投入，以及拥有一个能够支持新能源产业的金融系统。各国在实际能源转型的实施过程中不仅要考虑欠发达地区居民的收入、投资、基础设施建设等因素，还必须考虑政治经济不平等、治理模式存在缺陷、能源基础设施破坏景观、市场失灵等问题对能源转型的阻碍作用。Qiu（2018）、Li（2019）等的研究表明，可获得性和可负担性影响农村居民的用能偏好，居民收入的提高加速农村地区从传统能源向可再生能源转变。

（4）新能源治理

新能源进入能源消费市场并被广泛使用，与有效的治理密切相关。应对气候变化、保护生态环境、实施能源改革是全球各国共同的任务，国际组织在其中起着重要的引导作用。Mukherjee（2012）明确了影响亚洲开发银行能源政策的四个基本原则，包括提高能源效率、推广可再生能源、减少能源贫困、加强适应气候变化。各国、各地区开展新能源发展所使用的治理策略均有不同。例如，Korsnes（2016）认为，中国政府采取的是渐进式策略，有一个明确的实现目标，但具体实施政策与目标有一定距离。LaBelle（2012）认为，欧盟以促进能源效率的治理来实现碳排放的降低；而Schoenefeld（2020）提出，欧盟的能源政策文件不再提出约束性目标，重点在政策执行。Sandu（2020）指出，像巴布亚新几内亚这种政治不稳定的国家，政府治理以解决政治威胁为主，因此其新能源发展几乎处于停滞状态。关于治理模式，一些学者表示任何一种模式都可能加速新能源的发展，同时又有一定缺陷。Bullock（2020）、Tzankova（2020）认为，增强社区自治、私人治理、实现公私伙伴关系有利于增加能源市场监管主体，推动新能源产业可持续发展。Lange（2019）研究指出，分散治理、公私合作、自主治理，在促进能源可持续上并不会更优于层级式的中央集权，但是可以通过与科层治理相结合来实现新能源产业的繁荣。

二 国内

基于CNKI中国知网数据库，运用文献计量研究法，分析了国内关于新能源发展及其扶贫相关研究进展，主要特点如下。

(一) 发文量及发文趋势

以"新能源""清洁能源""太阳能""风能""生物质能""氢能""地热能""海洋能""小水电""化工能""核能""光伏""扶贫"等为检索词,以"主题"为检索途径,检索范围设定为 SCI 来源期刊、CSSCI 来源期刊、中文核心期刊。文献时间限定为 2000—2020 年,共检索结果 2566 条。对检索结果去重、整理,剔除征稿、卷首语、编辑征稿等不相关条目,最终得到 2270 篇相关文献。

从年度发文量来看,国内关于新能源发展及扶贫的研究总体呈现不断上升的发展趋势 (图 1-5)。2000—2005 年发文量趋于平缓,低于每年 50 篇;2006—2007 年增速明显加快,发文量均超过 100 篇;2007 年以后增速放缓,但发文量依然在增加,到 2019 年达到顶峰,发文量为 250 篇左右。通过年度发文统计图可以看出,国内关于新能源发展及扶贫的研究热度持续上升。

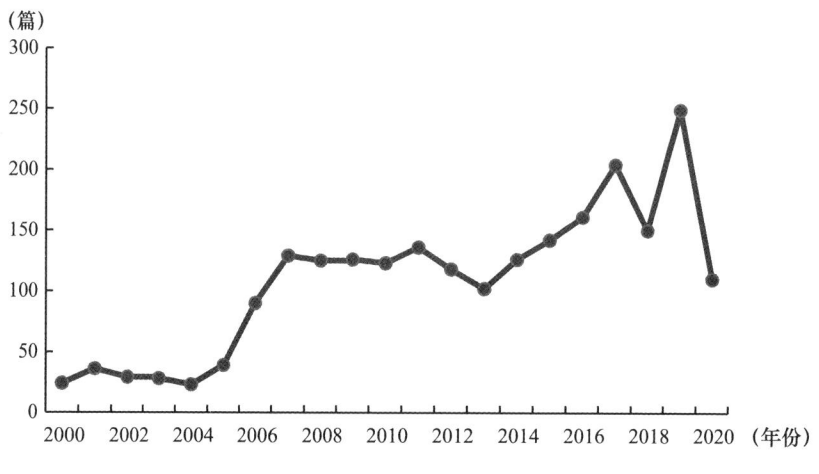

图 1-5 发文量线索下新能源发展及扶贫研究

(二) 研究作者及机构分析

1. 作者共现分析

通过作者合作网络图谱分析,可以清楚直观地了解新能源发展及扶贫研究领域的核心作者及作者之间的交流合作情况。结果显示,相关研究领域的学者存在一定规模 (N = 490),但是整个图谱网络不够集中 (Density =

0.0053),作者之间联系交流较少。现有学者合作的主要类型具体呈现为师生联合与同事联合,缺少以研究项目为驱动的跨学科、跨区域的"地缘"联合,也未形成较为稳定的核心作者群。

由表1-1可知,张彩虹、张大红、陈凯、李世祥、吕文、王贵玲、刘金亮等人为主要研究作者,他们在生物质能、小水电、光伏等新能源的发展与利用方面进行了较为深入系统的探讨。

表1-1 作者发文数量一览

序号	开始年份	作者	发文总量
1	2005	张彩虹	12
2	2005	张大红	10
3	2013	陈 凯	8
4	2019	李世祥	7
5	2005	吕 文	6
6	2000	王贵玲	6
7	2005	刘金亮	6
8	2013	姚书杰	5
9	2013	蒙 丹	5
10	2019	赵 健	5
11	2015	郑津洋	5
12	2005	王国胜	5
13	2012	胡圣标	4
14	2020	侯 威	4
15	2000	刘志明	4
16	2020	过广华	4
17	2020	赵 玉	4
18	2019	马唯婧	4
19	2007	华 晔	4
20	2015	顾超华	4

2. 机构共现分析

关于机构共现分析，节点类型设定为为机构。基于国内新能源发展及扶贫领域研究的机构合作网络图谱分析发现，机构之间的连线较少（N = 214，E = 126），网络密度较低（Density = 0.0071），说明中国在新能源发展研究领域的机构数量具有一定规模，如北京林业大学经济管理学院、国家能源局、水利部农村电气化研究所、中国地质大学公共管理学院等科研院所。机构之间也存在一定的合作，反映了国家与社会对欠发达地区能源开发与利用问题的关注，但合作交流的密度不够紧密。如表1-2所示，所有机构的中介中心性为0，表明国内新能源发展及扶贫研究领域缺少能够联结各方的综合型平台机构。

表1-2　　　　　　　　研究机构发文信息一览

序号	机构	频次	中心性
1	北京林业大学经济管理学院	28	0
2	国家能源局	10	0
3	水利部农村电气化研究所	10	0
4	中国地质大学公共管理学院	6	0
5	中国地质大学经济管理学院	6	0
6	水利部农村水电及电气化发展局	6	0
7	华北电力大学经济与管理学院	5	0
8	中国科学院地质与地球物理研究所	5	0
9	国网河南省电力公司电力科学研究院	5	0
10	东北林业大学经济管理学院	5	0
11	中国科学院大学	5	0
12	中国可再生能源学会	5	0

（三）主题和领域共现分析

1. 关键词共现分析

利用CiteSpace对相关文献的关键词进行词频和共现分析时，节点类型设定为关键词，得到新能源发展及扶贫的关键词共现网络，如图1-6所示。

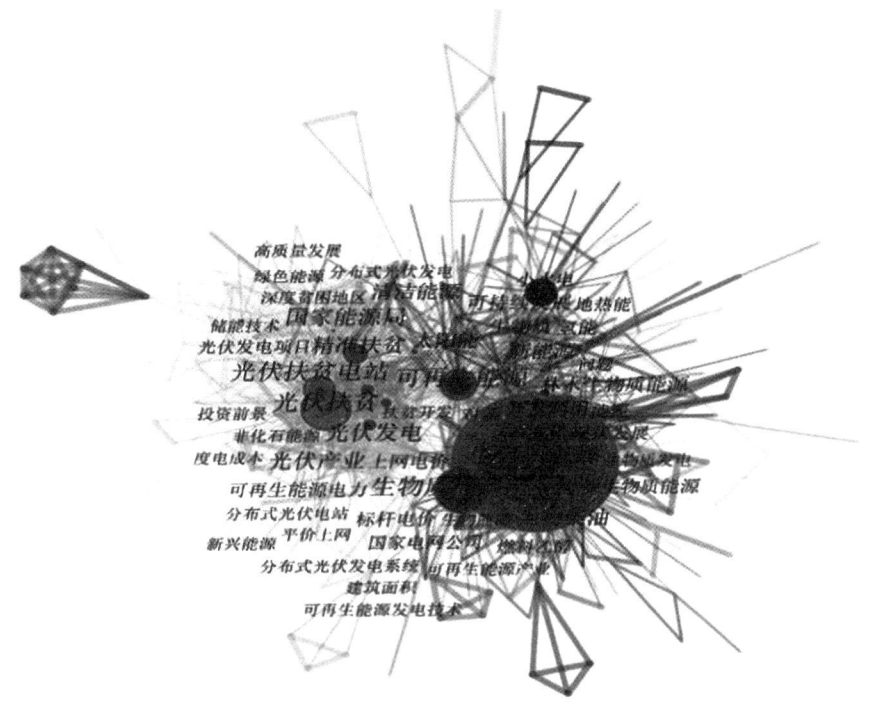

图1-6 关键词共现网络图谱

对词频在30次以上的关键词进行统计排序,得到高频关键词一览表(表1-3)。由关键词共观网络图谱和表1-3可以看出,"生物质能""光伏""可再生能源""小水电""氢能""太阳能""清洁能源"等高频关键词的出现,表明国家和社会对新能源的重视;"精准扶贫""光伏扶贫"等高频关键词的出现表明新能源扶贫成为中国精准扶贫的重要战略,欠发达地区能源发展问题的重点也逐渐向可再生能源和新能源转移;"可持续发展"高频关键词的出现表明新能源的开发利用是和农村地区可持续发展相辅相成的,把新能源的开发利用与脱贫攻坚工作结合在一起,既可以帮助部分贫困户脱贫,也可以充分开发利用新能源、保护当地生态环境。

表1-3　　　　　　　　　　　高频关键词一览

序号	高频关键词	频次	中介中心性
1	生物质能源	385	0.34
2	生物质能源产业	144	0.21
3	光伏扶贫	127	0.18
4	可再生能源	120	0.35
5	小水电	113	0.05
6	光伏扶贫电站	85	0.16
7	氢能	66	0.06
8	精准扶贫	65	0.11
9	可持续发展	55	0.08
10	开发利用	49	0.04
11	生物柴油	48	0.05
12	林木生物质能源	48	0.05
13	新能源	46	0.07
14	光伏发电	45	0.12
15	对策	42	0.06
16	国家能源局	42	0.13
17	太阳能	42	0.08
18	生物质	40	0.06
19	林业生物质能源	37	0.02
20	光伏产业	34	0.06
21	地热能	33	0.04
22	清洁能源	32	0.1
23	能源	32	0.02
24	现状	31	0.02
25	产业化	30	0.04

2. 关键词聚类分析

通过CiteSpace的LLR算法提取关键词，生成高频关键词聚类图谱（如图1-7所示），Modularity=0.5467>0.3，说明聚类情况良好。

从关键词聚类图谱中选择前八大聚类名称进行分析（表1-4），聚类#0生物质能源包含的文献最多，说明生物质能在新能源扶贫中发挥着重要作用。其次,从聚类名称和年份的变化可以看出,随着时间的推移,光伏、清洁能源和可再生能源逐渐替代传统能源,成为近几年来新能源发展及扶贫领域的热点。

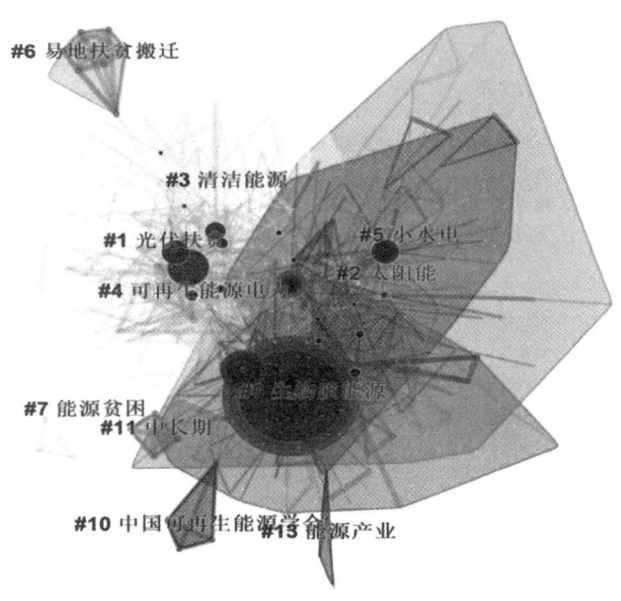

图1-7　关键词聚类图谱

表1-4　　　　　　　　　关键词聚类信息一览

聚类号	节点数	轮廓值	平均年份	聚类名称
0	116	0.862	2009	生物质能源
1	87	0.68	2017	光伏扶贫
2	71	0.841	2010	太阳能
3	43	0.894	2017	清洁能源
4	40	0.869	2016	可再生能源电力
5	38	0.803	2008	小水电
6	8	0.999	2012	易地扶贫搬迁
7	6	0.986	2017	能源贫困

(四) 研究前沿分析

在 Citespace 中，可以在关键词聚类的基础上做出突现关键词图谱，通过突现关键词图谱观察一段时期内研究话题的发展趋势。图 1-8 为新能源扶贫研究文献的关键词突现排序图谱，通过图谱可以看出，国内学者关于新能源发展及扶贫研究的领域大致可以分为三个阶段，具体如下。

Keywords	Year	Strength	Begin	End	2000 - 2020
交易模式	2000	3.177	2000	2006	
农村光伏	2000	3.1203	2000	2004	
小水电	2000	18.4107	2000	2004	
价格型需求响应	2000	3.5385	2000	2005	
燃料电池	2000	3.7757	2002	2006	
能源	2000	4.4871	2005	2014	
发展	2000	3.8056	2005	2012	
生物柴油	2000	14.4105	2005	2010	
产业化	2000	6.8269	2006	2010	
生物能源产业	2000	3.9517	2006	2014	
对策	2000	5.0608	2006	2011	
燃料乙醇	2000	8.3678	2006	2011	
林业生物质能源	2000	3.2556	2006	2013	
化石能源	2000	3.1777	2006	2012	
开发利用	2000	8.7373	2006	2010	
生物质能源产业	2000	13.8519	2007	2011	
生物能源	2000	4.5192	2007	2013	
产业	2000	3.6115	2007	2013	
生物质能源	2000	18.6749	2008	2014	
政策	2000	3.4898	2008	2014	
海洋能	2000	3.6996	2008	2013	
林业	2000	5.4049	2008	2014	
现状	2000	4.6588	2009	2016	
生物质能	2000	10.8536	2010	2014	
潮流能	2000	3.4776	2012	2016	
扶贫开发	2000	4.3345	2013	2017	
国家能源局	2000	10.27	2015	2020	
光伏电站	2000	9.6347	2015	2020	
扶贫攻坚	2000	4.222	2015	2020	

图 1-8 国内欠发达地区新能源发展及扶贫的关键词突现排序

1. 第一阶段：新能源发电开始受到关注（2000—2005 年）

此阶段国内关于新能源发展的研究主要集中在能源交易模式、光伏发电、小水电、价格型需求响应、燃料电池等方面。这一时期，"交易模式"和"需求响应"等关键词都出现在电力市场的研究主题下,而"小水电""光伏发电"和"燃料电池"等关键词则出现在分布式发电研究主题中。

自1987年9月以来,中国陆续提出了一些关于电力体制改革的方案,明确了分四步走的电力市场改革战略。从2000年开始,电力体制改革已经在部分省、市局部开展起来,这一期间关于电力工业改革引起了学者的关注,也涌现出关于能源交易模式的研究成果。关于电力的需求侧响应和需求侧竞价[①]也是该阶段的研究热点。2004年中国出台《加强电力需求侧管理工作的指导意见》,提出需求侧管理在建立资源节约型、环境友好型社会大背景下是国家能源战略的重要组成部分。

进入21世纪后,人们增加了对环境和能源安全供应的关注,用分布式电源分散供电[②]与大电网集中供电相结合的供电模式是综合利用现有资源的一种理想方式。因此国内分布式发电技术得到广泛关注,燃料电池技术和小水电发电技术也成为其中的话题之一。此外,学者还对分布式发电发展存在的障碍和影响因素等问题进行了深入研究。

综上,2000—2005年中国关于能源的研究主要集中于电力机制改革、能源综合利用等领域,表现为在建立健康电力市场基础上逐渐将电能来源从传统的煤炭能源向传统能源与新能源相结合方向转变的趋势,这为提高中国能源利用效率奠定了坚实基础。

2. 第二阶段:生物质能成为新能源研究的重点(2006—2010年)

如图1-8所示,这一阶段的突现词包括生物柴油、燃料乙醇、林业生物质能源、化石能源、生物质能源产业等。其中生物质能源处于世界三大挑战的交汇点——能源安全、气候变化和减贫的地位,因此生物质能源得到了广泛的关注。

生物质能源是蕴藏在生物质中的能量,通常包括木材及森林工业废弃物、农业废弃物、生活有机废弃物、水生植物、油料植物等。生物质能也

[①] 20世纪70年代美国在应对能源危机时创立了电力需求侧管理,21世纪初为应对加州的能源危机又创立了需求侧响应。

[②] 分布式电源是美国1978年在公共事业管理政策法提出并正式推广。位置和容量合理的分布式电源可以提高供电可靠性、解决贫困地区小负荷用电问题,并且是节能环保的。

是唯一可以转化为气、液、固三种能源形态的可再生能源，高效利用生物质能不仅能改善能源结构、保障能源安全，还有助于解决"三农"问题、助力乡村振兴。"六五"时期中国开始设立生物质能的研究课题，此时主要关注气化、固化、液化等方面。而中国学者对生物质能的大量关注则兴起于20世纪80年代。

进入21世纪后，生物质能源得到世界主要国家重视，纷纷制定发展生物质能源的战略。一方面，这是由于国际油价攀升，生物质能源的开发利用成本相对降低；另一方面，随着《京都议定书》的生效，碳减排和发展可再生能源成为各国能源战略的重要组成部分。2006年中国出台了《可再生能源法》，并针对生物质发电等制定了各类规范和实施细则，并用税收减免和财政补贴等经济手段来促进生物质能产业的发展。

在这一阶段，生物质能与生物质利用的目标是完成单项技术突破，同时利用现有技术，建设现代生物质能源一体化系统的工业示范工程和新型沼气工程示范。随着经济社会发展的需要，中国在"十一五"和"十二五"期间对生物燃料产业又做了重点谋划和布局，提出通过技术产业化，实现产业规模化的发展策略。进入21世纪后，中国对生物质燃料的关注更多集中在应用推广等方面。如今生物质能的开发利用技术日趋多样化，目前需要寻求更多的途径来获取清洁能源，实现能源的综合利用。尤其对于农村地区，如何以更加环境友好的方式扩大生物质能的利用，延长农村生物质能产业链，使改革红利惠及更多的农民应当成为学者们今后研究的重点。

3. 第三阶段：研究重点由生物质能向光伏开发转变（2012年至今）

如图1-8所示，这一时期开始出现扶贫开发、光伏电站、脱贫攻坚等话题。党的十八大以来，政府全面打响脱贫攻坚战，将在2020年实现现行标准下农村贫困人口的全面脱贫。在此背景下，新能源扶贫应运而生。新能源扶贫的目标在于通过政府政策引导和帮扶，利用分布式光伏、水电、生物质能源等可再生能源，帮助欠发达地区实现脱贫致富。光伏扶贫是中国首创的扶贫方式。2016年4月国家发展改革委等部门联合出台的《关于实施光伏发电扶贫工作的意见》明确要求各地区将光伏作为资产收益扶贫的重要方式，同年，《农村小水电扶贫工程试点实施方案》将发展农村小水电扶贫列入扶贫工作重要范畴。

在能源领域扶贫的政策体系中，新能源扶贫具有帮助欠发达地区人口脱贫、提高能源服务质量、保护生态环境和促进地方相关产业发展的重要意义。目前，中国贫困人口大多居住于交通不便、通信闭塞的偏远地区，这些地方多拥有得天独厚的光照和水能等资源，有助于"新能源＋"项目与当地特色产业相结合，延长"新能源＋"产业链的扶贫方法。

新能源产业扶贫可以分为集中式和分布式两种模式。集中式项目的开发虽然有利于运营和维护，但是前期投入大、收益滞后等问题与脱贫对象收入低的现状冲突。基于中国贫困人口空间分布较分散的特点，新能源产业扶贫分布式项目得到较快发展。但是相关产业项目对技术和服务的要求较高，与脱贫对象的固化观念、教育水平、劳动水平相冲突。因而，分布式新能源产业扶贫也面临一定的挑战。

近年来，社会资本参与投资建设的新能源项目在全球范围内广泛兴起，有助于减轻政府单方面投入的压力。但是，如何在正确的致富观基础上，利用好新能源扶贫这一创新扶贫方式，使贫困人口顺利脱贫并长期保持脱贫成果仍然需要进一步的探讨。

如图1-9所示，对三个阶段的突现关键词分析可以得出，欠发达地区新能源发展逐渐形成较为完整的产业链，对于新能源扶贫起到了重要作用。比如生物质能、光伏等都能适应农村的生产方式，村民在掌握了一定的相关专业知识后可以在日常的生产工作中生产和利用能源，走出一条脱

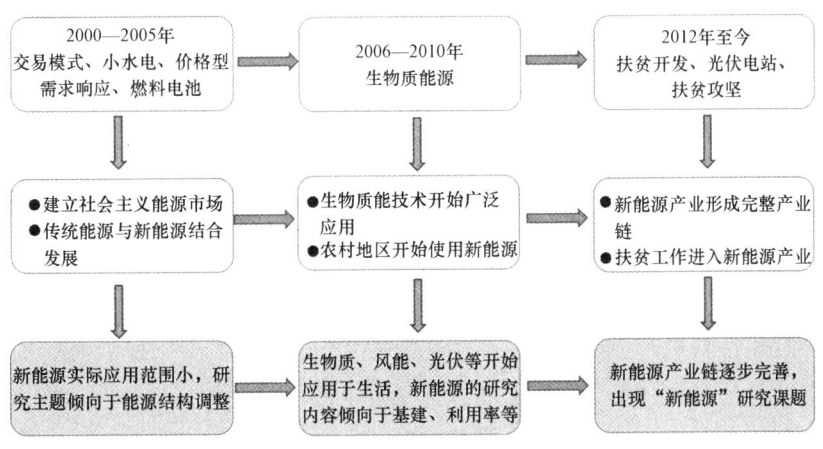

图1-9　突现词变化导图

贫致富的新路径。但是，目前新能源扶贫工作聚焦于新能源产业链的前端（即生产能源部分），新能源产业链还有待进一步完善，很难保持长期健康发展。同时新能源产业链还存在各种环境污染的隐患，需要引起足够重视。

（五）研究热点分析

1. 新能源发展趋势与前景

根据图1-9可以看出，2000—2004年中国学者主要关注对水电扶贫的研究。中国河流众多，径流丰沛、落差巨大，蕴藏着非常丰富的水能资源，随着水电开发技术的提升，水电成为中国主要的供电方式之一，对水电的研究成为能源研究中的重要部分。李甫春（2000）研究认为，中国欠发达地区，特别是老、少、边的山区，由于山大坡陡、雨量充沛、沟谷纵横，拥有开发水电的天然优势。在中国水电基础设施不断完善的基础上，开发水电能够促进欠发达地区农业、工业的发展。因为中国水电资源空间分布不均匀，西部干旱地区的水电发展较为薄弱，但同时，该地区蕴含着丰富的太阳能、风能、地热能及其他新能源资源，为新能源的发展提供了广阔的空间。

2005—2014年生物质能源受到学者的更多关注。刘静和李璨（2011）研究指出，生物质包括所有动物、植物和微生物以及由这些生命体排泄和代谢的所有有机物质，以农林废弃物、低质地种植能源或材料植物为主，最常见的有秸秆、动物粪便、林木，沼气是最有代表性的生物质能源。生物质能是唯一可再生的碳源，并可转化成常规的固态、液态和气态燃料，是应对未来能源危机最有潜力的能源资源之一。但是生物质能源的快速发展会造成植被的过度消耗，农业及生态遭受重大影响，这种风险引起了中国学者的关注。除此以外，杜玲（2010）和曾祥艳（2013）指出，众多公司以获取政府补贴、炒卖种苗为目的扰乱生物质能市场，阻碍了生物质能的持续发展。2015年以后，光伏扶贫项目成为新能源扶贫研究中的热点。中国先后出台了《中华人民共和国可再生能源法》《关于加快培育和发展战略性新兴产业的决定》《太阳能光伏产业"十二五"发展规划》等相关法律法规和政策，由于分布式光伏发电的经济性和高操作性，将光伏产业列入中国战略性新兴产业的重要领域，并通过鼓励社会投资、财政补贴和税收优惠等措施，大力扶持光伏产业发展。精准扶贫提出后，发展光伏产业被认为是提高欠发达地区经济水平、保护生态环境的重要路径。在欠发达地区建立多个小型电站,增加贫困户的就业机会、提高收入来源,同时避免了环境恶化。魏晓波(2016)、吴素华(2018)、童光毅(2019)等均认为,光伏扶贫是从能源角度实现精准扶贫的有效途径。

当前国内光伏产业市场面临产能过剩的新问题。一般认为,产能过剩最根本的原因是政府对光伏产业进行不当干预(王立国等,2015)。中国光伏项目是在政府主导下建立的,各地方为了争取中央政策和资金支持,纷纷上马光伏项目,造成了光伏行业的过度投资和恶性竞争,供求长期处于不平衡状态。总之,受技术、市场、成本等制约因素影响,中国光伏产业发展面临诸多问题。慈向阳和孔艳杰(2015)指出,中国光伏产业发展仍停留在低端制造环节,投资周期长,生产成本高,利润回报低。

2. 新能源产业政策

在经济发展初期,中国的能源产业政策主要集中于能源的交易机制,包括碳排放交易和新能源交易。刘伟平(2004)就中国实施清洁发展机制所面临的形势以及对林业、钢铁企业的影响进行总结。任玉珑(2006)和季玉华(2011)基于博弈论分析各利益主体关系,制定区域间电力的交易模式。除了水电之外,其他可再生能源的交易机制也备受学者关注。任东明(2003)、罗鑫(2006)分别针对可再生能源的交易方式、市场模式等方面进行了分析。

随着中国新能源技术不断提高、新能源得到更多的应用,学者们的研究从能源交易机制扩展至整个能源产业链。刘建民(2014)、何代欣(2014)、丁芸(2015)、戚聿东(2016)、李志学(2018)等对中国新能源产业财税支持政策的经济效应进行深入研究,为政府实施适度的宏观调控提出政策建议。扎恩哈尔·杜曼(2020)、张颖(2020)、陆威文(2020)对中国新能源产业集群与地区经济增长关系、各地区新能源企业创新产出的影响因素、农村新能源产业对该地区经济发展的影响分别进行分析,均认为应根据不同地区的资源优势推动不同能源产业的发展,因地制宜采取相关政策措施。

3. 新能源扶贫上升为国家战略

中国高度重视新能源产业发展,并将其列入中国战略性新兴产业目录,新能源的可持续发展上升到国家战略。

自 2014 年起，国家相关部门出台了《关于实施光伏扶贫工作方案》《农村小水电扶贫工程试点实施方案》《进一步支持贫困地区能源发展助推脱贫攻坚行动方案（2018—2020 年）》《光伏电站项目管理暂行办法》《分布式光伏发电项目管理暂行办法》《国家能源局关于规范风电设备市场秩序有关要求的通知》《关于进一步做好可再生能源发展"十三五"规划编制工作的指导意见》等政策及规范性文件。这标志着新能源扶贫上升为国家战略。

中国对能源扶贫研究起步较晚，早期学者研究能源产业时并没有刻意把扶贫与能源相联系，更多的是关注某一欠发达地区的能源发展及其带来的经济效益。比如冯刚（2002）以新疆欠发达地区为例，针对当地的资源环境优势，提出新能源开发、供电管理等政策建议，以期推动独立供电目的的实现。随着中国扶贫工作已经从以解决温饱为主要任务的阶段转入加快脱贫致富、改善生态环境、提高发展能力、缩小发展差距的阶段，以及贫困面和贫困深度的不断缩小，一些集中连片欠发达地区的贫困问题与生态问题暴露得更加明显，因此生态扶贫概念受到部分学者的关注。李慧（2013）指出，生态扶贫是一个相对的概念，只要与过去相比碳排放减少、能耗更低、环境更友好，能实现居民安居乐业、幸福安康，社会和谐稳定的扶贫方式，都可称之为生态扶贫。

随着新能源扶贫上升为国家战略，相关研究逐渐受到学者重视。娄伟（2018）提出，可再生能源扶贫是指把可再生能源的开发利用与扶贫工作结合在一起，既帮助部分建档立卡贫困户实现脱贫，又开发利用了可再生能源，保护了生态环境，是一种重要的生态脱贫路径。尹小平（2019）提出，新能源产业扶贫是把脱贫攻坚和生态环境保护有效结合，具有绿色可持续的重要优势，可以通过加大资金投入、政策扶持、提升技术服务等举措，有效推动脱贫攻坚工作实现新发展、取得新成效。

三 简要评述

国外在新能源研究方面起步较早，到 2000 年新能源研究已经趋于成熟。首先，采用生命周期成本和地理信息系统（GIS）等量化方法对可再生能源技术在农村经济发展中的影响进行评估。其次，国外新能源扶贫文献数量比国内更多，在搜索过程中国外文献更易获得，且与新能源扶贫主题更贴切。再次，国外研究的长期积累使得相关研究领域更广，各国学者除研究本国欠发达地区新能源发展外，还对其他国家欠发达地区新能源发展进行比较分析。国外学者研究的新能源种类也较多，不仅研究水电、生物质、光伏这些利用广的新能源，还研究氢、核发电的风险问题，而且公众认知、新能源与景观、新能源治理模式等都是国外学者关注较多的内容。最后，根据发文国家的共现网络图谱来看，各国欠发达地区新能源发展研究机构之间合作交流较多，形成了较强的合作网络体系。这些研究成果可以为本研究提供理论和实践方面的借鉴。

国内新能源扶贫研究特点是起步晚、文献量少。首先，现阶段有关新能源的文献仍然以新能源生产和发展为主，结合扶贫的相关研究较少。少量新能源发展文献通过研究某一个欠发达地区的新能源发展，从而实现与扶贫的结合。其次，中国新能源扶贫研究还处于文字描述的定性研究阶段，主要针对欠发达地区新能源发展条件、对生态环境和经济发展的影响、存在的问题、相关政策等进行叙述。再次，中国相关研究领域较为狭窄，研究的能源种类主要集中在水电、生物质能、光伏发电等领域，其他新能源的研究明显较少。最后，由于中国新能源发展与政府扶持密切相关，学者更多关注研究新能源发展政策，忽略了企业、公众、社会在新能源发展中的作用，也忽略了新能源扶贫理论研究。

实践中，基于正向环境效应发展新能源，不仅有利于保护"绿水青山"，还有利于人们转变观念、脱贫致富，以探索可持续发展模式。简言之，体现在三个方面。一是有效改变传统用能方式，减少对森林的滥砍滥伐和对土地的过度利用，有利于水土保持和维持良好的生态系统。国内大部分欠发达地区生产生活用能方式落后，能源贫困问题非常突出。而且，还面临着生态退化、生活用水安全和工业污染向农村转移等新问题（陈吉宁，2015）。二是脱贫攻坚战略实施过程中，发展新能源可降低农村经济发展对传统能源的依赖和环境约束，以实现经济发展和环境保护的有机统一。工业化过程中，一个国家或地区的经济发展往往导致对当地自然资源的掠夺式开采，特别是对煤炭、石油等传统能源高度依赖带来的环境破坏尤为严重（金碚，2011）。三是欠发达地区发展新能源具有明显的外溢效应，对维持区域生态系统和建设生态文明社会具有重要意义。而且，欠发达地区发展新能源与脱贫攻坚有机结合，一方面可降低贫困群体的生产生活成本，有利于"三农"减负；另一方面也可助力大农业生态循环经济发展。例如，鄂尔多斯市毛乌素地区种柳治沙的成功经验表明，种树治沙和新能源有机结合并形成完整产业链，真正实现了治沙生态效益、地方及企业经济效应和农民增收"三赢"（程序，2013）。

同时，欠发达地区发展新能源也应考虑负向的环境效应，以规避新能源发展可能面临的不确定性和风险。例如，与化石能源和核能相比，风电既不污染大气也不产生放射性，因而是一种清洁可再生的能源，发展前景可观。可是，风电仍然会对动物和人类的生活产生噪声和视觉等方面的影响。这些影响在目前看来可能很小，但潜在的长期影响不可忽视（Leung & Yang，2012）。又如，来自纤维素生物燃料作物的生物质能源，被认为在未来的能源系统中占有非常重要的角色。然而，由于土地的多功能性，广泛应用于粮食、饲料、木材和纤维生产及自然资源和生态环境保护，因此，世界范围内的生物质能源发展受到了很大的限制。而且，因未来农业产量增长和种植生物质能源作物的土地是否充足面临较大的不确定性，生物质能源发展潜力仍然是不明朗的（Popp 等，2014）。生物质能源对生物多样性潜在的影响，在很大程度上还与空间尺度、景观结构和个别物种反应等因素有关（Efroymson 等，2013）。因此，生物质能源发展需考虑一些与环境息息相关的因素。

环境效应视角下，中国欠发达地区表现为四个方面的基本特征。第一，中西部及深山区是中国欠发达地区的主要集中区域，这些地区往往自然条件恶劣、生态脆弱（刘慧和叶尔肯·吾扎提，2013），且大多分布在中国主要生态功能区，承担着生态屏障功能。第二，从可获得性、清洁性、可支付性和高效性、能源管理完备性等四个维度看，中国欠发达地区的能源问题较为突出（李慷和王科等，2014），成为乡村振兴过程中的能源"瓶颈"。第三，中国欠发达地区人口高度分散，不利于传统能源布局，较为适合小而灵活的新能源发展。第四，欠发达区域虽然传统能源匮乏，但是光能、风能、地热、生物质能等新能源资源较为丰富。由于这些区域经济发展水平落后、公共服务设施基础薄弱，新能源资源大多处于尚未开发或低层次开发状态。因此，实践中，欠发达地区新能源发展必须与乡村振兴战略有机结合，因地制宜。

一般而言，当地资源的可获得性决定着农村生活用能的差异。具体到个人和家庭，还需要考虑经济水平以及能源消费的市场化程度。而且，考虑到未来脱贫致富可能带来的能源需求总量上升，需要注意脱贫攻坚战略过程中新能源发展的规模和统筹规划问题（赵雪雁，2015）。因此，欠发达地区新能源发展最优路径的选择，必须基于系列定性、定量评价准则和多准则决策分析法，开展环境压力与经济问题下的区域能源规划研究。国外新能源区域规划实践中的一些经验值得借鉴。例如，美国东部的阿巴拉契亚山脉区域严重依赖煤电，但具有增加风能和太阳能使用的潜力。Arnette 和 Zobel（2012）通过构建区域层面的多目标规划模型（MOLP），研究了该区域新能源发展的最优规模，以及新能源与现有化石燃料的最优结构。

由于地理、资源、生态、经济及人文差异，欠发达地区新能源发展政策必须与区域资源禀赋、发展特点结合起来，科学分析，合理布局。具体而言，一是要优化现有生态补偿机制，健全针对特定脱贫地区的生态补偿法律法规，完善相关政策体系；二是从全国一盘棋的高度，建立发达地区对口支援制度，特别是鼓励和引导新能源产业及企业对欠发达地区的投资和建设；三是从财税、投资、产业、金融、国土、对口帮扶等层面建立健全欠发达地区发展新能源的扶持机制，提供集信息咨询、技术指导、金融支持、经营管理和后续服务于一体的"一条龙"机制，鼓励当地发展新能源产业，实现巩固脱贫成果有效衔接乡村振兴的造血功能；四是要建立健全诸如新能源上网电价补贴等新能源差别化补贴机制，推动新能源在农户中的广泛应用。

由此可见，欠发达地区发展新能源是联系环境效应与发展提升长效机制的纽带。忽视环境效应的能源扶贫政策，必然是短视和不完整的，无法真正建立起新能源发展长效机制，这是必须研究解决的关键问题。与国外相比，国内虽然在新能源发展前景、趋势和新能源政策等方面取得了进展，但相关理论研究滞后，对欠发达地区发展新能源和巩固拓展扶贫成果长效机制的关联缺乏系统研究；相关政策也存在急功近利之嫌，缺乏长远规划。因此，本书以环境效应视角研究欠发达地区新能源发展评价及其政策，探讨解决这一关键问题的思路、方法和途径。

第三节　研究思路、内容及方法

一　研究思路

在新能源发展实践和巩固脱贫攻坚成果背景下，本书以欠发达地区的新能源发展为研究对象，从理论、实证和政策三个层面研究欠发达地区新能源发展的长效机制及其政策。在理论层面，对欠发达地区、新能源概念等进行界定，以能源、经济和环境系统理论为基础，分析欠发达地区经济增长、能源消费和环境保护的发展现状及三者之间的相互联系；在实证层面，运用模型研究法，研究欠发达地区新能源的发展潜力、经济增长效应、环境效应及减贫效应；在政策层面，结合新能源扶贫的政策目标、价值及工具，提出后疫情时代欠发达地区新能源发展的战略重点与政策优化路径，分析适合欠发达地区新能源发展的最优路径，为政府调整与完善巩固拓展能源扶贫成果、新能源发展相关政策提供决策参考。

二　研究内容

结合研究目的和研究思路，主要研究内容包括以下九个方面，构成本书的总体框架（见图1-10）：

（1）环境效应视角下欠发达地区新能源发展一般理论。包括欠发达地区的范围，能源消费、经济增长与环境效应，能源贫困的成因及其社会经济影响，新能源的概念、分类及发展，新能源发展的政策效应及减贫效应五个方面的内容。

（2）欠发达地区经济社会发展与能源消费。包括欠发达地区经济社会发展现状、欠发达地区能源消费现状、欠发达地区能源消费影响因素分解三个方面的内容。

（3）欠发达地区生态环境及生态足迹分析。包括欠发达地区的自然生态环境、欠发达地区面临的突出环境问题、欠发达地区的生态足迹分析三个方面的内容。

（4）能源与环境约束下欠发达地区经济增长尾效分析。包括欠发达地区经济增长尾效测算模型及方法、实证分析与讨论、小结及政策含义等方面内容。

（5）欠发达地区新能源发展现状及潜力评价。包括欠发达地区发展新能源的政策机遇、欠发达地区特点与新能源发展优势、新能源开发利用现状以及以太阳能为例的欠发达地区新能源发展潜力评价和新能源发展面临的挑战等内容。

（6）欠发达地区新能源发展的经济增长效应。包括新能源发展的经济增长效应模型与方法、基于欠发达地区新能源发展的实证结果与讨论、小结及政策含义等内容。

（7）欠发达地区新能源发展的环境效应。包括新能源发展的环境效应模型与方法、基于欠发达地区的实证结果与讨论、小结及政策含义等内容。

（8）欠发达地区新能源发展的减贫效应。包括新能源扶贫减贫效应机理、模型及方法、减贫效应评价、小结及政策含义等内容。

（9）欠发达地区新能源发展政策。包括欠发达地区新能源长效政策机制、新能源发展提升政策重点、新能源发展政策优化路径等内容。

三 研究方法

本研究主要采用理论研究、模型研究、调研与案例研究、综合政策研究等方法。具体如下：

（一）理论研究

综合运用资源环境经济学、发展经济学、系统科学等相关理论，结合文献计量法，从理论上研究欠发达地区新能源发展中的区位、环境约束和人文发展，以及欠发达地区能源、环境与脱贫之间的因果关系和传导机制。

（二）模型研究

构建欠发达地区新能源发展、环境效应与脱贫效应的评价模型，揭示新能源发展、环境保护和脱贫攻坚三大政策目标之间的联系机制。综合采用统计年鉴等官方数据，以及实地调研、案例研究、问卷调查等获取的数据，对已构建的模型进行实证检验、修正和完善。

（三）调研与案例研究

通过问卷调查、专家咨询、走访、座谈等方式，结合区域分类进行抽样调研和案例研究。一是对政府相关部门新能源发展和扶贫相关政策法规

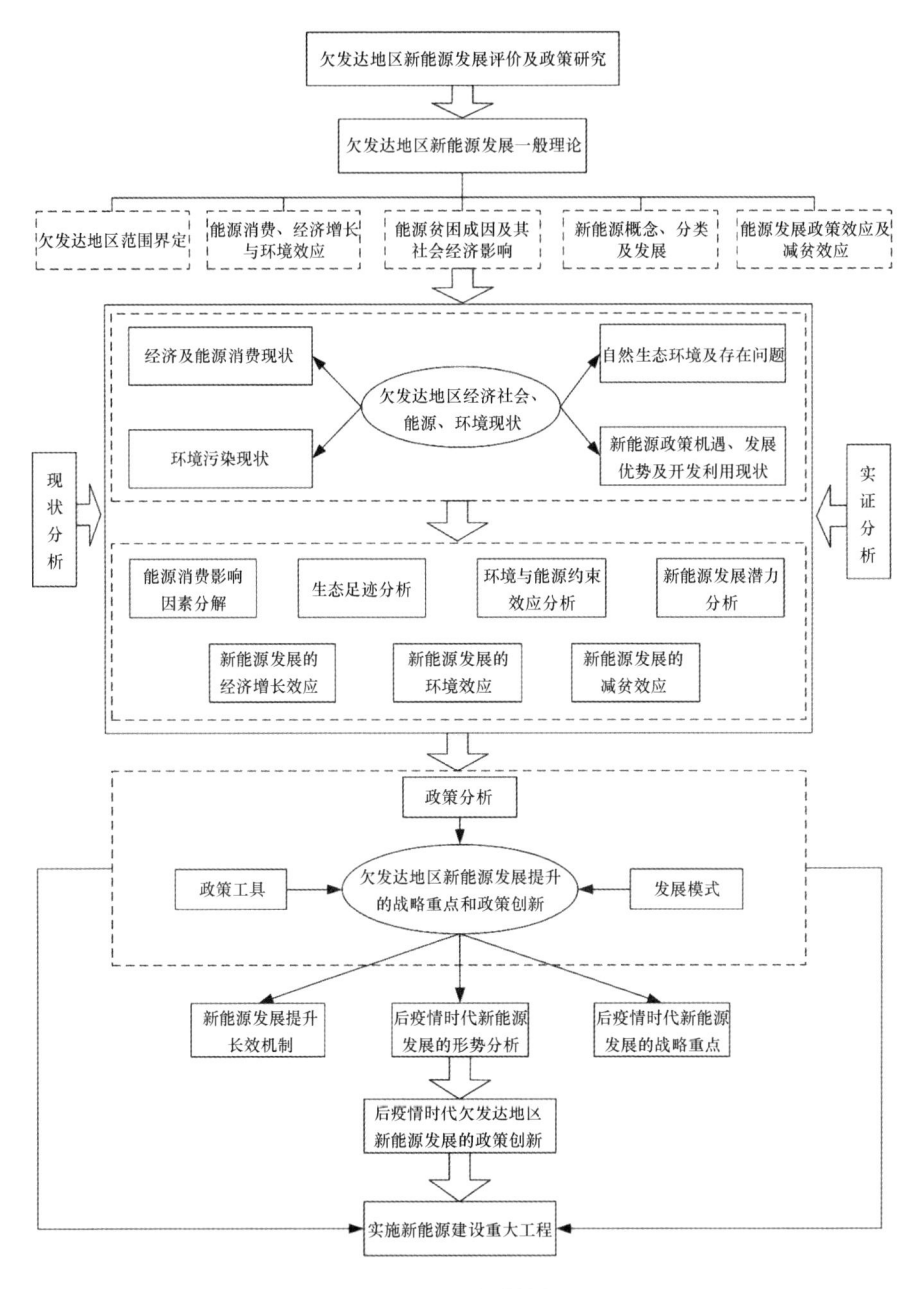

图 1-10 研究总体框架

资料的收集和整理；二是选取湖北省巴东县和麻城市、河南省内乡县和睢县、青海省格尔木市、河北省灵寿县、安徽省金寨县等地区，深入基层进行实地调研;三是对社会公益组织进行调研和案例分析,探讨新能源发展工作与社会力量相结合的方式。

(四)综合政策研究

针对新能源发展和巩固拓展扶贫成果进行政策跟踪,并对所关注的政策对象保持持续的"田野研究",探索和总结出新的"经验事实"。同时,与政府相关部门和政策利益群体建立多样化的"政策接触",力求政策创新和实际应用紧密结合。

第四节 本书的主要观点

在新能源发展实践和巩固脱贫攻坚成果背景下,本书以环境效应视角下欠发达地区的新能源发展为研究对象,从理论、实证和政策三个层面研究欠发达地区新能源发展的环境效应、减贫效应及其扶贫政策。研究得出的主要观点如下:

(1)处于后发阶段的欠发达地区经济增长受限于能源及环境约束,习近平生态文明思想对于突破这一约束具有重要的理论指导意义,而新能源扶贫正是这一理论指导下的重要实践。

(2)欠发达地区新能源开发面临着良好的政策机遇,发展潜力巨大。新能源由于其自身优势和特点,在欠发达地区脱贫攻坚战略行动中发挥着不可忽视的重要作用。近年来,国家出台一系列政策,通过推广光伏发电、风电、小水电、生物质能等新能源扶贫项目,助推脱贫攻坚,让欠发达地区用得起、用得上现代能源服务,解决他们的生活和生产用能问题,这为欠发达地区发展新能源提供了政策机遇。与此同时,中国欠发达地区大多具有生态环境脆弱、新能源资源丰富、人口分布分散等主要特点,而这些特点正好有利于布局和发展新能源。

(3)欠发达地区新能源发展应重视对临近地区经济增长产生的负向溢出效应。欠发达地区目前仍处于工业化、城镇化快速发展阶段,能源消费需求巨大。在欠发达地区大力发展新能源,有利于将当地资源优势转化为经济优势,推动新能源产业和相关产业的发展,引致地方 GDP 增加,经济增长效应明显。研究发现,中国相对贫困省份新能源发展对经济增长具有显著的促进作用,新能源消费占比每提高一个单位,GDP 则增加

0.0025个单位。然而，新能源"遍地开花"式的发展导致欠发达地区新能源开发的经济增长效应被高估，当地新能源开发对临近地区的经济增长具有负向的空间溢出效应。因此，欠发达地区新能源发展应重视区域合作，从中央政府层面规划布局不同区域的新能源发展重点，避免"一哄而上"和无序竞争。

（4）欠发达地区发展新能源也应充分考虑环境效应，以规避新能源开发可能带来的生态环境风险，避免对欠发达地区造成"二次伤害"。从宏观角度看，近年来中国欠发达地区新能源发展有利于优化当地能源结构，替代化石能源消费，减少碳排放，具有明显的正向环境效应。根据测算，中国欠发达地区发展新能源可以显著降低生态环境压力，新能源消费占比每增加一个单位，生态足迹则减少0.085个单位。因此，欠发达地区大力发展新能源，对于保护"绿水青山"具有重要的现实意义。

（5）新能源扶贫具有多方面的社会效应，尤其以减贫效应最为明显。宏观层面的社会效应包括能源保障与安全供给效应、产业发展与就业拉动效应；微观层面包括缓解家庭能源贫困、环境贫困、增加农户收入、改善贫困群体身心健康等。就减贫效应而言，以光伏扶贫政策为例，选择2014年国家能源局和国家扶贫办联合颁布的《关于组织开展光伏扶贫工程试点工作的通知》中12个试点县为实验组，以及选择河北、安徽和甘肃没有被列入试点的12个国家级贫困县为对照组，进行新能源扶贫政策效果评估。结果显示，光伏扶贫政策对增加农户收入具有显著的正向作用，试点县政策实施使得农民人均纯收入平均提高0.167个单位。而且农户所拥有的生计资本如教育水平的提升、自然资源的占有、农业机械化水平的提高、社会医疗保险的参与、储蓄存款的累积，对于提升农民收入具有显著的正面影响。

（6）巩固拓展能源扶贫成果而言，应从优化新能源发展价值取向与政策目标、规划布局新能源发展重点区域和重点工程、创新新能源发展政策工具等方面进一步完善现有政策体系，构建符合中国国情、具有中国特色的新能源发展长效机制。在未来的新能源发展实践中，必须在巩固现有脱贫攻坚战略成果的基础上，进一步坚持以人为本、公平与效率有机统一的价值取向，更好地服务于乡村振兴战略。基于中国欠发达地区地理空间跨度大、各地区新能源资源品种差异大的特点，有重点地规划新能源发展区域布局、建设一批新能源发展重点工程,是深入推进中国欠发达地区新能源发展的必然选择。实践中,新能源扶贫具有明显的公共产品属性,面临筹资难、受益群体分散等现实难题,市场往往无法提供,对此政府必须更好发挥作用,创新政策工具,引导市场主体积极参与欠发达地区新能源发展事业。

第二章

欠发达地区新能源发展理论基础

新时代,习近平生态文明思想为处理好欠发达地区经济增长、能源消费和环境保护的关系提供了理论指导。欠发达地区新能源资源丰富,发展新能源产业潜力巨大,实行新能源扶贫战略是快速推进当地工业化和城镇化、巩固脱贫攻坚成果和实现乡村振兴的重要政策创新。然而,欠发达地区能源由于未能充分发挥当地资源禀赋特点,造成了当地的能源贫困。落后的用能方式,不仅造成了生态环境的进一步恶化,而且影响生产效率的提高,成为制约欠发达地区经济和社会发展的重要因素。因此,发展新能源产业为解决欠发达地区能源贫困、实现乡村振兴提供了新思路。实践中,国家通过新能源战略能够一定程度上解决欠发达地区能源贫困问题,保障能源供给的安全有效,优化能源消费结构,推进能源革命,实现绿水青山与金山银山的和谐统一。在欠发达地区发展新能源产业,对于拉动当地经济增长、缓解就业压力、增加相对贫困群体收入等方面具有重要作用。

第一节 欠发达地区范围界定

贫困是世界客观存在的社会现象,消除贫困是一个世界难题。本研究界定的欠发达地区是指集中在中西部地区的22个省份,其人口规模及分布具有典型的区域不平衡特征。

一 贫困问题及脱贫攻坚战略

贫困是一个兼具历史性、地域性和社会性内涵的概念,其概念界定是一个由狭义的经济概念逐渐向政治、社会、文化等多元视角的转变过程。中国国家统计局贫困研究课题组（1990）较早对贫困概念进行界定，认为贫困是个人或家庭由于缺乏基础生活资料和服务，而达不到社会认可的生活水平最低标准。相关研究也认为，贫困是指无法满足个人生理和生活水准的生存状态（康晓光，1995）。诺贝尔经济学奖获得者阿马蒂亚·森（2001）从选择机会扩展的角度，认为贫困是由于选择机会少导致的。政府开发援助委员会（Development Assistance Committee，DAC）（2001）以政治、经济、人类、社会、保护能力为标准，综合界定贫困内涵。2019年，诺贝尔经济学奖获得者阿比吉特·班纳吉、埃斯特·迪弗洛和迈克尔·克雷默指出，贫穷的本质在于贫困群体无法获得充足的营养、必要的医疗服务、公平的受教育机会和基础的社会保障。实际上，贫困是一个相对问题，绝对贫困的消除并不意味着贫困问题不存在，相对贫困问题将会一直存在。中国当前面临着发展不平衡、不充分的问题，与东部沿海发达地区相比，广大中西部地区是贫困县和贫困人口集中的区域，相对贫困状态问题在未来较长时间内仍将存在。因此，本研究探讨的贫困概念属于相对贫困。

贫困问题在城市和农村都存在，尤其农村贫困问题最为突出。中国的脱贫攻坚政策主要针对农村欠发达地区，扶贫对象主要是集中连片欠发达地区和其他欠发达地区贫困县，集中关注"三区、三州、三类人"①。

不解决贫困问题，小康社会乃至现代化建设就无从谈起。为从根本上解决中国农村贫困问题，党的十八以来，党中央带领全国人民有计划、有组织大规模开展脱贫工作，聚焦攻克深度贫困堡垒，决战决胜脱贫攻坚、开启新时代脱贫攻坚序幕。至2021年，中国脱贫攻坚战取得全面胜利，现行标准下9899万农村人口全部脱贫。区域性整体贫困问题得到解决，完成了消除绝对贫困的艰巨任务。绝对贫困问题虽然得到解决，但相对贫困问题仍然存在。未来，如何实现从摆脱绝对贫困转向巩固拓展脱贫攻坚成果，实现乡村振兴，是脱贫地区今后发展的重点。

---

① "三区"是指西藏、新疆南疆四地州和四省藏区；"三州"是指甘肃的临夏州、四川的凉山州和云南的怒江州；"三类人"是指因病致贫人群、因灾和市场行情变化返贫人员、贫困老人。

二 欠发达地区范围界定

人均GDP是反映一个地区经济发展水平的通行指标。根据2000—2017年各省人均GDP占全国的比重及其年均值，样本期内低于全国平均水平的有吉林、河北、黑龙江、湖北、重庆、新疆、宁夏、陕西、海南、河南、湖南、山西、青海、江西、四川、安徽、广西、西藏、云南、甘肃、贵州21个省份（见表2-1）。内蒙古的人均GDP年均值虽然达到全国平均水平的113%，但其农村贫困发生率仍达2.7%，仍有31个国家级贫困县。根据《中国农村贫困监测报告2018》，国家统计局将内蒙古包括在内的22个省区市定义为统计范围内的欠发达地区①。2017年这些地区的总体农村贫困发生率为7.2%，约为全国平均水平（3.1%）的2.3倍。另外，按照世界银行的最新标准，人均GDP在3900—12000美元属于中等偏上收入地区，人均GDP在12000美元以上属于高收入地区。2018年，人均GDP在12000美元以上的省份从高到低依次为北京（2.1）、上海（2.0）、天津（1.8）、江苏（1.7）、浙江（1.5）、福建（1.4）、广东（1.3）、山东（1.2）②，其他省份只有内蒙古、湖北和重庆达到10000美元，最低的甘肃仅为4700美元。相对于其他9个较为发达省份，上述22个省份经济发展水平相对落后，代表本研究所研究的欠发达地区。

表2-1　　　　中国较发达地区与欠发达地区人均GDP、
　　　　　　　能源消费与GDP增长　　　　　　　　　　单位：%

		人均GDP占全国比重的年均值（2000—2017）	2018年GDP增速	2018年能源消费总量增速
较发达地区	上海	283	6.6	0.6
	北京	239	6.6	2.6
	天津	213	3.6	2.0

---

① 贫困地区包括集中连片特困地区和片区外的国家扶贫工作重点县（2017年将新疆阿克苏地区1市6县也纳入了贫困监测范围）。
② 括号内数据单位皆为万美元。

续表

		人均GDP占全国比重的年均值（2000—2017）	2018年GDP增速	2018年能源消费总量增速
较发达地区	浙江	157	7.1	3.1
	江苏	154	6.7	0.1
	广东	139	6.8	3.2
	福建	124	8.3	4.6
	辽宁	120	5.7	4.5
	山东	120	6.4	1.2
欠发达地区	内蒙古	113	5.3	16.7
	吉林	89	4.5	1.8
	河北	85	6.6	0.3
	黑龙江	85	4.7	1.8
	湖北	84	7.8	3.1
	重庆	80	6.0	3.4
	新疆	78	6.1	1.8
	宁夏	74	7.0	10.1
	陕西	73	8.3	3.0
	海南	73	5.8	4.4
	河南	71	7.6	2.2
	湖南	71	7.8	2.3
	山西	70	6.7	3.2
	青海	69	7.2	4.1
	江西	62	8.7	3.5
	四川	62	8.0	3.6
	安徽	61	8.0	2.1
	广西	58	6.8	3.5
	西藏	56	9.1	—
	云南	51	8.9	3.8
	甘肃	47	6.3	4.3
	贵州	40	9.1	1.9
全国		100	6.6	3.3

资料来源：笔者根据中国统计年鉴数据计算。

2018年，全国GDP增速为6.6%。这22个省份的GDP平均增速为7.1%，明显高于另外9个较为发达省份的平均增速（6.4%）。22个中有近70%的省份达到或超过全国平均水平，其中陕西、江西、四川、安徽、西藏、云南、贵州的增速在8%及以上，最高的是西藏和贵州达9.1%（表2-1）。同年，全国能源消费总量增长3.3%，这22个省份的能源消费平均增速为3.9%，明显高于另外9个省份的平均增速（2.4%）。22省市中能源消费增速超过全国平均水平的有内蒙古、重庆、宁夏、海南、青海、江西、四川、广西、云南、甘肃等10个省份，最高的内蒙古达16.7%。

第二节 能源消费、经济增长与环境效应

当今社会能源消费与经济增长带来的环境问题逐渐成为人们关注的焦点。目前，中国欠发达地区正处于工业化和城镇化的快速发展阶段，对能源的消费需求正处于较快增长阶段。同时，由于能源资源与环境容量的有限性，处于后发阶段的欠发达地区经济增长受限于能源资源及环境的约束。经济增长在消耗资源过程中对环境造成污染，留下了生态足迹，但高质量发展必须以不超过资源环境承载力为前提。

一 工业化、城镇化与能源消费

从历史上看，工业化、城镇化是人类经济社会发展的必经之路。工业化的快速推进，使得资本、劳动和能源等生产要素不断向城镇聚集，导致城镇化发展，而工业化和城镇化的发展，又将引起能源资源的巨大消费。

（一）工业化与能源消费

工业化是人类经济社会发展的主要标志。从发展机理来看，工业化是一个经济发展过程，包括工业发展、人均收入的增长和经济结构的转换。同时，工业化也是一个对自然资源（包括能源矿产）大规模深度开发利用的过程。其中，工业化所必不可少的90%以上的动力都取自能源矿产。煤炭、石油、天然气等常规化石能源，是工业化中被普遍利用的能源矿产。据估计，在20世纪工业化的进程中，全球能源矿产使用量增加了约

30倍。

工业革命开启了人类对煤炭这一个矿物能源大规模开发利用的时代。英国是当时最先进的工业化国家，煤炭工业相当发达，出口大量煤炭。后来，随着工业革命扩展，德国和美国相继成为世界煤炭生产大国和消费大国。从世界范围来看，到20世纪上半叶，煤炭消费量超过全部能源消耗量的一半，世界工业化进入"煤炭时代"。煤炭作为工业化时代的主要能源一直持续到20世纪60年代。20世纪20年代，由于内燃机代替蒸汽机成为主要的动力机，石油的生产量、需求量和贸易量都迅速增长。1967年，石油在一次能源消费结构中的比重达到40.4%，而煤炭所占比例下降到38.8%。石油在能源结构中的比例超过煤炭，意味着人类工业化已进入石油时代。直到今天，整个世界工业化的主导能源仍然是石油和天然气。目前，石油在全球能源消费的比重约为33%，煤炭为27%，天然气为21%，可再生能源和新能源合计占19%。

在中国，工业化速度与能源消费也具有显著的正向关系，如图2-1所示。1990—1994年，伴随工业化的快速增长，能源消费速度开始大幅上升。1997年亚洲金融危机后，工业增长速度明显放缓，能源消费需求

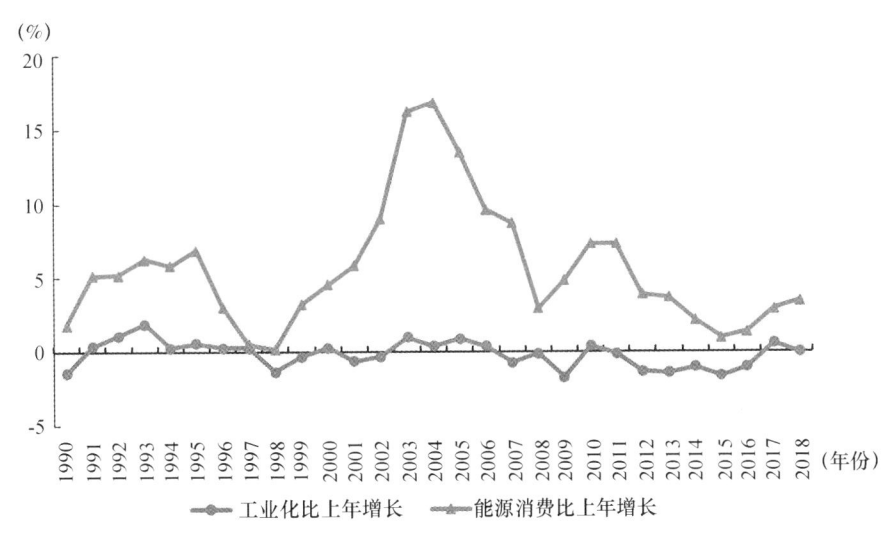

图2-1　1990—2018年工业化、能源消费比上年增长对比

资料来源：笔者根据中国统计年鉴数据整理绘制。

随之降温，随后快速触底反弹。1999年开始，中国经济开始回暖，对能源的需求日益增长。2001年中国加入世界贸易组织后，工业化高速增长带来了巨大的能源消费需求。尤其是在"十五"后期的2003年和2004年，能源矿产消耗增长速度大大超过了经济增长速度，能源矿产消耗环比增长均超过了15%，定基增速涨幅分别达到23%、29%，能源消耗弹性系数高达1.53和1.59，电力消耗系数自2000年以来一直大于1。2006年，中国已是世界第二大能源消费国，也是世界第二大能源生产国。2008年国际金融危机冲击下，工业化和能源消费增速均有所下降，随后的年份二者波动基本一致，充分说明中国的能源消费与工业化关系密切。

进入新时代，中国提出了能源革命战略，能源消费结构逐步转型升级。随着工业化的进一步推进，中国能源消费总量逐步增加，但是在很长一段时间内，国内能源消费不平衡、不协调、不可持续问题仍然突出。在地区上具体表现为欠发达地区能源资源丰富但能源消费占比小，能源消费强度高、清洁能源使用率低。与东部沿海发达地区相比，中国中西部经济欠发达地区在现阶段仍然面临着推进工业化的重要任务，其带来的能源消费需求仍将处于上升趋势，也影响着能源消费方式和结构。

（二）城镇化和能源消费

城镇化是经济社会发展的必然趋势，是衡量一个国家或地区城市发展程度的重要指标。通常城镇化反映的是传统农业社会向现代工业社会转变的发展过程。

随着城市人口的迅速扩张，能源消费呈快速增长态势。统计显示，1840—2019年，全球城镇化水平从10.5%上升到55.5%，增加了4.3倍；全球一次能源消费总量从0.34亿吨标准煤上升为198.08亿吨标准煤，增加了581.6倍。

工业革命以来，城镇化逐步发展，但是当时能源消费结构单一，能源利用效率低下，单位能耗偏高。据测算，全球单位社会产出的能源消耗从1840年的45.1吨标煤/万美元上升到了1960年的470.1吨标煤/万美元，增加了9.4倍（张雷和黄园淅，2010）。20世纪60年代以来，发达国家城镇化发展逐步进入成熟阶段，随着技术进步和能源结构多元化，使得能源效率提升，总的能源消费量增长趋缓。全球单位社会产出能耗情况发生明显逆转，呈现出大幅下降态势。2018年全球单位社会产出的能耗仅为

1.7 吨标煤/万美元。

中国改革开放以来，城镇化率不断提高，从 1978 年的 17.98% 上升到 2018 年的 59.60%，增加了 2.3 倍。相对应地，能源消费量从 1978 年的 57144 万吨标准煤，增加到 2018 年的 46.4 亿吨标准煤，能源消耗总量提高 8 倍多。一般而言，城镇化与能源消费呈现同步增长态势（见图 2-2）。因为随着城镇化进程加快，城市居民的消费需求上升，所以能源消费增加。城市能源消费的增加不仅是由于人口数量的增加，而且由于生活方式改变带来的人均能耗的增加。

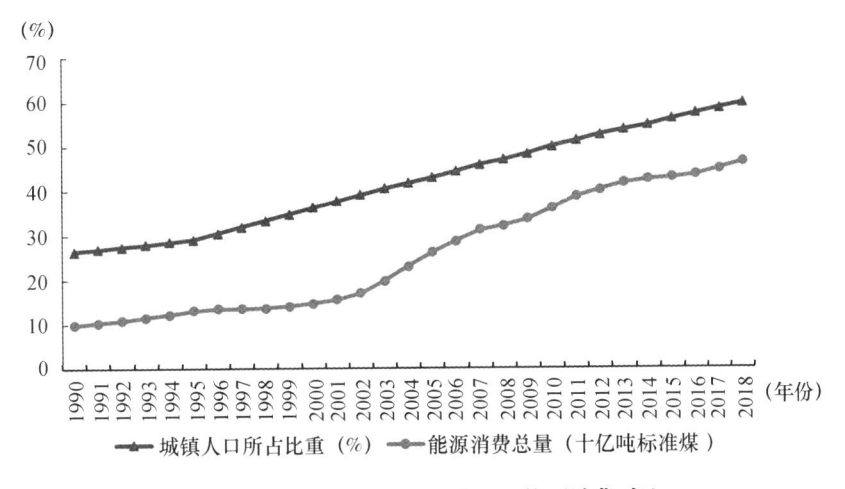

图 2-2　1990—2018 年城镇化、能源消费对比

资料来源：笔者根据中国统计年鉴数据绘制。

随着城镇化的进一步推进，城市居民数量不断增加，对生产生活能源消费产生了更大需求。现阶段，中国城镇化与能源消耗仍处于同步增长阶段，但是随着科技的进步以及集聚效应凸显，未来高度集中的城镇化模式可以节约空间、提高公用设施的利用效率并可能减少能源消费。在当前以及未来一段时间内，相较于东部沿海发达地区，中国中西部经济欠发达地区城镇化仍有较大提升空间，在积极推进城镇化的同时，应充分利用科技进步，提高能源利用效率，降低能源消费强度。

二 经济增长的能源及环境约束

随着工业化和城镇化的发展，学术界对能源、环境与经济增长的关系逐步展开深入研究。早期研究集中于探讨能源要素与经济增长的复杂关系，创立了"能源—经济"二元研究体系。随着 20 世纪 60 年代环保运动的兴起以及 70 年代的石油危机，人们日益关注环境保护和能源使用的安全问题。能源、经济和环境的关系成为学术界探讨的热点问题，3E（Energy-Economy-Environment）理论开始流行起来。20 世纪 90 年代，全球气候变化成为世界各国的共同挑战，一些主要国家、国际组织和相关研究机构通过合作，构建 3E 分析框架，以加深人们对环境和能源的深入认识。实践中，一些国家和地区在保持经济增长的同时，重视能源的节约使用和新能源的开发，将能源和环境约束视为经济增长的前提条件，可持续发展、低碳经济、绿色发展和可再生能源发展成为世界潮流。

（一）能源约束与经济增长

能源是现代工业发展的主要动力，也是人类赖以生存的物质基础，在环境资源中扮演着重要角色。早在 20 世纪 20 年代，苏联就致力于能源与经济问题的综合研究，但是 1973 年世界石油危机的爆发使得能源经济学理论受到重视，并建立了"能源—经济"二元研究体系。

Rasche 和 Tatom（1974）首次将能源要素引入柯布—道格拉斯（Cobb-Douglous）函数，分析平衡增长过程中能源与经济增长的动态关系。研究发现，不可再生能源的耗竭终将抑制能源消费，使得经济增长难以持续。

Kraft（1978）运用 Granger 因果检验对美国 1947—1974 年经济增长与能源消费的关系进行了实证分析，发现二者互为因果关系。但 Yu 和 Choi（1985）对此有不同看法，他们分别对韩国与菲律宾的相关数据进行了 Granger 检验，结果表明韩国经济增长是能源消费的格兰杰原因，而菲律宾则表现为能源消费是其经济增长的格兰杰原因。Stern（1993）则运用多元 Granger 因果检验了美国 1947—1990 年的能源、资本、劳动和 GDP 数据，研究发现能源结构是影响经济增长的格兰杰原因。Moon 和 Sonn（1996）对能源投入和能源价格对经济增长的影响进行了分析，结果发现经济增长随着能源的消耗先上升后下降，政府在设定最优能源消耗强度以及引导私人部门转换能源利用模式中扮演重要角色。

在国内，相关研究也逐渐受到重视。近年来，随着中国能源约束的不断增强，以及节能减排压力的不断增大，国内关于能源约束与经济增长关系的研究也日渐丰富，其中最具有代表性的就是林伯强（2006）的系列研究成果，他认为中国经济增长主要受到能源储量和能源价格两个方面的影响。一方面，由于中国能源消费规模较大，能源短缺将会对能源市场造成巨大影响；另一方面，由于工业化的快速发展，能源需求量在日益增加，因此政府在一定程度上对价格进行了控制，过去和当前的能源低价格可能导致今后更高的能源价格，致使中国向社会主义现代化强国的转型变得更加复杂和困难。

（二）环境约束与经济增长

20世纪70年代初，可持续发展思想日益受到重视，国内外对环境约束与经济增长复杂关系的相关实证研究不断丰富。

Grossman和Krueger（1991、1995）在研究国家收入水平和环境质量指标之间的关系时，提出了环境库兹涅茨曲线（Environment Kuznets Curve，EKC）假说，即环境污染指标变动趋势与人均收入变动趋势呈倒"U"形关系，其峰值约出现于中等收入阶段。随后，Panayotou（1993、1997）、Grossman和Krueger（1994）、Cole（2003）等运用面板数据分析了污染物排放浓度或人均排放量与人均GDP的关系，进一步验证了EKC假说。

国内对于环境库兹涅茨曲线假说的研究起步较晚，且分析结论存在"U"形和"N"形两大分歧。刘荣茂等（2006）、刘耀彬（2007）、岳利萍和白永秀（2006）分别从不同角度验证了EKC假说在中国同样存在。然而，李达和王春晓（2007）的研究发现了不同的结果，中国二氧化硫排放呈现倒"N"形关系，但是另外三种大气污染物不存在倒"U"形关系。

总体而言，库兹涅茨曲线模型相关研究主要集中在三个方面：一是运用实证研究验证EKC曲线是否存在（Usman，2019；魏下海等，2011；胡宗义等，2013；李静等，2013；Ben Nasr等，2015；李鹏涛，2017；揭昌亮等，2018）。二是预判其拐点，从而为政策导向的侧重与发展重心提供依据（蒋萍、余厚强，2010；赵忠秀等，2013；颜廷武等，2014；Ben等，2015；王勇等，2016；李国志，2018）。三是对EKC指标的完善，部分学者引入生态足迹作为环境压力和环境质量的替代指标（吴玉鸣，2010；钱文婧，2010；肖思思等，2012；沈政等，2012；王德录、高标，2016；Altıntas 等，2020）。

（三）经济增长尾效

增长尾效是指由于资源的约束，经济增长的速度与不存在约束的情况下所降低的程度。关于增长尾效的研究一直以来都备受学者们的关注。国外学者对于增长尾效的研究，主要集中在经济增长的路径研究。Nordhaus 在 1992 年首次提出了"growth drag"的概念，他在索洛模型的基础上纳入自然资源，并对柯布—道格拉斯生产函数进行改进，在此基础上，通过计算得出了美国土地资源和其他资源对经济的增长阻力为 0.0024。Uri（1995）利用协整的方法检验了能源不足对美国经济增长的影响，结果发现 1889—1992 年只有原油的不足对美国增长的影响显著。Brown 和 Hilweil（1998）则通过分析得出，由于城市供水不足以及水体污染所造成的水资源稀缺对中国经济增长产生了巨大影响。Beuvoll 和 Glomsroda 等（1999）运用动态 CGE 模型测算了环境污染对挪威经济增长造成的阻力，并分析了其对挪威福利所造成的影响。Martin 和 Mitra（1999）则根据 1967—1992 年 50 个国家的面板数据，通过索洛模型计算得出外生的技术进步很大程度上来自土地改良的技术进步。Nagi（2001）通过分析得出了土地等资源的稀缺性对经济增长具有限制作用的结论。Copeland 和 Scott（2003）根据土地资源和环境政策在经济增长过程中的作用方式，提出了相应的政策建议来促进经济增长。Brock 和 Taylor（2005）利用建立的 4 个经济增长模型，从理论和实证的角度对经济增长和土地的关系进行了分析。

国内学者对增长尾效的研究主要侧重于对不同类型资源尾效值进行测算，开始于对水资源与土地资源尾效的定量分析。薛俊波等（2004）运用柯布—道格拉斯生产函数，测算出中国土地资源对经济增长的尾效值大约为 0.0175。谢书玲等（2005）运用柯布—道格拉斯生产函数，测算出水资源和土地资源对中国经济增长的尾效值分别为 0.0140 和 0.0132，而二者共同作用下其尾效值为 0.1455，是 Nordhaus 所测得的资源和土地的限制对美国经济增长尾效值的 6 倍，说明中国经济发展过程中的增长阻力偏大。杨杨、吴次芳等（2007）则将建设用地纳入土地资源中，并估算出水土地资源对中国经济增长的尾效值为 0.0118，是美国的 4.92 倍，说明水土资源对中国经济增长具有中等程度的影响。张琳等（2014）基于两种发展情景假设，对中国城镇化过程中土地资源尾效的全局和局部空间关联性进行研究，并将土地资源尾效研究与空间分析方法相结合，揭示出土地资源稀缺制约城镇化发展的空间分异特征及规律。秦腾等（2018）以空间溢出为研究视角，对长江经济带城镇化进程中的水资源约束强度进行测算，结果表明水资源对长江经济带城镇化进程的约束效应较为明显，由于水资源的约束，长江经济带城镇化进程的速度比没有水资源约束时下降 0.6%。

随着研究不断深入，学者们开始将能源与环境因素纳入研究范畴，着重研究能源与碳排放对经济发展的限制。沈坤荣和李影（2010）的研究显示，中国能源的经济增长尾效为 0.0058。随后两人又对中国经济增长过程中能源结构性约束进行了测算，发现石油的约束作用最强，说明能源结构性矛盾也是制约中国经济增长的主要原因。张士杰（2013）则将研究范围拓展到皖江经济带，研究结果表明，皖江城市带能源对经济增长的尾效是 0.0050。

在随后的研究中，一些学者将碳排放也纳入模型中，对中国经济增长的尾效进行研究。唐建荣和张白羽（2012）将碳排放纳入到索洛模型中，经过测算得到中国经济增长的碳排放尾效值为 0.0048，大于水资源尾效，略小于土地和能源的值。米国芳和长青（2017）的研究发现，在考虑碳排放的条件下，煤炭、石油和天然气对中国经济增长的约束存在差异性。师博和姚峰（2018）基于两部门内生增长理论，在纳入环境污染拥挤效应的框架下测算与分析中国经济增长的能源尾效。结果表明，1998—2015 年能源尾效使得中国经济增长率下降 10.55%。

随着国家城镇化战略的逐步实施，国内学者对于城镇化进程中经济增长尾效的研究也逐步展开。刘耀彬（2007）首次构建出城市化进程中的资源消耗尾效模型，并计算出能源、土地和水资源消耗对中国城市化进程的尾效。刘耀彬、杨新梅（2011）在先前研究的基础上，对江西省城市化进程中的资源环境尾效进行实证分析。许冬兰、李琰（2012）基于 CES 生产函数，对山东省经济增长和城市化进程中能源的约束程度进行测算。何立华、孙婷（2017）将能源结构进行细化，对煤炭、石油、天然气和水电对山东省城市化进程的能源约束尾效进行了分析。高赢、冯宗宪（2018）测算了在能源环境约束下陕西省和全国城镇化进程尾效。王宾、杨琛（2019）分析了长江经济带水资源对城镇化的约束效应。

（四）生态足迹

生态足迹又名"生态占用"，是指人类为维持生存消费的各种物质和能量转换为生产这些消费所需要的最初物质和能力的生态生产性土地面积，即用生产性土地面积表示人类为了生存而占用的自然资本，通常被用作环境替代指标和环境反映变量。由此衍生的生态足迹相关理论主要分为生态足迹理论和生态承载力理论。

生态足迹理论是由 Rees 于 1992 年提出，Wackernagel（1996）和 Yount（1998）进一步完善了生态占用的原理与方法。生态足迹理论围绕"生态生产性土地"这个关键概念，在经济和生态系统之间建立了一种投影关系，使环境质量的衡量真正具有区域可比性。根据消费数据解析的过程，传统生态足迹研究形成了两种基本方法体系：综合法和组分法。前者着眼于初级产品，自上而下的利用整体数据。后者着眼于终端消费项目和个人消费行为的组分划分，自下而上的汇总数据。该理论的提出对定量分析可持续发展程度具有突破性价值，既反映人类对于自然资源的占用情况，又反映人类的消费性活动对于自然资源产生的影响。相关研究广泛应用于环境科学、生态学、经济学领域，其发展逐步从单个区域单个年份的测算演变至多区域较长时间段的测算与动态分析，时空维度得到了深度扩展。

生态承载力理论是承载力理论在生物生态学、资源经济学和生态经济学等领域的延伸，指在不影响生态结构和功能稳定性的条件下，生态环境所能承载的人类活动最大极限。生态足迹与生态承载力的差额被称为生态盈余或生态赤字，用来衡量研究区域的生态压力和可持续发展程度，相关研究主要集中于自然生态学、人类生态学等方面。目前生态承载力的研究方法主要为自然植被净第一性生产力估测法和供需平衡法。

随着生态环境形势日益严峻，可持续发展理念兴起，经济增长必须考虑生态环境的占用与承载力，有关经济增长与生态足迹关系的一般理论深入展开并逐步成熟，其中，除前述之 EKC 曲线理论外，另一代表性理论为罗马俱乐部的增长极限理论。增长极限理论是由罗马俱乐部于 1972 年提出，集中探讨经济增长是否存在极限。基于系统动力学构建了"增长的极限"理论模型,发现人口增长、工业发展、农业生产和资源消耗之间呈阶梯式变动关系,并提出如果不限制不合理的经济增长,人类将会遭受被毁灭的结果。增长极限理论于20世纪80年代引入国内,并得到进一步拓展,对中国区域经济发展战略从均衡向非均衡调整产生了积极影响。关于增长极限理论的相关研究主要应用于三个方面:一是贫困区域和欠发达地区发展研究(Paul,2007;柯善咨,2010;刘杰,2010;童中贤等,2012;张中秋,2019)。二是某一行业、某个地区乃至国家整体的产业布局规划研究(徐露,2017;肖良武等,2017;李庆珍,2017;陈华,2018)。三是地区分散化研究(燕连福,2019;何雄浪等,2020)。但也存在不同观点,认为借助技术进步、人口控制和环境保护可以实现持续发展。

三 习近平生态文明思想之"两山论"

习近平总书记在党的十九大报告中指出,必须树立和践行"绿水青山就是金山银山"的理念,坚持节约资源和保护环境的基本国策,像对待生命一样对待生态环境①。"绿水青山就是金山银山"的"两山论"是习近平生态文明思想的重要内涵(杜艳春等,2018),它系统阐述了经济与生态之间的内在逻辑。

(一)"两山论"的内涵

习近平生态文明思想是习近平新时代中国特色社会主义思想的重要组成部分,深刻回答了为什么建设生态文明、建设什么样的生态文明、怎样建设生态文明等重大问题,是新时代生态文明建设的根本遵循和行动指南(郭占恒,2020)。"两山论"作为习近平生态文明思想重要内容,系统阐述了"经济生态化"和"生态经济化"两大重要发展要素之间的内在逻辑。要坚持"在发展中保护、在保护中发展"的新思路,实现经济发展与生态环境保护协同发展。

具体而言,该论断包括三个层面的深刻内涵:第一,山水是人类生命存续和发展的载体和襁褓,生态衰则文明衰;第二,必须坚持山水林田湖草是一个生命共同体的系统思想;第三,生态就是资源,生态就是生

---

① 习近平:《决胜全面建成小康社会 夺取新时代中国特色社会主义伟大胜利——在中国共产党第十九次全国代表大会上的报告》,人民出版社2017年版。

力。"两山论"要求将人和自然、发展和环境、现代化和生态化有机地统一起来（张云飞，2018）。

（二）"两山论"的提出与发展

"绿水青山就是金山银山"是 2005 年 8 月习近平同志任浙江省委书记在安吉天荒坪镇余村考察时提出的。随后，习近平同志在国内外多次强调和阐述这一理念。2015 年 4 月，《中共中央国务院关于加快推进生态文明建设的意见》明确指出，坚持绿水青山就是金山银山。党的十九大报告进一步明确"绿水青山就是金山银山"理念，习近平总书记深刻阐述了"两山"理论的丰富内涵和深远意义，成为新时代中国生态文明建设的根本遵循。

"绿水青山就是金山银山"要求在实现经济增长的同时也要保护生态。一是山和水象征着养育人类生存繁衍的自然资源，保护自然资源就是保护人类繁衍的命脉；二是生态环境系统的整体性、相互关联性要求必须坚持山水林田湖草是一个生命共同体的系统思想；三是生态资源就是经济资源、生态资源即经济生产力。其内在逻辑是研究生态经济化和经济生态化的发展路径，将丰富的自然资源转化为经济增长，而经济增长又能更科学、高效、环保地利用资源，将现代工业化的发展与自然资源保护有机统一起来。

"两山论"的形成是一个逐步发展丰富的过程。从"既要金山银山又要绿水青山"到"既要金山银山更要绿水青山"，再到"绿水青山本身就是金山银山"的发展进程，是从"两点论"到"重点论"，最后上升到"统一论"的发展过程。"两山论"描述了实践中人类对于自然资源与经济发展关系的认识过程和思维逻辑。从理念的生成及发展脉络上看，该论断经历了酝酿提出、丰富成熟和升华完善三个阶段。"两山论"形成过程时间脉络一览如表 2-2 所示。

表 2-2   "两山论"形成过程

时间	内容
2005 年 8 月 15 日	首次提出了"绿水青山就是金山银山"的科学论断
2005 年 8 月 24 日	正式提出了著名的"两山论"

续表

时间	内容
2006年3月8日	对绿水青山和金山银山的辩证关系的认识的三个阶段： 第一个阶段是用绿水青山去换金山银山； 第二个阶段是既要金山银山，但是也要保住绿水青山； 第三个阶段是绿水青山本身就是金山银山
2013年9月7日	"两山"思想论述体系形成：既要绿水青山，也要金山银山；宁要绿水青山，不要金山银山，而且绿水青山就是金山银山
2015年3月24日	"两山论"重要理念正式写入了中央文件
2016年5月27日	"两山论"走向国际：联合国环境规划署专门发布《绿水青山就是金山银山：中国生态文明战略与行动》报告
2017年9月15日	"两山论"的实践探索：国家环境保护部公布首批全国13个"绿水青山就是金山银山"实践创新基地
2017年10月1日	"两山论"正式成为党和国家发展战略：党的十九大报告指出"必须树立和践行绿水青山就是金山银山的理念"
2017年10月24日	"两山论"进入党章
2018年5月20日	"两山论"理论深化：提出新时代生态文明建设的六大原则
2018年4月26日	"两山论"实践深化：长江经济带践行生态优先、绿色发展理念
2018年6月16日	"两山论"在生态保护方面的实践：中央印发的《关于全面加强生态环境保护坚决打好污染防治攻坚战的意见》

资料来源：笔者根据公开资料整理。

从"两山论"提出的时间脉络中可以发现，习近平总书记关于"绿水青山"与"金山银山"关系也是在不断发展丰富的，坚持了辩证统一思想，从最初的"既要绿水青山，又要金山银山"，坚持"两点论"，强调二者之间是一个有机整体，缺一不可；发展到"宁要绿水青山，不要金山银山"，坚持"重点论"，强调绿水青山的重要性，不能以牺牲生态环境换取短期内的经济发展；最后升华到"绿水青山就是金山银山"，强调经济发展与环境保护相辅相成、相互促进的辩证关系。"两山论"的三个阶段深刻揭示了绿水青山与金山银山之间兼顾、取舍、转化的复杂辩证法。

（三）"两山论"中自然资源的价值

"两山论"中蕴含对于自然资源价值的判断，即"保护生态环境就是保护生产力、改善生态环境就是发展生产力"。

（1）马克思在《资本论》中指出，"自然在价值形成和价值增值的过程中具有劳动无法代替的前提性、基础性和条件性的作用"。其深刻含义是指自然资源与生态本身就存在着自然经济价值。生态环境保护技术的不断提高是增值自然资源价值和自然资本的过程，会相应地得到合理的经济回报和适当的经济补偿。因此，推动自然资本大量增值本身也是一个地区生态经济发展的前提条件和发展路径。例如，生态修复后的湿地或河流成为美丽的城市景观，从而带动旅游人数的增加，促进城市生态旅游经济的发展。又如将现代产业园打造成以生态为导向的综合生态园区，从而吸引会展经济的发展等。

（2）自然资源不仅是重要的生产资料，更是生产力发展水平的物质基础。随着科学技术的进步，自然资源的生态化优劣成为衡量生产力先进与否的重要指标。在生产过程中，生态化原则已经渗透到生产生活发展的各个环节。因此，在坚持高质量发展过程中，必须保护好现有的自然资源，坚持生态化发展（张云飞，2018）。

（3）经济结构和发展方式的转变直接影响生态环境，"在发展中保护、在保护中发展"是新时代经济社会发展与人口资源环境相适应的基本要求。因此，构建绿色环保能源体系，大力发展生态经济是促使"生态资本"转化为"经济资本"的有效动力。

第三节　能源贫困的成因及其社会经济影响

能源贫困的概念界定经历了从绝对能源贫困到多维能源贫困的转变，能否公平享受现代能源服务成为衡量能源贫困的重要标准。能源贫困的产生受到社会经济发展、家庭经济地位和区域环境等多方面因素的影响。从社会层面看，能源贫困降低了有关人口的生活水平，妨碍落后地区和贫困人口获得更多发展机会，损害了现有社会秩序，削减了全社会福利，造成环境和生态破坏，剥夺了弱势群体的生存权；从经济层面看，能源贫困降低了有关人口的经济收入，影响农业生产率的提高，使能源贫困家庭进一步陷入"贫困陷阱"之中。

一 能源贫困的概念

目前,关于能源贫困的概念众说纷纭,并没有达成统一认识。最早是由 Boardman 于 1982 年在燃料使用权运动中提出,强调其可支付性。他认为,评价能源贫困的标准是,一个家庭的能源消费支出超过总收入的 10% 及以上。随着时代不断发展进步,能源贫困的概念不断得到丰富。从能源的可获得性角度,联合国开发计划署(2000)将能源贫困定义为家庭和个人无法获取能源,也无法享受安全环保的能源服务,不利于当地经济社会发展。国际能源署(2002)确定了在目前研究工作中最被认可与使用的概念,即日常生活方面,人们主要依靠薪柴等传统生物质燃料,无法获取和使用天然气等现代清洁能源。从获得性和可支付性相结合的角度,亚洲开发银行(2010)认为能源贫困是人们无法自由选择安全环保的能源服务,以促进当地经济社会发展。

以上研究的关注重点多为绝对能源贫困的概念,但随着人们能源需求逐渐多元化,生活水平不断提升,有更多学者开始研究多维能源贫困。Nussbaumer(2012)等率先从多维的角度定义能源贫困。Njiru 和 Letema(2018)从饮食质量、居住环境以及健康影响等角度定义能源贫困。Aristondo 和 Onainado(2018)认为能源贫困包含取暖、可支付性、住房结构等维度。Khanna(2019)等构建了以用电量、能源消费与供应等多个指标来评价能源的获得性、支付能力。

尽管能源非常重要,但无法直接消费,人类所需要的是能源服务(王卓宇,2015)。同时,能源贫困已经深入人和人的活动的各方各面。Day(2016)等认为,多维能源贫困是负担不起、不可靠不安全的能源服务,因而无法保障人的基本生存权和发展权。王卓宇(2015)将考察能源贫困的指标分解为"能源接入"和"能源服务"两个重要概念,能源接入聚焦于消费者是否有获得能源的设施,用来表示一国公民获得现代清洁能源(相较于传统生物质能意义上)的能力。现代能源服务是指一个家庭拥有可靠、可负担的清洁炊具,首先接入电力,其次电力消费水平逐渐增长达到地区平均水平。

二 能源贫困的成因

一般而言，能源贫困具有深刻的经济社会和区域环境等多方面因素的影响。深入分析能源贫困的成因对于破解欠发达地区能源贫困具有重要意义。综合来说，能源贫困成因主要有以下几个方面。

（一）社会经济因素

欠发达地区家庭的收入与支付能力以及燃料价格与采集成本是引起能源贫困的一个主要原因。在中国农村生活用能消费中，秸秆、薪柴等非商品性能源和煤炭占据着绝对的主导地位，而对清洁能源的需求相对不足。一直以来，欠发达地区居民对现代能源支付能力较弱的主要原因是：一是欠发达地区的居民收入水平较低；二是现代化清洁燃料价格高昂。也有学者认为，能源贫困的主要驱动力是高能源价格、低能耗家庭和电器、低收入家庭以及家庭特定能源需求之间的相互作用。这些驱动因素本身被嵌入更具结构性的决定因素中，例如能源、住房和劳工政策与市场、经济政策和福利国家等。对于这种结构性的决定因素，Recalde（2019）认为与能源贫困紧密相关的概念是能源贫困的结构脆弱性，这种结构脆弱性是指国家的政治和社会经济条件，这些条件决定了在内外部条件发生变化而可能导致家庭陷入困境的情况下，国家对其人口提供的保护程度。因此，能源贫困的结构脆弱性与这些国家/地区遭受能源贫困的人口比例密切相关。

（二）社会地位因素

在农户选择用能方式时，家庭因素和个人因素均起到了重要作用，包括性别、年龄、家庭用能习惯、耕地面积、家庭年均收入、住房面积、受教育程度和职业等因素。Abbas等（2020）认为，房屋面积、家庭财富、教育程度、职业（文书、销售或农业）以及户主的性别是家庭多维能源贫困的重要负面社会经济决定因素。Bouzarovski等（2020）的研究表明，老年人、有孩子的家庭（尤其是单亲家庭）、残疾人或长期病残的家庭、失业者以及低收入者的能源贫困程度会高于平均水平。

（三）区域环境因素

由于不同欠发达地区能源禀赋存在显著差异，因此生物丰度在一定程度上影响着对传统能源的使用。农作物丰富、草木茂盛的地区即为生物丰度高的地区，生物丰度越高，使用秸秆、薪柴的概率越高。此外，欠发达地区所在的地理位置和地势环境也影响着当地的用能结构。同时，当地的交通状况、城市化水平对用能结构也有着重要的影响。另外，因为每个地区资源禀赋和经济发展模式不同，各地区制订政策的出发点也不同，面临着政策与现实不相符的问题，从而导致部分能源扶贫政策并没有起到应有的效果。

三　能源贫困的社会影响

从社会层面来看，欠发达地区的落后首先体现在能源贫困，从而制约着欠发达地区的社会发展。因此，能源贫困具有广泛的社会效应。根据王卓宇（2015）等相关研究，能源贫困的社会影响主要体现在以下几个方面。

（一）能源贫困妨碍人们基本生活及发展权益

能源成本给发展中国家的低收入家庭带来了沉重的经济负担，这些家庭总收入的20%以上用于能源使用。发展中地区的困难群体用能方式落后，一般依赖于薪柴等传统生物质能源，能源使用效率低下，需要花费较多的人力成本和占用较大比例的收入，从而限制了欠发达地区人口发展权益和生活水平的提高。例如，在埃塞俄比亚农村地区，医疗中心由于无法使用电能而无法使用现代医疗工具，使得患者不能享受正常的医疗服务。

能源贫困直接影响着人们生活方式的文明程度。个人生活的经济发展在很大程度上取决于能源，它的目标是为团体或个人提供福利。能源贫困使得欠发达地区人口无法享受现代能源服务，从而制约这些地区的工业化进程和相关产业的融合发展。例如，欠发达地区缺电而导致的能源贫困，限制了当地的教育水平和贫困群体受教育的能力。教育部门需要电力来更好地提供课程，特别是对于农村地区的学生阅读不同的材料，包括夜间的课堂活动，这些都需要有持续的能源作为支撑。现实情况是，能源贫困导致欠发达地区教育质量一直不高。具体而言，能源贫困会影响儿童的受教育程度、情绪健康和复原力，减少饮食机会和选择，并增加在家中发生事故和受伤的风险。Ndiritu 和 Nyangena（2011）研究发现，肯尼亚5—18岁的儿童中，有41%平均每天超过2.5小时用于采集燃木。当儿童耗费在采集水和燃木上的时间每超过2小时，其入学可能性将降低 21%。

(二) 能源贫困剥夺弱势群体健康和生存权

能源贫困对健康的影响首先表现在较高的死亡风险以及发病率的增加，同时使用生物质燃料还会产生 CO_2 和 PM_{10} 等有害气体，造成空气污染，严重者会影响贫困群体的健康权和生存权。另外，一些学者从精神状态、幸福指数、社会公平等视角探讨能源贫困的消极影响，进一步指出能源贫困会给居民的身心健康带来伤害，使其生活质量下降。

能源贫困剥夺了弱势群体的生存权。一方面，在能源贫困所造成的危害中，婴儿存活率降低、幼儿健康受损尤为严重；另一方面，由于无法有效获取现代能源，使贫困群体在饮用水安全问题和医疗卫生条件方面得不到有效保障，从而危及生命。此外，落后用能方式更容易引发诸如火灾等事故。

(三) 能源贫困影响生态环境

在很多情况下，最能满足穷人需求的能源选择主要涉及薪柴、秸秆等传统燃料，其使用会对当地和全球环境产生负面影响。例如，木质生物能源的收集和燃烧会影响地面植被覆盖，而粪便的燃烧会影响返回土壤的养分水平。从根本上说，生物质可以是一种可再生能源，但是在某些燃料供应压力大的偏远地区，生物质的使用更类似于不可再生的矿业。Heltberg (2000) 等研究了印度农村家庭生活能源的需求和供给问题，发现农村家庭对薪柴的大量消费导致了当地森林资源严重退化。Miah (2009) 等研究发现，在孟加拉国，薪柴满足了国内 48% 的生活用能需求，平均每户家庭薪柴年消费量高达 4.24 吨，这给当地的林木资源造成沉重负担。也有研究表明，如果目前正在以低效燃烧传统生物质能方式做饭的人改用燃气等清洁能源，将会对环境产生极大的正面影响，每人用餐所产生的温室气体将大大减少。

(四) 能源贫困扭曲人类基本价值理念

能源贫困造成了诸多社会不公和价值扭曲现象，主要体现在以下两个方面。

一是损害了性别平等的理念和秩序。对以薪柴为主要能源方式的困难群体而言，由于家庭分工，薪柴获取的重任往往落在妇女和儿童身上，造成性别不平等和儿童发展权益受损。Sovacool (2012) 在对大量相关研究结果进行整理后得出,在发展中国家,女孩在燃料采集上花费的时间是成年男性的 7 倍,是同龄男孩的 3.5 倍。

二是导致全球数亿人口无法获得现代能源,从而损害人类社会关于价值、人权、发展、平等、自由等价值理念的严肃性和可靠性(王卓宇,2015)。Thomson(2013)认为能源贫困妨碍了日常工作或学习等领域的正常运作,贫困群体往往受到污名化以及社会交往减少等不良社会后果。

四 能源贫困的经济影响

从经济层面看,能源贫困降低了农村人口的经济收入,影响农业生产率的提高,并使能源贫困家庭进一步陷入"贫困陷阱"之中。

一是收集燃料耗费家庭劳动力大量时间和人手,尤其是妇女的时间,这使人们从事其他生产活动的时间和人数大大减少,进而减少其经济收入。有学者考察了世界各地高中低收入家庭的能源消费情况,发现低收入家庭由于需要更多的传统燃料,如牲畜粪便、薪柴、秸秆、木炭等,往往需要耗费更多的人力。

二是能源利用效率低下。能源欠发达地区主要使用牲畜粪便、薪柴、秸秆、木炭等传统生物质能,利用效率低,严重影响生态环境,造成了巨大的能源浪费。

三是落后的用能方式影响农业生产效率的提高。农业生产中,手动灌溉会降低生产效率,并且会造成水资源的大量流失。农业自动化则需要借助能源消耗得以实施。如农民生产西红柿、胡萝卜和水果,必须将它们保存在冰箱中以保持正常状态,但是由于能源匮乏,这是不切实际的。

四是能源贫困与经济贫困二者互为因果,密不可分。欠发达地区的落后首先体现在能源贫困,制约了当地经济的发展,同时经济贫困往往加剧了能源贫困,使得贫困家庭陷入"贫困陷阱",形成恶性循环。

第四节 新能源扶贫的政策效应及减贫效应

新能源扶贫作为打赢脱贫攻坚战的重要政策工具,主要是通过政府政策引导和帮扶发展新能源产业,以帮助欠发达地区实现脱贫致富。作为扶贫新途径，新能源扶贫及其相关政策的实施对能源、经济和环境存在显著的政策效应和减贫效应。新能源扶贫的政策效应主要体现为能源保障与供给安全效应、能源结构优化与环境效应、产业发展与就业拉动效应、经济增长效应等方面。新能源扶贫的减贫效应主要体现在缓解能源贫困和环境贫困、给欠发达地区创造就业机会和增加贫困群体收入。

一　新能源的概念及分类

（一）新能源的概念

当今社会，能源推动社会经济发展的同时，也引起了突出的环境问题，这对人类社会的可持续发展带来了挑战。随着煤炭、石油和天然气等非可再生资源对环境的压力日益增大，寻找新的替代型能源成为21世纪能源发展方向。在此背景下，太阳能、风能、生物质能等新能源受到世界各国的普遍重视，获得了迅速发展。

在早期，新能源主要是指以太阳能、风能、水能等14种为代表的能源。随着新一轮科技浪潮的兴起，人们对新能源的内涵进行了扩充。1981年，联合国在《促进新能源和可再生能源的发展与利用的内罗毕行动纲领》中指出，新能源是指以逐步替代可耗竭、污染环境的常规能源为目的，以新技术和新材料为基础，通过现代化手段进行开发和利用的、起源于可持续补给的自然过程的能源。英文名称为 New and Renewable Sources of Energy（NRSE），意为"新的和可再生能源"，这是一个不可分割的整体，中国称之为"新能源"（张海龙，2014）。

2009年，国家能源局将新能源定义为：通过技术创新实现对风能、太阳能、生物质能等可再生能源的开发利用，以及仍处于实验研究阶段且尚未规模化应用的各种能源的集合。

（二）新能源的分类

联合国计划开发署根据能源资源种类分为大中型水电、新可再生能源、传统生物质能。随着科学技术的进步，新能源的内容在不同的历史时期有着不同的内涵。在中国，新能源主要是指太阳能、风能、地热能、生物质能、海洋能、核能等能源。其中，中国将核能也定义为新能源。本书所研究的新能源主要以洁净煤、太阳能、风能、生物质能、核能等为代表的清洁能源（如表2-3所示）。

表2-3 新能源分类及其特点

种类	利用方式	发展意义
洁净煤	煤炭的洗涤和加工转化技术；洁净煤发电技术；燃烧后的烟气脱硫技术	能源供应来源的多样性，改善单一的能源结构；有助于提升煤炭资源清洁化利用程度
太阳能	光热转换；光电转换；光化学转换	很大程度上缓解了世界能源供应紧张的问题；保护环境，优化了能源结构；促进了经济发展，使人们生活变得更方便
风能	风力发电；风力泵水	促进地区经济增长，增加就业岗位；多元化能源供给结构
生物质能	直接燃烧、液化、气化、热解等方法；生物质压制成型技术；沼气和酒精等能源产品	保障国家能源安全；促进能源结构转型；促进农民增收
核能	由原子核分裂释放的裂变能；由原子核发生聚合反应产生的聚变能；原子核衰变时发出的放射能	核电的经济性和发电效率显著；丰富区域能源供应多样性
氢能	从化石燃料中制氢；电解水制氢；热化学制氢	燃料能量转化率高；噪声低；零排放
海洋能	海洋能按储存能量的形式可分为机械能、热能和化学能	在全球调整能源结构、应对能源危机、保护环境的情况下，发展海洋能开发利用具有重大战略意义
水能（小水电）	容量在1.2万千瓦以下的小水电站及与其相配套的电网	有利于提升地区能源供应量，带动当地养殖和旅游行业的发展
地热能	地热能的利用方式主要有地热发电和地热直接利用两大类，目前出现较多的有四种方案：直接利用蒸汽法、汽水分离法、减压扩容法、低沸点工质法。	有利于发展地热采暖和地热发电

改革开放以来，中国经济高速发展，对煤炭、原油、天然气等能源的需求量越来越大，煤炭、原油、天然气对外依存度逐渐攀升。1993年中国正式成为能源净进口国，其中石油的对外依存度高达70%以上，中国

能源供给安全风险较大。为此，除了拓宽供应渠道，在能源消费结构上积极转型优化，新能源以其低碳环保的优势成为传统能源的重要替代能源。2015—2019年，中国新能源消费量分别占能源总消费量的5.9%、10.0%、13.6%、14.3%、14.3%，新能源市场日益扩大，发展迅速。总体而言，中国新能源迎来了快速发展的"春天"。

据统计，截至2019年末，中国风电、光伏发电装机容量跃居世界第一。风电装机容量约为2.1亿千瓦，光伏装机容量约为2亿千瓦，光热装机容量约为37万千瓦。与此同时，新能源发电量也逐年攀升。相比2012年，2019年中国新能源发电量增加了4097亿千瓦时，总发电量增加了5.6倍。2019年中国光伏发电新增装机容量3031万千瓦，约占新增装机容量的10.2%，光伏发电新增量居世界首位；风力发电总量超4000亿千瓦时，新增并网容量约2600万千瓦，同比增长约为25%，累计并网装机容量约2.1亿千瓦，约占总装机容量的10.4%。风电利用率进一步提升，弃风弃电现象得到进一步缓解。

二 新能源扶贫

（一）新能源扶贫含义

党的十八大以来，精准扶贫成为中国脱贫攻坚的基本方略。2013年11月，习近平总书记在湖南省湘西州十八洞村考察时首次提出"精准扶贫"概念，指出"扶贫要实事求是，因地制宜"。同年底，中共中央办公厅、国务院办公厅印发《关于创新机制扎实推进农村扶贫开发工作的意见》。2015年11月，中央扶贫开发工作会议召开，习近平总书记发表重要讲话。会后，中共中央、国务院颁布《关于打赢脱贫攻坚战的决定》，系统阐述精准扶贫、精准脱贫方略，吹响了脱贫攻坚战的冲锋号。2016年11月，国务院印发《关于"十三五"脱贫攻坚规划的通知》，标志着脱贫攻坚战全面上升为国家战略行动。党的十九大报告指出，要动员全党全国全社会力量，坚持精准扶贫、精准脱贫，坚持中央统筹、省负总责、市县抓落实的工作机制，坚决打赢脱贫攻坚战。

通过对国内外相关研究的梳理，国内学者对新能源在未来30年中能源发展领域的定位进行了划分（谭琪、及月如，2011），强调实现环境友好型的新能源对传统能源的消耗替代逐渐会成为中国能源格局变革的新动向和能源政策创新的重要目标（赵越，2013）。政府的政策激励将有效促进新能源产业的发展，国家有必要对新能源产业提供政策倾斜和资金支持（王玺、蔡伟贤等，2011），使新能源成为扶贫的有效路径（郭敏，2017）。比较而言，国外学者对能源政策进行了深入研究，例如Carley（2011）认为能源政策是在能源变革的前提下进行的，政策工具的运用会导致能源政策的创新。Schumpete（2015）则指出能源政策会引起能源产业原有格局的变革和资源的再分配。Motta（2015）通过风能政策分析，指出能源政策的制定及含义来源于政策制定者对相关政策知识的学习和归纳。

可以看出，国内外学者虽对能源政策进行了研究，但对新能源扶贫并未给出明确定义。综合国内外对能源政策的定义及中国的基本国情，本研究将新能源扶贫定义为公共部门以新能源为介质，利用政策工具来实现新能源在欠发达地区有效使用，促进欠发达地区经济和环境可持续发展的一种行为活动。比如，在政府支持下，通过政策倾斜来促使光伏发电和沼气等在贫困农村得以广泛使用等。

（二）新能源扶贫与生态文明建设耦合

新时代，习近平总书记提出了"绿水青山就是金山银山"的科学论断，中国生态文明建设进入新的历史时期。同时，为了建成全面小康社会，党中央国务院实施了脱贫攻坚战。这必然要求打赢脱贫攻坚战与生态文明建设统筹起来。新能源扶贫作为具有中国特色的政策工具，成为脱贫攻坚与生态文明耦合的重要创举。这种耦合主要体现在以下两个方面。

一方面，新能源扶贫为实现"既要金山银山又要绿水青山"的愿景提供了可能性。生态文明建设要求我们进行脱贫攻坚时决不能走"先建设，后治理"的老路子，这为新能源在欠发达地区发展创造了机遇。新能源扶贫是以新能源技术为基础，以财政支出、市场参与等工具为手段，使欠发达地区可再生能源资源得到开发利用，促使欠发达地区产业发展和脱贫减贫的一种政策活动。新能源不仅促进欠发达地区经济发展，还注重对生态环境的保护，这与"既要金山银山又要绿水青山"思想不谋而合。

另一方面，新能源扶贫实现了"绿水青山"与"金山银山"的有机统一。欠发达地区的发展"要给自然留下更多修复空间，给农业留下更多良田，给子孙后代留下天蓝、地绿、水净的美好家园"。中国欠发达地区多为风景秀美、自然资源富集地，自然资源开发不足严重制约了地区经济的发展。在欠发达地区发展新能源产业，可以有效地将欠发达地区"绿水青山"的环境优势，转化为"金山银山"的经济优势。

总之，新能源扶贫与生态文明建设的目标高度耦合。欠发达地区扶贫以新能源为介质，其目的是利用新能源的无污染性和可再生性实现贫困乡村脱贫以及可持续发展。与此同时，生态文明建设目的不仅是要使贫困乡村脱贫，更主要的是要实现乡村可持续发展。在生态文明建设的驱动下，新能源成了政府实施乡村生态文明建设的工具。

（三）能源扶贫政策演进

自20世纪80年代以来，中国开始实施农村电力建设等能源扶贫政策。2013年以来，随着国家精准扶贫战略的实施，新能源扶贫上升为国家战略。能源扶贫政策经历了起步、发展、成熟和转型等阶段。具体而言，可以分为以下四个阶段：

第一阶段是政策起步阶段（1986—1993年）。在这一时期国家开始着手解决农村能源的短缺问题，以国务院扶贫开发领导小组的成立为主要标志。这一时期的能源扶贫政策主要体现为发展农村电力和电网建设。政策工具主要是行政手段，较为单一。

第二阶段是政策发展阶段（1994—2005年）。以《国家八七扶贫攻坚计划》的实施为标志，农村能源扶贫相关政策相继出台。这一阶段的能源扶贫政策数量逐步增加，政策内容也不断丰富，农村电网改造工程开始逐步实施，政策类型进一步丰富，体现出多方面、多层次的政策特点。

第三阶段是政策成熟阶段（2006—2012年）。随着《可再生能源法》的颁布实施，全国各地新能源产业如雨后春笋般涌现。国家出台包括农村地区新能源发展等相关政策，新能源发展和欠发达地区发展的联系愈发密切。这一时期的能源扶贫政策更多地重视以市场为基础的政策工具。

第四阶段是政策转型阶段（2013年至今）。随着国家精准扶贫战略的提出，欠发达地区的新能源资源开发利用和脱贫攻坚有机结合起来。能源扶贫主体不仅包括政府，还包括企业、非营利组织等多样化主体。这一时期的能源扶贫政策工具越来越多样化和精准化。例如，中央能源企业采取多种措施脱贫攻坚,定点帮扶累计 87 个贫困县,无偿帮扶资金投入累计 60.4 亿元。

三 新能源扶贫的政策效应

新能源扶贫不仅是欠发达地区生态文明建设的内在要求,更是打赢脱贫攻坚战的重要举措。研究新能源扶贫的政策效应,有利于实现脱贫致富与生态文明的双重目标。其政策效应主要包括以下几个方面。

(1) 能源保障与供给安全效应

中国欠发达地区的落后不仅表现在经济发展的落后,更表现在能源保障与供给的落后。新能源扶贫政策的实施,可以扭转这种被动局面。首先,新能源扶贫提升了欠发达地区能源总量供给。长期以来,中国欠发达地区能源开发和利用滞后,能源供给不足,严重影响了欠发达地区的发展。新能源扶贫政策促进了新能源在欠发达地区的开发和利用,在一定程度上弥补了欠发达地区能源供应不足的局面。其次,新能源扶贫促使欠发达地区能源消费品质提升。受自然经济的影响,中国欠发达地区居民能源消费以薪柴和水电为主,使用效率低下。新能源具有使用快捷、环保和可持续等特点,这将极大提升欠发达地区居民的能源消费品质。最后,新能源扶贫有利于增加欠发达地区可供选择的能源品种,改善能源结构。新能源扶贫将促进欠发达地区太阳能、沼气、风能、生物质能等能源的发展,多样化的能源供给将改变欠发达地区能源供给单一化局面,提升中国能源保障与供给安全效应。

(2) 能源结构优化与环境效应

随着人与自然和谐共生的生态文明观逐渐深入人心,低效的能源利用与中国经济高质量发展要求极不匹配。新能源的开发和使用遵循了可持续发展的理念。通过新能源扶贫发展清洁低碳、节能环保的新能源,推进能源供给、消费和体制革命,促进能源集中生产、长距离输送、单一供能的传统能源供应方式向分布式、区域化、智能化、多能互补的新供能方式转变,形成综合能源服务新业态,可以有效提高中国欠发达地区经济发展中能源转化和利用效率,减少对环境的污染。与此同时,新能源扶贫政策的实施,改变了欠发达地区能源消费结构,形成了居民能源消费从单一的不可再生能源到新能源与多种能源并存的局面。能源结构不断优化,生态环境逐步得到改善，使新能源扶贫政策对能源结构优化与环境效应得到凸显。

(3) 产业发展与就业拉动效应

近年来，中国大力支持新能源产业发展，相继出台一系列扶持政策，使得新能源产业迎来了重要的发展战略机遇期。产业发展是打赢脱贫攻坚战的重要途径，在欠发达地区开发利用新能源资源，有利于带动相关产业发展，创造就业机会、增加收入（毛雁冰等，2012）。欠发达地区发展生物质能、光伏、风电、小水电，可以带动农业、林业、采掘业、工业、服务业等关联产业的发展。此外，新能源产业的发展，也能够为欠发达地区培养大量专业技术人才，提升劳动力科学文化素质。这充分体现了新能源扶贫政策的产业发展与就业拉动效应。近年来，国家能源领域相关部门定向选派中央扶贫开发干部700多名，深入一线提升贫困村党建水平和产业层次，累计培训基层干部和技术人员18万人次（张翼，2020）。

(4) 经济增长效应

新能源产业是中国战略性新兴产业。大力发展新能源产业，对促进欠发达地区经济高质量发展具有显著的拉动效应。首先，新能源的开发利用，将会带动新产业发展，培育新的经济增长极。以光伏行业为例，中国是世界光伏行业的第一大制造国，据统计，2018年中国光伏组件产量约85.7GW，占全球超过70%的市场份额，几乎包揽前十大光伏组件制造商，已成为中国新的经济增长点。其次，新能源属于可再生资源，获取成本较低，环境污染小，适合欠发达地区经济发展需求。欠发达地区工业发展水平较低，基础设施薄弱，而新能源资源丰富，可以因地制宜、就地取材，极大降低欠发达地区经济发展成本，有利于快速推动工业化和城镇化进程。党的十八大以来，能源领域的脱贫攻坚取得积极成效，针对欠发达地区重大能源项目累计投资达2.7万亿元以上，有力拉动了欠发达地区经济快速发展。

四 新能源扶贫的减贫效应

实践中，新能源扶贫取得了巨大成就。通过新能源扶贫，对缓解欠发达地区能源贫困、减缓环境贫困、增加收入、增进社会福利等方面起到了显著的减贫效应。

(一) 缓解能源贫困

新能源扶贫可以有效缓解欠发达地区用能紧张局面。因地制宜地开发和利用新能源，可以缓解欠发达地区对传统能源消耗的依赖，改变落后的用能方式。如青海太阳能资源丰富，甘肃风能资源丰富，通过新能源扶贫政策，利用地区能源优势，大力发展风能和太阳能，可以提高当地能源的供给总量。同时，因地制宜开发新能源还可以促进资源统筹调配。各地区就地取材，开发风能与太阳能，建设地热电站等，大大提高了当地居民能源可获得性。对富余资源进行统筹调配，不仅能够促进地区间优势互补共同应对能源贫困问题，还能够促进新能源的有效开发，提高能源利用率，弥补当前能源供给的短板，促进欠发达地区稳定的能源供给，从而有效缓解欠发达地区的能源贫困问题。

(二) 缓解环境贫困

综合相关文献，在欠发达地区推行工业化和城镇化，发展当地经济，往往以巨大的环境破坏为代价，环境质量的恶化及其公共服务的不足会影响或拖累经济发展，加剧贫困和社会经济不平等。因此，打赢脱贫攻坚战需要注意"环境贫困陷阱"。

新能源扶贫在避免环境贫困陷阱方面拥有天然优势。一是资源节约效应，将新能源发电与煤电等量替代，可测算新能源发电的煤炭资源节约价值，如白丽飞（2016）的测算发现，中国西北地区风能资源的开发利用，可以节约大量煤炭消费，资源节约效应显著。二是环境保护效应，生物质发电、光伏发电、风电等新能源开发利用的污染排放较少，是重要的清洁能源，对于保护环境具有重要意义。对于依赖燃煤发电的欠发达地区，发展新能源有利于减少燃煤消费和碳排放，起到改良环境的作用。

总之，新能源扶贫对避免"发展—环境破坏—再发展—环境再破坏"的恶性循环，缓解欠发达地区环境贫困发挥了重大作用。

(三) 增加收入

光伏等新能源扶贫，产业形态多样，投资成本不大，受益周期长，风险较低，是脱贫攻坚工作中解决贫困户无稳定收入来源的重要方式。通过新能源扶贫，贫困群体可以通过收益分享、公益性岗位就业等途径增加收入，改善生产生活水平。

欠发达地区新能源的典型应用主要体现在两个方面。一是新能源产业扶贫带来的收益分享。如通过光伏扶贫项目中的"户用分布式发电"模式和"村级集体式发电"模式余电上网带来的直接收益,将欠发达地区资源优势转换为经济优势(卢可等,2020)。二是新能源扶贫产业的发展有利于创造新的就业岗位,吸纳困难群体就业以增加其收入。

以光伏扶贫为例,目前中国已建成光伏扶贫电站 2636 万千瓦,惠及近 6 万个贫困村 415 万户贫困户,每年发电收入约 180 亿元,相应安置 125 万个公益性岗位(张翼,2020)。村级光伏电站资产确权给村集体,每个村年均可增加收入 20 万元以上。

总之,新能源扶贫促进了欠发达地区新能源发展,实现了居民经济收入的稳步提升,在脱贫攻坚战中贡献显著。

(四)提高社会福利

贫困会带来健康损害,减贫会改善公众健康。新能源扶贫对欠发达地区脱贫、降低生产污染强度和生活污染强度,增进人们健康服务效率有着重要的推动作用,能够实现提高社会福利的政策目标。

经济增长并非是提高社会福利的充分条件。如果经济增长是以巨大的环境破坏、收入不平等和社会不公平以及其他不可持续性为代价,社会福利将会大打折扣。此外,从承受能力来讲,经济增长所引起环境恶化对贫困群体的损害往往要超出其他群体,这会进一步冲击欠发达地区原本并不完善的社会福利。因此,协调经济增长与环境保护的关系对欠发达地区社会福利影响显得尤为关键。

总之,通过新能源扶贫政策协同推进绿色消费、绿色生产与贫困治理,有利于改善社会福利,提高贫困群体幸福指数。

第 三 章

欠发达地区经济社会发展与能源消费现状

近年来，欠发达地区经济得到较大发展、基础设施和公共服务水平得到较大提升。在此背景下，本章对欠发达地区经济社会发展现状进行深入分析，并通过能源消费分解，探析传统化石资源消费与经济发展之间的动态关系，剖析欠发达地区能源消费的增长因素和区域情况差异，以期为中国欠发达地区能源结构转型、新能源扶贫等相关政策优化提供参考依据。

第一节 欠发达地区经济社会发展现状

贫穷问题是世界性难题，农村地区的贫穷问题尤为突出。依据《中国农村贫困监测报告》和地区经济发展水平分析，本书将欠发达地区界定为 22 个省份（河北、吉林、黑龙江、陕西、新疆、海南、山西、宁夏、河南、湖北、江西、湖南、青海、广西、四川、安徽、西藏、重庆、云南、贵州、甘肃、内蒙古）。这 22 个省份主要分布在中国中西部地区，这些地区整体性相对贫困突出，近 90% 的农村贫困人口分布于中国中西部地区。党的十八大以来，就欠发达地区经济社会发展现状，政府进一步加大扶持力度，农村居民收入消费实现较快增长，贫困人口发展能力持续提升，生活环境有效改善，生活条件明显提高，享有的公共服务水平持续增强（国家统计局住户办，2019）。虽然目前脱贫攻坚战已取得决定性胜利，绝对贫困问题得到有效解决，但是相对贫困问题将在未来较长时间内依然存在。

一 欠发达地区的经济发展水平

党的十八以来,欠发达地区农村居民收入消费实现较快增长,贫困人口发展能力持续提升。据《中国农村贫困监测报告2019》统计,2018年中国欠发达地区农村居民人均可支配收入首次过万元,相比2012年而言增长1.99倍,年均实际增长10.0%(国家统计局住户办,2019)。农村居民高低收入相对组差距、城乡居民收入差距、西部地区与其他地区收入差距逐步缩小,中西部22个省份均实现欠发达地区农民增收目标。2018年欠发达地区农村居民人均消费支出达8956元,年均实际增长9.3%。其中吃穿等基本消费支出平稳增长(国家统计局住户办,2019),居住、生活用品及服务较快增长,交通通信、教育文化娱乐、医疗保健等改善型消费支出快速增长。欠发达地区农村居民消费结构进一步优化,如图3-1所示,2018年欠发达地区农村居民人均食品烟酒支出2808元,恩格尔系数为31.4%,粮食等主食消费减少,水果、奶等副食消费增加;人均居住支出1995元;人均生活用品及服务支出537元;人均交通通信

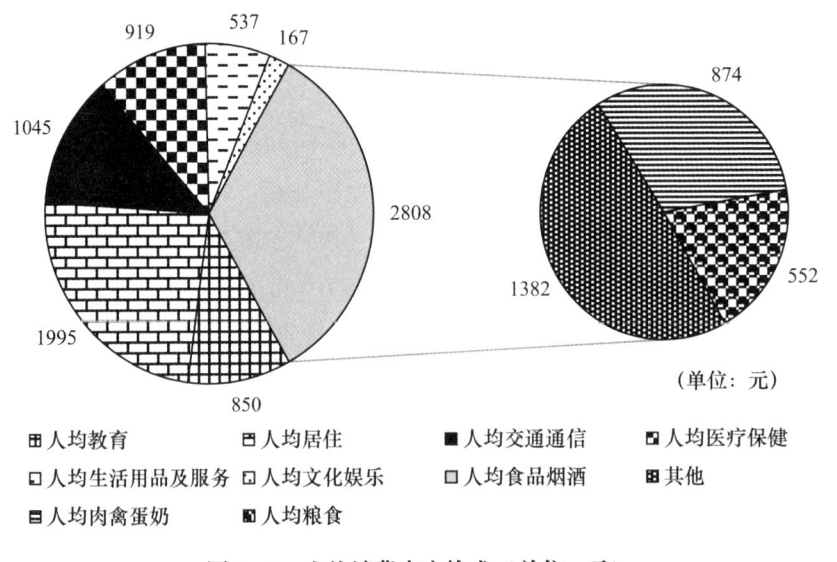

图3-1 人均消费支出构成(单位:元)

资料来源:《中国农村贫困监测报告2019》数据汇制。

支出 1045 元；人均教育支出 850 元；人均文化娱乐支出 167 元；人均医疗保健支出 919 元。

就产业结构而言，欠发达地区产业结构不断优化。据统计，2017 年中国欠发达地区生产总值 64605 亿元，其中，第一产业、第二产业、第三产业增加值分别为 13451 亿元、25256 亿元、25897 亿元，分别增长 0.8%、6.2% 和 12.2%。第一产业、第二产业、第三产业增加值占地区生产总值的比重分别为 20.8%、39.1% 和 40.1%，欠发达地区农村九成以上的外出劳动力从事第二、第三产业，仅有 8.9% 从事第一产业。

二　欠发达地区的人口规模及分布

2018 年 6 月中共中央、国务院印发《关于打赢脱贫攻坚战三年行动计划的指导意见》。同年，国务院扶贫开发领导小组依据各地贫困发生率，综合考虑人口规模、经济发展水平、脱贫难度等因素，确定了全国 344 个深度贫困县、1875 个深度贫困乡镇、30038 个深度贫困村。按现行国家农村贫困标准（2010）测算，2018 年全国农村贫困人口 1660 万人，贫困发生率为 1.7%。

在贫困区域分布上，由于历史遗留、自然条件等多重因素作用，使得中国贫困区域分布呈现较典型的区域不平衡性。整体而言，中西部地区的相对贫困问题更加突出。近 55% 的农村困难人口仍集中在西部地区。如图 3-2 所示，2018 年中国东部地区农村贫困人口 147 万人，农村贫困发生率仅为 0.4%；中西部地区农村贫困人口 1513 万人，农村贫困发生率分别为 1.8%、3.2%（李丹等，2019）。

在贫困人口规模上，贫困人口基数仍较大。2018 年年末农村贫困人口在 100 万人以上的省份有 3 个，包括云南 166 万人、贵州 155 万人、甘肃 106 万人；在 50 万—100 万人的省份有 6 个，包括河南 96 万人、湖南 82 万人、安徽 57 万人、河北 56 万人、山西 56 万人、陕西 56 万人；其余 13 个省份贫困人口规模处于 7 万—50 万人区间内。

欠发达地区贫困发生率仍然较高。在全面脱贫之前，中国贫困发生率在 1.3%—3.0% 的省份仍有 4 个，分别为重庆、内蒙古、青海、安徽；贫困发生率在 3.0%—5.0% 的省份有 12 个，分别为江西、河南、四川、宁夏、海南、河北、湖北、吉林、黑龙江、湖南、陕西、广西；贫困发生

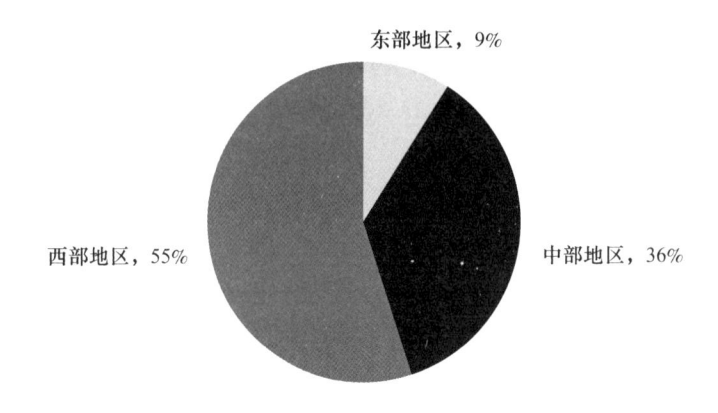

图 3-2　2018 年欠发达地区人口规模分布情况

资料来源：笔者根据《中国农村贫困监测报告 2019》数据汇制。

率在 5.0%—6.5% 的省份有 6 个，分别为山西、西藏、贵州、新疆、云南、甘肃。

综合贫困区域分布、贫困人口规模及贫困发生率等 3 个方面来看，中国欠发达地区相对贫困问题仍然较为严重，巩固脱贫攻坚成果任务艰巨。

三　欠发达地区的基础设施和公共服务

党的十八大以来，国家实施精准扶贫战略，加大对农村尤其是欠发达地区的资源投入和扶贫力度，取得了显著成效。欠发达地区绝对贫困问题取得决定性胜利，贫困群体生产生活条件得到极大改善，享受的社会保障、医疗卫生等基本公共服务质量得到提升。

欠发达地区的基础设施条件日益改善。一是"四通"（通电、电话、有线电视信号、宽带）覆盖面不断扩大。到 2018 年，全国贫困村基本实现通电全覆盖，通电话覆盖率达 99.2%，通电视覆盖率达 88.1%，通宽带覆盖率达 81.9%。2019 年，新一轮农网改造升级工程取得突出进展，提前实现预期目标，3.3 万个自然村通电，800 万名农村居民受益，用电服务质量显著提升。2020 年上半年，深度欠发达地区农网改造升级攻坚三年行动目标提前实现，显著改善贫困群众的生产生活用能条件（张翼，2020）。二是全国基本实现村村通公路，贫困村主干道路面硬化率达

82.6%，近60%的自然村通公共汽车（国家统计局住户办，2019）。

欠发达地区公共服务水平也在逐步提高。一是教育文化状况持续改善。非在校儿童比率继续降低，教育设施便利性提高，对师资的满意度逐步提高。2018年，欠发达地区教育条件得到极大改善，87.1%的家庭上幼儿园更加便利，89.8%的家庭上小学越来越便利；全国有文化活动室的行政村比重达90.7%（国家统计局住户办，2019）。二是医疗卫生水平不断提升。93.2%的农户所在自然村有卫生站，78.9%的农户所在自然村垃圾能够集中处理。

第二节 欠发达地区能源消费现状

一 煤炭消费

煤炭作为中国重要的基础性能源，"富煤、贫油、少气"一直是中国能源资源的基本特点。对《中国能源统计年鉴》中的数据整理可知，2017年中国欠发达地区终端能源消费总量为145050.14万吨（以万吨标准煤为单位转换），其中煤能源消费量高达92864.60万吨。中国煤资源种类丰富，有原煤、焦炭、洗精煤、焦炉煤气、高炉煤气、转炉煤气及其他煤气等。对中国各省份终端煤能源进行比较，中国欠发达地区煤能源消费情况整体呈现"北多南少、东多西少"的情况，煤能源的消费存在明显的地区差异性，其中煤能源的消费量多集中在华北地区，尤其是河北、内蒙古和山西三个省份，而海南和青海煤能源消费量最低。

二 油品能源消费

石油对全球来说都是一种十分重要的能源，无论是对一个城市还是一个国家经济发展来说都是很重要的，因为它们可以依靠石油变得富裕。中国油品能源除石油、原油、柴油、汽油、煤油和燃料油之外，还有少量的石脑油、润滑油、石蜡、溶剂油等。从油能源品种上说，市场消费总体体现了"煤油旺盛、汽油放缓、柴油回暖"的形势。对中国各省份终端油品能源进行比较，中国欠发达地区油品消费量多的地区主要为四川和整个华中地区，而山西、青海等地区多依靠进口来获得石油等能源，从而导致这些地区的油品能源消费量较少。

三 燃气能源消费

燃气作为气体燃料的总称，工业企业和城市居民离不开它因燃烧而释放出的热量。燃气的种类有很多，主要有天然气、沼气、人工燃气、液化石油气及煤制气等。环境保护越来越受到国家的重视，当前社会发展的一项重要课题就是加快清洁低碳、安全高效的现代能源体系的建设，《"十三五"生态环境保护规划》《大气污染防治行动计划》等纲领性文件，以及各地区与大气污染治理和"煤改气"等相关性政策的相继出台，都激励企业使用清洁能源替代污染较严重的燃料，如煤、低品质柴油和重油等。就目前来说，中国燃气能源已经从液化石油气能源开始向天然气等清洁能源转变。对中国各省份终端燃气能源进行比较，燃气消费量对比中，西北地区燃气消费量整体偏低，华中地区能源消费量整体偏高，四川2017年燃气消费量远超其他省份，河南、湖北等地紧随其后。

四 电力能源消费

电力是以电能作为动力的能源，互联网信息时代下，计算机、家电等产品已经成为我们生活中不可或缺的一部分，新技术的不断出现刺激着电力能源需求不断扩大，这使得电力逐渐成为人们生活的必需品。根据《电力发展"十三五"规划》，到2020年左右，中国人均装机将冲破1.4千瓦，人均用电量大约5000千瓦，相当于中等发达国家的水平。在总能源消费中，电力能源的消费所占的比重会越来越大，也就是说能源要逐渐步入电气化的时代，特别在终端能源中，以电形式消耗能源的比重会逐步提高，而非电形式则会不断地减少。对中国各省份电力能源进行比较，电力能源消费依旧呈现"东多西少"的状态，尤其是华东地区用电量整体偏高，而青海、吉林等地区用电量相对较少。

五 用能方式

据统计，深度欠发达地区人均能源消费量不到全国平均水平的1/3；人均电力装机仅为全国人均装机容量的60%左右；人均年用电量仅为全国平均水平的1/4（马翠萍和史丹，2020）。

近年来，随着脱贫攻坚战和能源扶贫工作的深入实施，欠发达地区农村用能方式得到极大改变。相对以往依赖薪柴、秸秆等传统生物质能，目前脱贫地区农村越来越多的家庭能够用上电力、沼气、燃气等清洁能源，能源结构得到了优化。

2018年，农村清洁能源占比达21.8%，薪柴、农作物秸秆等传统生物质能占比下降52.5%。冬季取暖使用电力、天然气和生物质的农村家庭越来越多。例如，南疆430多万人因天然气利民工程受益。

农村电气化普及率大幅提升，目前中国农村电气化率达18%，比2012年提高7个百分点。电冰箱、洗衣机、空调等家电利用率逐渐提高。农田机井全部通电，每年可节约农业灌溉费用100多亿元；脱粒机、粉碎机等大功率电器设备逐渐普及（张翼，2020）。

第三节 欠发达地区能源消费影响因素分解

为全面分析中国欠发达地区能源消费增长的影响因素，本研究以21个包含国家级贫困县的省份2000—2018年的数据为样本，运用对数平均迪氏指数（LMDI）方法对欠发达地区能源消费增长进行因素分解分析和对比分析。结果表明，生产效应促进能源消费增长，但产值增速的下降也使能源消费增速放缓；强度效应和结构效应抑制能源消费增长；同一种驱动因素对不同地区能源消费增量有不同的作用效果。因此，中国在指导欠发达地区的能源政策时应注重产业布局调整，加大能源科技研发力度，发展新能源扶贫，因地制宜开展欠发达地区节能降耗。

一 提出问题

当前，中国能源消费的特征主要表现为低增量与低中增速，可再生能源开始快速发展，能源结构逐步优化（林火燦，2015）。党的十九大报告中提出中国经济要从高速增长向高质量发展转变，要实现高质量发展，控制能源消费毫无疑问是一项重要任务。

当前，中国能源扶贫路径多样化，基于农户可持续生计的扶贫方式成为主流。能源项目因其促进经济发展、提升能源服务水平和减少欠发达地区污染等重要作用，在欠发达地区节能减贫工作中成为重要的途径选择

（林伯强，2019）。目前，欠发达地区面临着脱贫的发展重任，亟须通过调整落后的产业模式，发展新能源和分布式能源等满足其消费需求。因此，对欠发达地区能源消费影响因素进行分解，在此基础上有针对性地采取措施，具有现实意义。

在此背景下，本研究采用 LMDI 方法分析了欠发达地区能源消费的增长因素和区域差异，通过对欠发达地区能源消费增长特征的分析，可以更好地指导欠发达地区的能源政策，加强能源服务水平，实施适合欠发达地区特征的节能降耗政策，进一步调整产业结构，提升能源利用效率和新能源使用率。

对能源消费的因素和碳排放因素进行分解，最常用的方法是 LMDI 方法。该方法的优点在于，消除残差的同时还能满足因素可逆，而其他的方法分解完被解释变量之后不是存在残差就是还要对残差进行不当分解，不能达到 LMDI 方法的客观性（王莉叶等，2019）。其应用层面包括国家、区域和行业三个层面的能源消费变动或温室气体排放的因素分析（Chong 等，2015；Carmona 等，2015；Lin 等，2017）。根据对以上文献的整理发现，相关研究多集中在某一国家或行业及某一具体省市的研究，少有针对中国欠发达地区的能源消费分解研究。因此，找到驱动能源消费的原因，对指导欠发达地区的能源政策、提升能源服务水平、改善能源扶贫效果等具有建设性意义。

二 能源消费分解方法

（一）基于 LMDI 方法的能源消费分解模型

21 个欠发达省份的能源消费部门包括农林牧渔水利业、工业、建筑业、交通运输仓储邮政业、批发零售住宿餐饮业、其他三产共六个行业。参考张兴平等（2012）的研究，针对 21 个省份的能源消费分解模型如下：

$$E_t = \sum E_{it} = \sum Y_t \times \frac{Y_{it}}{Y_t} \times \frac{E_{it}}{Y_{it}} = \sum Y_{it} \times S_{it} \times I_{it} \quad (3-1)$$

其中，E_t 表示第 t 年的能源消费总量；E_{it} 表示第 i 个行业第 t 年的能源消费量；Y_t 表示第 t 年所有行业的总产值；Y_{it} 表示第 i 个行业第 t 年的增加值；S_{it} 表示第 i 个行业第 t 年的增加值占总产值的比重，计算公式为 $S_{it} = Y_{it}/Y_t$；I_{it} 表示第 i 个行业第 t 年的能源消费强度，计算公式为 $I_{it} = $

E_{it}/Y_{it}。

针对模型 3-1，有两种分解方法进行分解，即加和分解和乘积分解，具体如下：

$$\Delta E_{tot} = E_t - E_0 = \Delta E_{out} + \Delta E_{str} + \Delta E_{int} \qquad (3-2)$$

$$\Delta D_{tot} = \frac{E_t}{E_0} = \Delta D_{out} \times \Delta D_{str} \times \Delta D_{int} \qquad (3-3)$$

其中，ΔE_{tot} 是指从第 0 期到第 t 期总能源消费变化差值，即总效应；ΔE_{out} 表示由生产规模扩大或者缩小产生的生产效应；ΔE_{str} 表示因经济结构调整导致的能源消费量变动的结构效应；ΔE_{int} 为强度效应。

以下为生产效应、结构效应和强度效应相对应的加和分解和乘积分解公式：

$$\Delta E_{out} = \sum_i \omega_i \times \ln(Y_t/Y_0) \qquad (3-4)$$

$$\Delta D_{out} = \exp\left[\sum_i \varpi_i \times \ln\left(\frac{Y_t}{Y_0}\right)\right] \qquad (3-5)$$

$$\Delta E_{str} = \sum_i \omega_i \times \ln(S_{it}/S_{i0}) \qquad (3-6)$$

$$\Delta D_{str} = \exp\left[\sum_i \varpi_i \times \ln\left(\frac{S_{it}}{S_{i0}}\right)\right] \qquad (3-7)$$

$$\Delta E_{int} = \sum_i \omega_i \times \ln(I_{it}/I_{i0}) \qquad (3-8)$$

$$\Delta D_{int} = \exp\left[\sum_i \varpi_i \times \ln\left(\frac{I_{it}}{I_{i0}}\right)\right] \qquad (3-9)$$

$$\omega_i = \frac{(E_{it} - E_{i0})}{(\ln E_{it} - \ln E_{i0})} \qquad (3-10)$$

$$\varpi_i = \frac{(E_{it} - E_{i0})/(\ln E_{it} - \ln E_{i0})}{(\ln E_{it} - \ln E_0)} \qquad (3-11)$$

（二）样本选择及数据

本研究的欠发达地区共包含河北、海南、山西、安徽、江西、河南、湖北、湖南、内蒙古、广西、重庆、四川、贵州、云南、陕西、甘肃、青海、宁夏、新疆、吉林、黑龙江共 22 个省份。由于西藏数据统计口径不同以及相关数据缺失严重，所以本研究最终选取除西藏外的 21 个省份作为研究区域。因此，以 21 个省份 2000—2018 年的数据为样本，变量阐释如表 3-1 所示。

表3-1　　欠发达地区能源消费分解的变量阐释

符号	含义	单位
E_t	第 t 年的能源消费总量	万吨标准煤
E_{it}	第 i 个行业第 t 年的能源消费量	万吨标准煤
Y_t	第 t 年所有行业的总产值	亿元
Y_{it}	第 i 个行业第 t 年的增加值	亿元
S_{it}	第 i 个行业第 t 年的增加值占总产值的比重	百分比
I_{it}	第 i 个行业第 t 年的能源消费强度	万吨标准煤/亿元

上述变量所采用的数据来源于各省份统计年鉴和中国能源统计年鉴。各地区终端能源消费数据来自历年中国能源统计年鉴中地区能源平衡表（实物量），并根据统计年鉴附录中的能源折标准煤系数进行折算。对部分缺失数据，本研究运用插值法予以补充、完善。所有变量的描述性统计如表3-2所示：

表3-2　　变量指标描述性统计分析

变量指标	最大值	最小值	平均值	标准差	样本量
E_t	145890.70	49216.73	110307.93	35680.20	399
E_{it}（农林牧渔水利业）	5115.51	2250.17	3732.20	937.10	399
E_{it}（工业）	110993.76	40438.56	86164.42	25924.24	399
E_{it}（建筑业）	3165.34	807.81	1811.68	827.91	399
E_{it}（交通运输仓储邮政业）	18401.27	3584.89	11565.863	5230.61	399
E_{it}（批发零售住宿餐饮业）	5649.43	955.24	3516.27	1778.25	399
E_{it}（其他三产）	6266.47	1180.06	3517.50	1866.52	399
Y_t	444962.03	47009.77	207351.08	135779.04	399
Y_{it}（农林牧渔水利业）	45363.80	9396.80	26372.03	13297.68	399
Y_{it}（工业）	150928.45	17674.48	81941.39	50600.35	399
Y_{it}（建筑业）	37741.93	3366.79	15420.47	10920.66	399
Y_{it}（交通运输仓储邮政业）	22023.40	3696.63	11048.50	5960.96	399
Y_{it}（批发零售住宿餐饮业）	46805.17	6384.79	21082.39	13849.37	399
Y_{it}（其他三产）	148903.39	6433.78	51778.67	44227.24	399
S_{it}（农林牧渔水利业）	19.99	9.21	14.52	3.08	399
S_{it}（工业）	45.18	33.92	39.83	3.31	399
S_{it}（建筑业）	8.48	6.13	7.32	0.6809	399

续表

变量指标	最大值	最小值	平均值	标准差	样本量
S_{it}（交通运输仓储邮政业）	8.44	4.86	6.01	1.30	399
S_{it}（批发零售住宿餐饮业）	13.58	8.77	10.49	1.42	399
S_{it}（其他三产）	33.46	13.69	21.83	5.56	399
I_{it}（农林牧渔水利业）	0.4344	0.1035	0.1703	0.0791	399
I_{it}（工业）	2.29	0.6943	1.40	0.6032	399
I_{it}（建筑业）	0.2399	0.0839	0.1448	0.0450	399
I_{it}（交通运输仓储邮政业）	1.40	0.8355	1.09	0.1687	399
I_{it}（批发零售住宿餐饮业）	0.2536	0.1169	0.1824	0.0406	399
I_{it}（其他三产）	0.3236	0.0331	0.1022	0.0681	399

三 欠发达地区能源消费分解实证结果与讨论

（一）欠发达地区整体能源消费分解

根据上述模型和数据，对欠发达地区2000—2018年的能源消费进行因素分解，发现2000—2018年欠发达地区终端能源消费呈现持续增长趋势，且生产效应为正、结构效应和强度效应为负（见图3-3和表3-3），这表明生产规模的扩大和经济增长是导致欠发达地区能源消费增加的最主要原因。也可以看出，负的结构效应和强度效应促使能源消费减少，表明

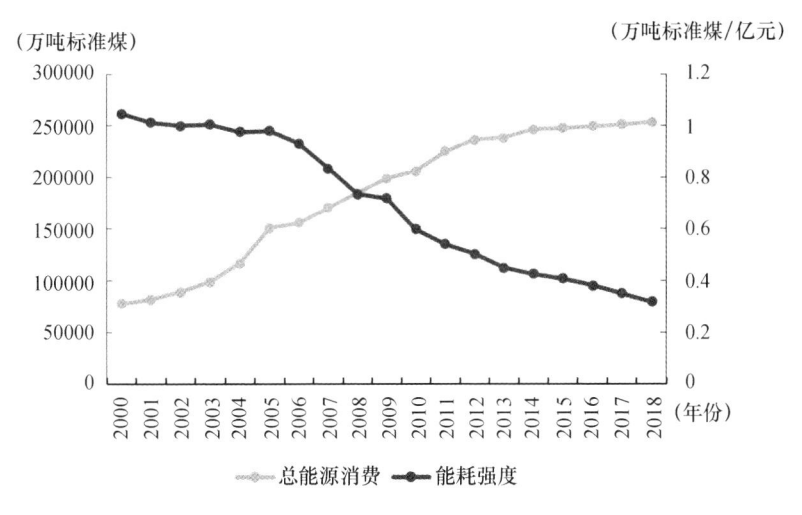

图3-3　2000—2018年欠发达地区能源消费总量及强度变化趋势

能源效率在提升,产业结构调整逐渐优化,对实现节能减排目标具有积极的正向作用。总体来说,生产效应带来的能源消费增长大于强度效应和结构效应之和,而强度效应对于抑制能源消费增长的作用大于结构效应。

表3-3　　　　　　　终端能源消费的加和分解结果　　　单位:万吨标准煤

年份	生产效应	结构效应	强度效应
2000—2001	4474.67	-444.42	-1101.93
2001—2002	4965.42	258.84	-1083.93
2002—2003	7543.42	813.94	-20.85
2003—2004	13457.24	523.58	-4736.08
2004—2005	12746.45	-85.36	4116.93
2005—2006	14353.25	3244.91	-7795.62
2006—2007	18684.02	1519.94	-12529.41
2007—2008	23057.10	265.96	-14931.23
2008—2009	11262.79	-1740.37	-764.42
2009—2010	23976.17	3951.75	-26568.48
2010—2011	26034.04	1362.81	-14006.74
2011—2012	15787.19	-2322.02	-7637.00
2012—2013	13610.40	-2883.46	-14224.19
2013—2014	10686.82	-4595.26	-1894.68
2014—2015	6656.23	-7713.76	2177.53
2015—2016	11444.57	-4478.76	-4714.53
2016—2017	11140.77	-3757.71	-6976.57
2017—2018	10670.77	-3220.89	-8960.09

由图3-4可得,中国欠发达地区生产效应和结构效应的走势基本一致。2000—2004年呈现持续上涨的趋势,在2004—2005年呈现短暂的下降后,2005—2008年再次上涨,2009年出现了一次断崖式下降后,在2010年又快速上涨至历史最高水平。2012—2015年,生产效应和结构效应呈现波动下降的趋势,在2016年又出现回升但是提升幅度不大。总体来说,中国欠发达地区生产效应和结构效应在2000—2008年呈现波动上升的趋势,在经历了2008—2010年断崖下降又急速上升后,2010—2015年呈现快速下降趋势,最后在2015—2018年开始缓慢回升。强度效应的走势除了在2000—2003年与前两种效应同样呈上升之外,基本与生产效

应相反。

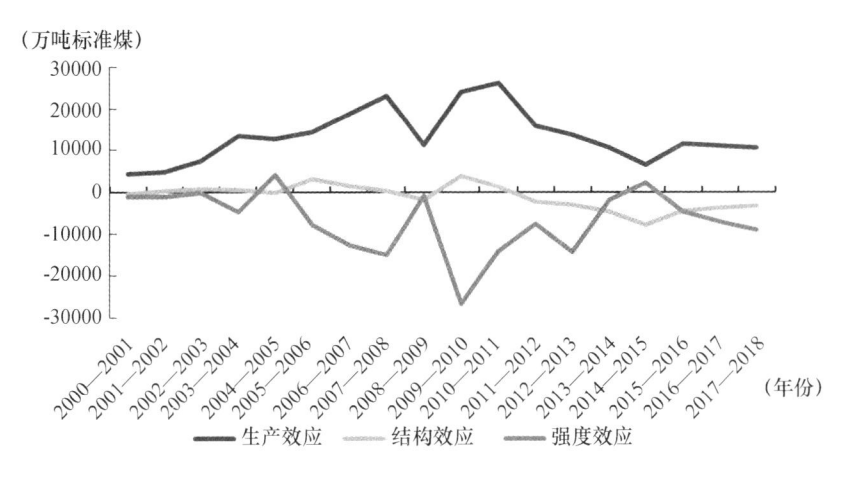

图 3-4　2000—2018 年终端能源消费的加和分解结果

结合表 3-4、图 3-5 可以看出，中国欠发达地区生产效应全部表现为对能源消耗增长的正面影响，即加和生产效应为正，乘积生产效应大于1。总体终端能源消费趋势为持续增加趋势，生产效应在能源消费增长中

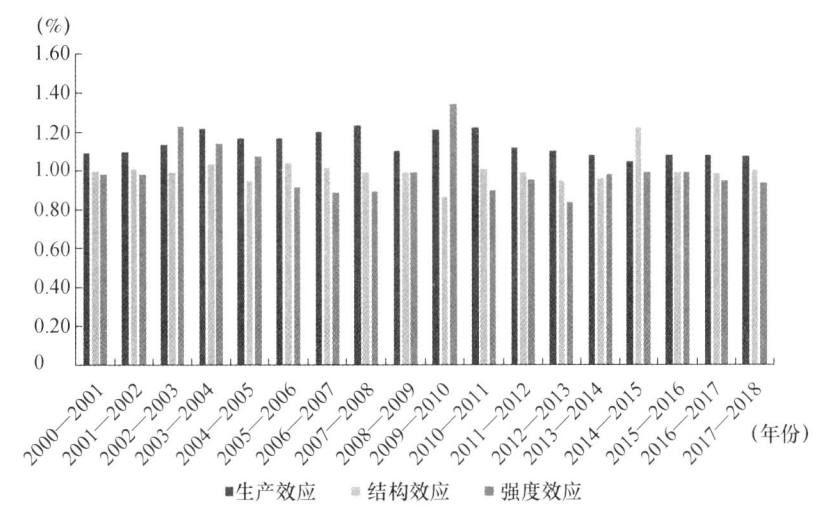

图 3-5　2000—2018 年终端能源消费的乘积分解结果

的贡献率最大。结构效应在 2002 年、2004 年、2006 年、2007 年、2011 年对能源消耗增长呈正向影响,其他年份都是负面影响,结构效应总体上对能源消耗增长的影响为负。强度效应在 2005 年对能源消耗增长有正面影响,其他年份都是负面影响,强度总体上对能源消耗增长的影响为负。2000—2018 年,主要是产业能源利用效率提高和产业结构调整促进了欠发达地区能源消费的降低,经济增长是能源消费增加的最重要驱动因素。

表 3-4　　　　　　终端能源消费的乘积分解结果　　　　　单位: %

年份	生产效应	结构效应	强度效应
2000—2001	1.09	1.00	0.98
2001—2002	1.10	1.01	0.98
2002—2003	1.13	0.99	1.23
2003—2004	1.21	1.04	1.14
2004—2005	1.17	0.95	1.07
2005—2006	1.17	1.04	0.92
2006—2007	1.20	1.01	0.89
2007—2008	1.23	0.99	0.89
2008—2009	1.10	0.99	0.99
2009—2010	1.21	0.87	1.34
2010—2011	1.22	1.01	0.90
2011—2012	1.12	0.99	0.96
2012—2013	1.10	0.95	0.84
2013—2014	1.08	0.96	0.98
2014—2015	1.05	1.22	0.99
2015—2016	1.08	0.99	0.99
2016—2017	1.08	0.99	0.95
2017—2018	1.08	1.00	0.94

(二) 欠发达地区分产业能源消费分解

1. 产值变化分析

为了考察产值变化对能源消费增长的影响,本研究运用六个行业的产业增加值的数值变化和增速变化来大致反映总体的产值变化。由图 3-6 可以看出，除了农林牧渔业从 2016 年产业增加值开始下降外，其他所有产业总体上都呈现增长趋势，产业增加值的不断增长推动了能源消费总量的增长。

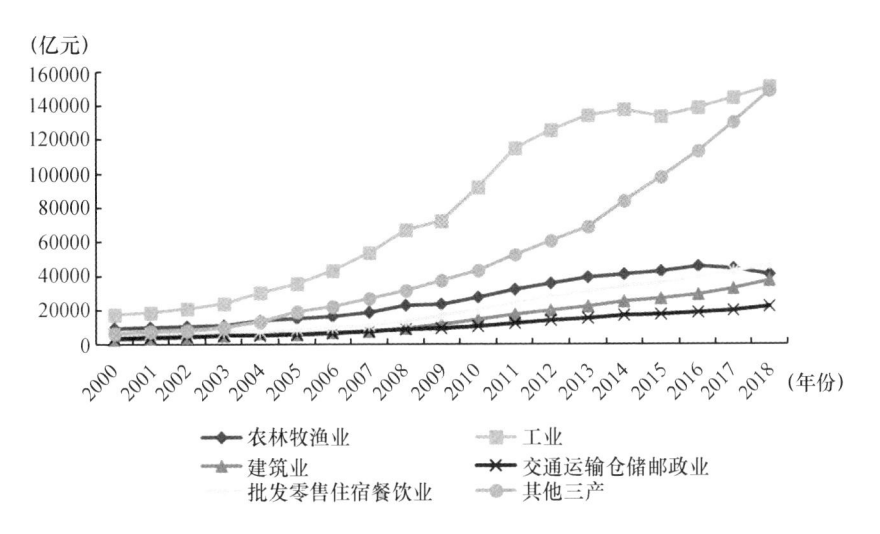

图 3-6 2000—2018 年六个行业产业增加值变化分析

资料来源：笔者根据各省份统计年鉴绘制。

由图 3-7 可以看出，工业、建筑业、交通运输仓储邮政业、批发零售住宿餐饮业产业增加值的增速近几年均有所提升，但从整体趋势上来看均呈现下降趋势。相较而言，农林牧渔业增速下降明显，其他三产增速缓慢下降。结合终端能源消费量的增长增速变化折线，可以看出各个产业的增速下降导致了总能源消费量的增速下降。

2. 结构变化分析

为了考察产业结构变化对能源消费增长的影响，本研究用 6 个行业的增加值比重变化来反映结构变化效应。

由图 3-8 可以看出，工业的产业增加值比重明显是最大的，但是总体的占比趋势是下降的，在波动上升到 2011 年最大值之后便开始逐渐下降，在 2018 年的增加值比重为历史最低值。第一产业的农林牧渔业也有明显的比重下降，交通运输仓储邮政业的总体趋势也是逐渐下降，但下降

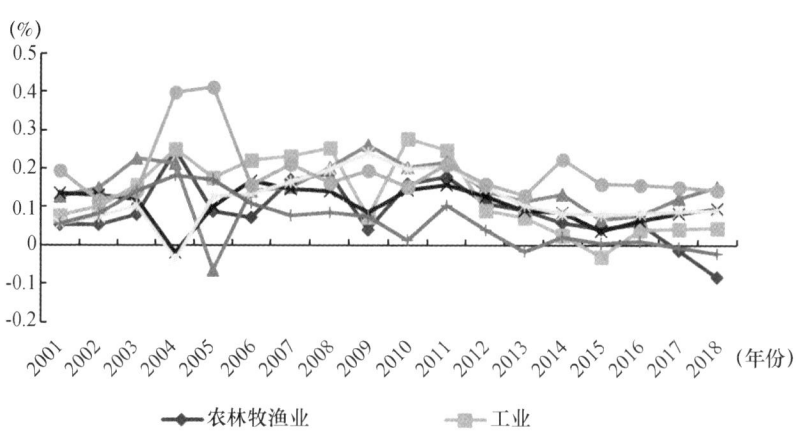

图3-7 六个行业产业增加值增速变化

资料来源：笔者根据各省份统计年鉴绘制。

程度较低。其他三产的比重呈快速增长趋势，并即将超越工业成为占比重最大的产业。建筑业和批发零售住宿餐饮业呈缓慢增加的趋势。根据以上

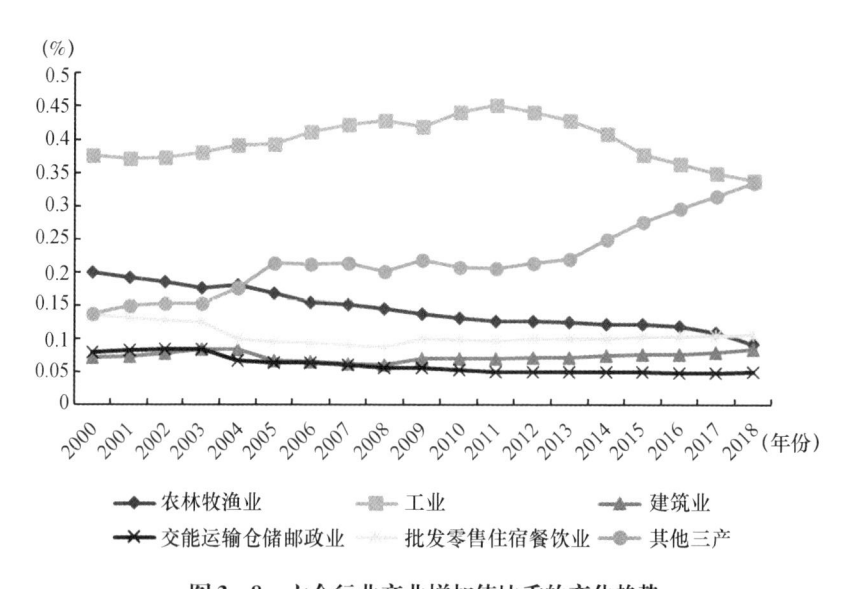

图3-8 六个行业产业增加值比重的变化趋势

资料来源：笔者根据各省份统计年鉴绘制。

分析结果看出，低能耗和新兴产业规模不断扩大，比重持续上升，高能耗和传统产业市场逐渐被取代，比值递减。因此欠发达地区产业结构变化抑制了终端能源消费总量的增长。该结果与张兴平等（2012）关于北京能源消费分解的研究结论具有一致性。

3. 能耗强度变化分析

为了更好地考察强度效应对能源消费的影响，本研究用六个行业的能耗强度变化进行分析。

根据图3-9可以发现，工业和交通运输仓储邮政业的能源消费强度比较高，六个行业的能源消费强度变化总趋势都是下降的，据图3-7也可以得出总能源消费强度呈下降趋势。这说明欠发达地区能源效率的提升有利于降低总的能源消费。

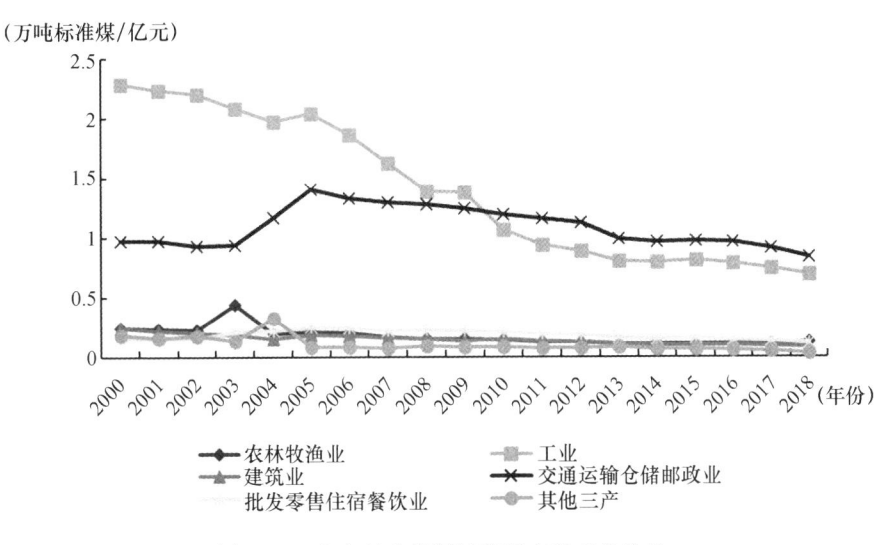

图3-9 六个行业能源消费强度的变化趋势

资料来源：笔者根据各省份统计年鉴、中国能源统计年鉴绘制。

（三）欠发达地区省级层面能源消费分解

对欠发达地区能源消费变动影响因素效应进行求解计算。表3-5为2000—2018年欠发达地区能源消费变动的影响因素分解结果。

表3-5　2000—2018年欠发达地区能源消费变动的影响因素　单位：万吨标准煤

省份	生产效应	结构效应	强度效应
河北	23538.05	-3153.59	-10251.9
山西	14275.96	1658.124	-10505.2
内蒙古	10980.97	-596.918	-5369.22
吉林	8388.796	-628.559	-5030.4
黑龙江	11371.58	-3115.53	-4342.57
安徽	12708.56	208.2491	-9163.47
江西	7253.301	367.3725	-2945.66
河南	16166.54	90.50001	-9918.26
湖北	14436.73	-407.53	-8370.01
湖南	11014.4	139.9269	-4015.61
广西	8127.027	-390.233	-2867.95
海南	1161.82	2.438477	-507.091
重庆	7199.547	1033.157	-6148.89
四川	12129.32	570.405	-4782.5
贵州	6318.511	1457.715	-5000.15
云南	6761.6	-19.9972	-2636.34
陕西	6125.688	1320.286	-3483.68
甘肃	4882.231	-449.215	-2904.57
青海	1225.777	17.02359	-670.059
宁夏	6132.245	1081.614	-4895.12
新疆	8051.154	29.69147	-2712.16

从表3-5可以看出，欠发达地区能源消费增长的主要驱动因素是生产效应，强度效应对能源消费起到抑制作用，而结构效应较为复杂，分不同的省份产生不同的效果。结构效应的地区差异较为明显，河北、内蒙古、吉林、黑龙江、湖北、广西、云南和甘肃8个省份的结构效应为负，而山西、安徽、江西、河南、湖南、海南、重庆、四川、贵州、陕西、青海、宁夏、新疆13个省份的结构效应为正。

因此，需要根据不同地区产业结构、经济规模和能源强度等因素来调整和优化节能减排政策，才能有效控制能源消费。

四　结论与小结

本研究运用 LMDI 方法,将中国欠发达地区 2000—2018 年的能源消费总效应分解为三种效应。结论如下:

(1) 总体而言,生产效应主导能源消费增长,强度和结构效应抑制能源消费增长。同时,生产效应远大于强度效应和结构效应之和,使能源消费递增。

(2) 产值增长推动了能源消费总量的不断增长,但产值增速的下降也使能源消费增速放缓。结构变化和能耗强度都对能源消费增长起到负面影响。

(3) 对 2000—2018 年欠发达地区能源消费变动的影响因素进行分解发现,同一种驱动因素对不同地区能源消费增量有不同的作用效果。

根据分析结论提出以下政策含义:

(1) 注重产业布局和节能降耗。加强传统高耗能产业技能改造,不断提高投入产出率,以此降低能耗;同时,大力发展低能耗产业,积极引进科技含量高、能源消耗低的优势项目,欠发达地区工业所占产值比重和能源强度都很高,应丰富工业内部结构,有效降低工业能源消费总量,促进单位工业增加值能耗下降。大力发展第三产业,发展低耗能、高技术含量产业和环保产业,提升新建产业项目的准入"门槛",把控高能耗、高污染项目。

(2) 加大能源科技研发力度,提高能源利用效率。能源强度的下降和技术进步息息相关,节能降耗的实现关键还是要靠科学技术进步的推动。积极鼓励重点耗能企业在节能降耗上加大科技资金投入,进行节能技术改造和引进先进节能技术、设备。同时政府及其管理部门在项目资金投入上,扩大节能专项资金的规模,开发节能产品提供项目补助资金,填补企业节能降耗的资金缺口,鼓励企业提高投入产出效益。

(3) 深入推进新能源发展。首先,从光伏扶贫、低碳减贫、发展生物质能源等方面开展产业扶贫工作,为脱贫群众提供稳定收益,同时持续壮大农村地区集体经济。其次,对脱贫人口倾斜,因地制宜发展低耗能产品、低耗能技术、低碳能源。通过利用农林业废弃物,将其作为生物质原料生产可再生能源商品,应用于生物质能源产业,生产出电能、热能、燃气、燃油等高品质、高清洁能源商品，极大提升能源利用效率，同时提供大量劳动岗位，达到减贫减耗要求。

（4）各地区因地制宜开展节能降耗。结构效应对能源消费增长起促进作用的地区源于产业结构不合理，要利用好政策、市场和技术优势，做优增量、调整存量，淘汰落后的生产方式和资源开发方式，进行产业结构调整，实现经济的低碳可持续发展。能源结构相对合理的地区，要进一步探索和实践低能耗工业化的可持续增长模式。欠发达地区总体上要尽快摆脱落后的生产模式，提升能源配置效率，降低能源消费强度。

第四章

欠发达地区生态环境及生态足迹分析

主要位于中西部地区的欠发达省份是生态脆弱、资源多样的复合区域。近年来，随着经济的快速发展和工业化、城镇化进程的持续推进，欠发达地区面临着一系列突出的环境问题。如何发挥欠发达地区生态资源优势、协同处理好经济发展与环境保护的关系是建立生态环境保护促发展大格局、推动欠发达地区高质量发展的有效举措。本研究对欠发达地区的自然生态环境现状和突出环境问题进行探讨，并通过生态足迹测算，探析传统化石能源消费与经济发展之间的动态关系，以期为中国欠发达地区能源结构优化、生态扶贫和新能源发展等政策制定提供参考依据。

第一节 欠发达地区的自然生态环境

自然生态环境是人类生存的必要基础，是可持续发展的重要基石。中国欠发达地区大多位于中西部地区，自然生态环境复杂，地形气候种类多样，生态禀赋独特，多为山区、高原和丘陵地带，气候类型主要以季风性气候为主，生物资源、能源资源等相对丰富。据统计，近九成国家生态功能区位于欠发达地区，这充分表明欠发达地区在经济发展的同时，兼顾生态环境保护的重要性。

一 自然生态环境

自然生态环境是关系到社会和经济持续发展的复合生态系统，是人类生存与发展的水资源、土地资源、生物资源以及气候资源数量与质量的总称。从整体性视角概述，中国欠发达省份分散于东、中、西部三大区域，北起北纬53°，南至北纬18°；东起东经135°，西至东经73°。其中，东部地区2个（河北、海南），中部地区8个（山西、河南、安徽、湖北、湖南、江西、吉林、黑龙江），西部地区12个（陕西、四川、云南、贵州、广西、甘肃、青海、宁夏、西藏、新疆、重庆、内蒙古），中西部相对贫困省份居多。这些地区大多位于山区、高原和丘陵地带，地貌多样，涵盖亚热带、暖温带、中温带及高原气候区，气候类型较为复杂，大多为季风气候（温带大陆性季风气候、暖温带半湿润大陆性季风气候、亚热带季风气候），自然资源种类丰富。

具体概述而言，东部欠发达地区地形地貌多为平原，气候主要为温带、暖温带大陆性季风气候及热带季风气候。资源种类相对丰富，其中，河北拥有海河、滦河、内陆河、辽河四大水系，水资源丰富；海南被誉为中国的"温室"，气象资源、海洋资源、动植物资源、旅游资源丰富。中部欠发达地区主要为高原、山地，以亚热带季风气候和大陆性季风气候为主。自然资源禀赋方面，长江、黄河贯穿大部分中部省份，水资源、森林资源、景观资源、农业资源、生物资源、石油煤炭等矿产资源相对较为丰富。西部欠发达地区地形地貌多为山地、高原，气候主要为亚热带湿润季风气候、高原气候、大陆性气候。就自然资源禀赋而言，西部地区国土广阔，景观资源、森林资源、农业资源较为丰富。西部地区的能源资源尤为丰富，据统计，西部能源资源的探明储量占全国的比重接近57%，水、煤、油、气四者兼备（杨嵘和常烜钰，2012）。

二 生态功能区地位突出

良好的自然生态环境是人类生存与发展的基础，其所承载的生态资源、生态系统服务功能是人类生存与发展的必要元素。因此，承载一定生态系统服务功能的生态功能区，对于人类的生存与发展具有不可替代的作用。

20世纪70年代以来，世界各国开始重视生态功能区规划。中国于2000年颁布《全国生态环境保护纲要》，开展生态功能区规划，根据生态服务功能重要性、生态环境敏感性与生态环境问题划分生态功能区，实施"三区推进"战略，将重要生态功能区作为"抢救性保护"的重点领域（邹长新等，2014）。生态功能区划的提出，成为制定区域发展战略和产业布局计划、协调区域开发与生态环境保护的基础，对贯彻习近平生态文明思想，牢固树立生态文明观念，维护区域生态安全，促进人与自然和谐发展具有重要意义，标志着中国环境治理由单要素保护向生态系统完整性保护转变。

在此背景下，国家自然资源部在全国范围内划定 676 个国家重点生态功能区，约占国土总面积的 53%。其中，位于欠发达地区的有 629 个，占比为 93%，分布于 16 个省份（吉林、河北、黑龙江、新疆、陕西、河南、湖北、湖南、江西、四川、安徽、广西、西藏、云南、贵州、内蒙古），这足以说明欠发达地区在中国生态系统中的地位和作用。

第二节 欠发达地区面临的突出环境问题

"十一五"时期，中国政府将主要污染物排放总量减少情况，作为经济社会发展的约束性指标。党的十九大报告提出，要着力解决大气污染、水污染、土壤污染、固体废弃物污染等突出环境问题。近年来，中国欠发达地区在环境方面面临着一系列突出矛盾和问题，主要为大气污染问题、水环境污染问题、垃圾处理问题、土地荒漠化和沙灾问题、水土流失问题、旱灾和水灾问题、生物多样性破坏问题、WTO 与环境问题、三峡库区的环境问题、持久性有机物污染问题等。其中，大气污染、水污染、土壤污染问题最为突出，防治形势最为严峻。究其原因，主要是因为欠发达地区目前仍处于工业化、城镇化快速发展阶段，工业任务重，呈现资源高消耗与环境高污染并存的发展模式，污染排放超出了环境容量和生态承载力。

一 大气污染

大气污染的成因较为复杂，一般认为，工业污染、燃料排放、汽车尾气是造成大气污染的主要原因。2018 年，在中国 338 个城市中，有 217 个城市的环境空气质量不达标，占比 64.2%；重度污染发生次数 1899 天次，严重污染 822 天次，以 $PM_{2.5}$ 为首要污染物的天数占中度及以上污染天数的 60.0%，以 PM_{10} 为首要污染物的占 37.2%（中国生态环境状况公报，2018）。如图 4-1 所示，2000—2017 年，欠发达地区废气排放量均呈增长态势，排放量仍处于较高区间。其中，河北、河南、山西、安徽、内蒙古、湖北的大气污染排放量相对更高,大气污染防治压力也相对较大。

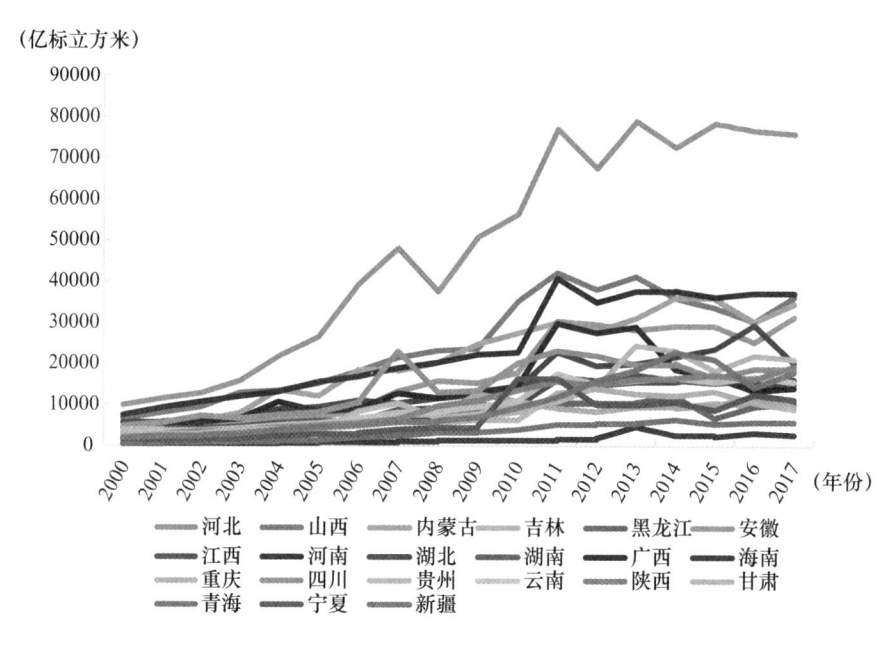

(亿标立方米)

图4-1　21个欠发达省份工业废气排放量

资料来源:笔者根据中国宏观经济数据库和中国能源统计年鉴数据绘制。

二　水污染

水污染主要是由工业废弃物排放和农业面源污染导致的。据统计,中国平均每两三天发生一起和水相关的污染事件。此外,根据2018年中国生态环境状况公报所示,在全国10168个国家级地下水水质监测点中,Ⅳ类、Ⅴ类水加起来的比例超过85%。太湖、滇池出现轻度污染,主要污染指标为总磷和化学需氧量;巢湖中度污染,主要污染指标为总磷。全国10168个国家级地下水水质监测点中,Ⅳ类占比高达70.7%,Ⅴ类占比15.5%。在水污染成因中,工业引起的水体污染最为严重。如图4-2所示,中国废水排放量在2000—2017年呈增长态势,其中,河南、四川、湖南、湖北、河北的水污染排放量相对较高,水污染问题相对严重。

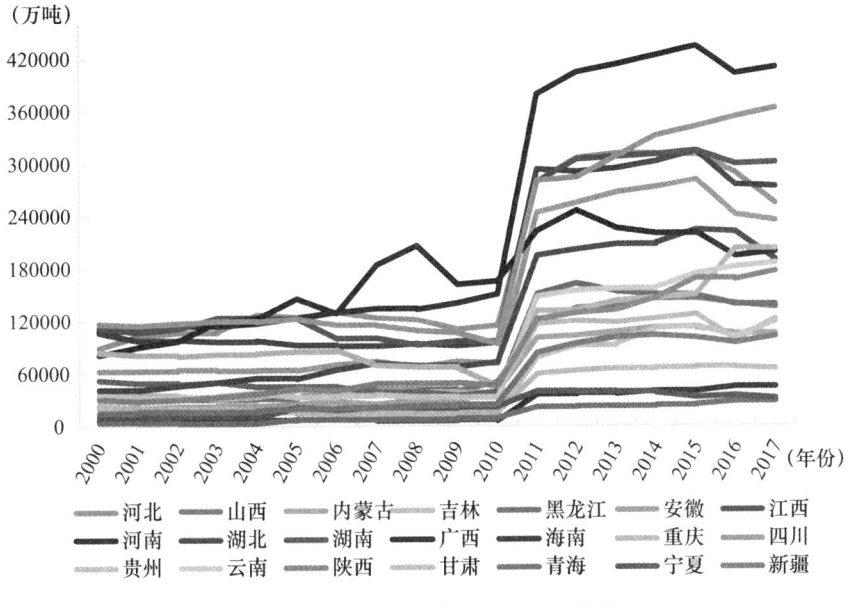

图 4-2　21 个欠发达省份工业废水排放量

资料来源：笔者根据中国能源数据库和中国能源统计年鉴数据绘制。

三　土壤污染

土壤污染主要包含水土流失、农业面源污染、荒漠化和沙化。在水土流失方面较为严重的区域主要分布在长江上游及西南诸河区、西北风沙区、西南岩溶石漠化区等相对欠发达地区。在农业面源污染方面，呈现较为明显的空间非均衡特征，污染较严重的地区主要集中在山东、河南、四川等农业大省（杨骞等，2017）。

在荒漠化和沙化方面，主要分布在新疆、内蒙古、西藏、甘肃、青海。如图 4-3 所示（基于工业固体废弃物排放量数据的不可获得性，选取工业固体废弃物产生量做替代说明），2000—2017 年，欠发达地区工业固体废弃物产生量逐年增加。其中，河北、山西、内蒙古产生量相对较高，环境压力相对较大。

总之，通过污染排放量的纵向对比分析，欠发达地区目前仍以粗放型的发展模式为主，经济的快速增长是以牺牲环境为代价。由此产生了众多突出环境问题，生态环境形势十分严峻。针对中国污染排放情况及突出环境问题，推动能源低碳转型，减少工业三废排放，改善突出环境问题，成

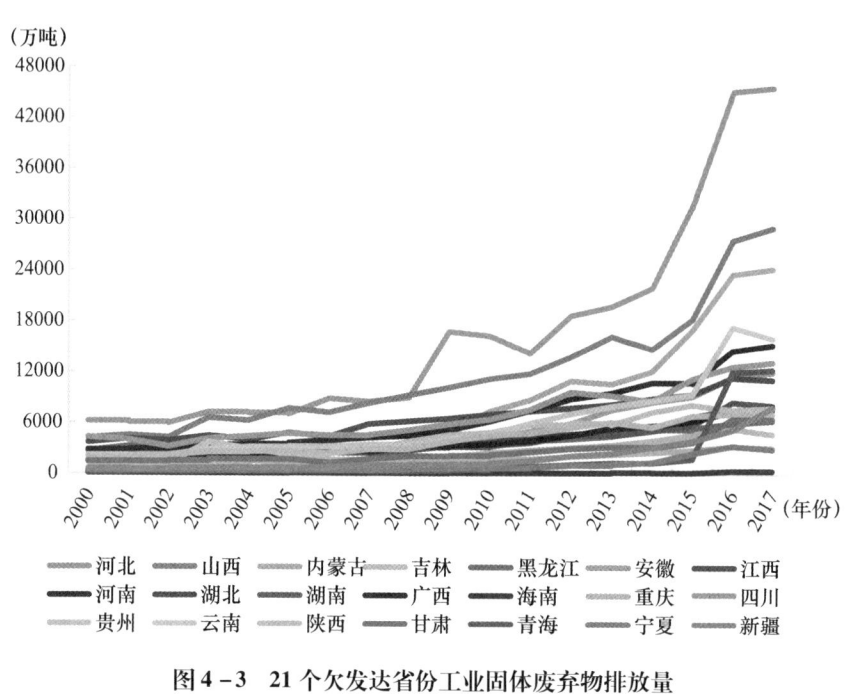

图 4-3　21 个欠发达省份工业固体废弃物排放量

资料来源：笔者根据中国宏观经济数据库和中国能源统计年鉴数据绘制。

为欠发达地区巩固生态资源优势、以生态高水平保护推动经济高质量发展的有效路径。

第三节　欠发达地区的生态足迹分析

一　提出问题

党的十九大报告指出，中国社会的主要矛盾已经转化为人民日益增长的美好生活需要和不平衡不充分的发展之间的矛盾，其表现之一便是经济与生态发展的不平衡。目前，中国欠发达地区仍处于工业化、城镇化快速发展阶段，资源消耗和环境压力大，寻求经济与资源环境的可持续发展是必然选择。在此背景下，厘清欠发达地区的生态与资源环境现状，并立足现状探寻发展路径，有利于实现经济与资源环境的良性耦合，以高质量发展解决不平衡不充分问题。目前，中国欠发达地区在工业化、城镇化过程中面临的环境形势严峻，资源的占用和生态承载力极限受到较大挑战。

基于此，本研究从生态足迹的视角出发，以中国欠发达地区的 21 个省份为研究样本，通过合理估算该地区生态足迹，探析传统化石能源消耗与经济发展之间的动态关系，为实现中国能源结构转型升级、新能源扶贫等政策制定提供参考借鉴。

二 生态足迹模型与方法

（一）模型构建

生态足迹将人类的行为比喻成留在地球上的"脚印"，是一种综合、全面且有效的自然资源开发和利用程度度量指标。主要用于定量描述在一定的单位内，需要多少具备生物生产力的土地来生产所需资源和吸纳所衍生的废物。加强对生态足迹定量方面的研究，能够实现对各种自然资源的统一描述，结合生态承载力可以量化研究区域目前的可持续发展状态，以便对未来人类生存和社会经济发展做出科学规划和建议。其计算公式如下：

$$EF = Nef = N\sum_{i=1}^{n}(C_i/P_i)r_i \qquad (4-1)$$

式（4-1）中，EF 为总生态足迹（hm^2）；N 为总人口数（本研究取常住人口数）；ef 为人均生态足迹（hm^2/人）；$i=1,2,\cdots,6$，代表 6 类生物生产性土地；分别说明 r_i；C_i 为第 i 种消费品的人均年消费量（kg/人）；P_i 在生物资源账户中为 i 种消费品的平均生产能力（kg/hm^2），在能源账户中为全球平均能源足迹，综合考量联合国粮农组织（FAO）公布的数据和谢鸿宇（2008）等对中国农产品全球产量的更新计算；r_i 为均衡因子。由于单位面积生产用地的生物生产能力差异较大，在计算生态足迹时需要使用均衡因子使结果具有可比性，即某项消费品所对应的单位土地类型的产量和世界平均生产力水平的该土地类型单位面积的生物产量之比，是等量化处理各类土地类型的权重系数，在实证研究中采用 Wackernagel（1998）在计算 52 个国家和地区时使用的均衡因子取值。

生态承载力又称为生态容量，是指一个地区所能提供给人类的生态生产性土地的面积总和。通过生态足迹与生态承载力的计算，能有效判断研究区域的可持续发展状态，其计算公式如下：

$$EC = Nec = N\sum_{j=1}^{n} a_j w_j r_j \qquad (4-2)$$

式（4-2）中，EC 为区域生态承载力；ec 为人均生态承载力；j 为生态生产性土地的类型；a_j 为 j 类型生物生产性土地人均拥有面积；N 为人口数；r_i 为均衡因子；由于各地区各种生物生产面积的产出差异很大，需要通过引进一个产量因子 w_j 来实现生物生产面积的转化，其具体取值参考 Wackernagel（1998）和何鑫（2019）的相关研究。为了使测算结果更加符合实际，本研究在对生态承载力的计算中扣除了 12% 的生物多样性保护面积。

生态承载力与生态足迹的差额称为生态盈余或生态赤字，用来衡量该区域的生态状况和可持续发展程度，生态赤字/生态盈余计算公式如下：

$$ED = EC - EF \qquad (4-3)$$

式（4-3）中，ED 的取值，若为负数，说明出现生态赤字，反映研究区域发展处于不可持续状态，生态环境压力大；反之，出现生态盈余，则表明研究区域处于可持续发展状态中。

（二）指标选取及数据来源

1. 指标选取

本研究以 2000 年至 2018 年为样本期间，选取中国贫困县所分布的欠发达省份为研究样本，共 22 个（河北、山西、内蒙古、吉林、黑龙江、安徽、江西、河南、湖北、湖南、广西、海南、重庆、四川、贵州、云南、陕西、甘肃、青海、宁夏、新疆、西藏）。由于西藏数据缺失及统计口径不一致，故在此书中剔除，研究对象调整为 21 个。

生态足迹的基础是"生态生产性土地"，涵盖耕地、草地、水域、林地、建筑用地和化石能源用地这六类基本生态生产性土地，主要包含生物资源部分、能源资源部分、贸易调整部分。基于指标获取的可操作性和年鉴相关内容，在参考王栩珩（2019）基于生态足迹理论的可持续利用评价、张爱菊（2013）对中部 6 省生态足迹比较分析、夏栗等（2019）对长株潭城市群生态足迹测算、何鑫等（2019）生态足迹模型下的人口适度规模研究基础上，本研究选取稻谷、小麦、玉米、豆类、薯类、棉花、油料、麻类、烟叶、水果、木材、猪肉、牛肉、羊肉、奶类、禽蛋、水产品共17种产品归入生物资源账户，选取煤炭、焦炭、原油、液化石油气、天然气、电力共6种能源产品归入能源资源账户，将其转变为六类基本生态生产性土地面积，测算对应的生态足迹，具体指标体系如表4-1所示。

表4-1　　　　　　　　　生态足迹指标体系

环境指标	指标账户	指标层次	具体指标
生态足迹	生物资源账户	耕地	稻谷、小麦、玉米、豆类、薯类、棉花、油料、麻类、烟叶
		林地	水果、木材
		草地	猪肉、牛肉、羊肉、奶类、禽蛋
		水域	水产品
	能源资源账户	建筑用地	电力
		化石能源用地	煤炭、焦炭、原油、液化石油气、天然气

2. 数据来源

研究数据主要来源于：

（1）EPS数据库平台，涉及的变量有：中国宏观经济数据库、中国区域经济数据库、中国劳动经济数据库、中国上市公司数据库、中国农林数据库、中国三农数据库、中国城乡建设数据库。

（2）相关统计年鉴及报告，如中国统计年鉴、中国区域经济统计年鉴、中国能源统计年鉴、中国环境统计年鉴、中国农村贫困检测报告以及各省市统计年鉴等。

三　欠发达地区生态足迹实证结果与讨论

（一）生态足迹测算及分析

将研究区域的面板数据带入生态足迹模型中，分别测算出研究区域的生态足迹、生态承载力、生态赤字或生态盈余。并以此为依据，分析判断可持续发展程度和生态环境质量。21个欠发达省份2000—2018年生态足迹测算结果如表4-2所示。

表4-2　　欠发达地区21个省2000—2018年生态足迹

单位：hm²/人×10⁶

年份	河北	山西	内蒙古	吉林	黑龙江	安徽	江西
2000	144.02	99.84	54.98	45.25	98.96	83.41	46.61
2001	143.15	102.27	59.35	47.82	100.13	85.82	47.10
2002	154.60	118.09	65.58	54.31	103.65	91.22	51.62
2003	174.09	132.85	79.95	60.29	107.52	89.87	58.00
2004	212.83	139.78	100.68	66.21	119.59	104.65	64.36
2005	223.15	191.92	127.24	107.69	130.19	105.54	69.53
2006	243.77	216.95	172.38	109.97	138.73	119.41	75.51
2007	271.38	135.27	172.60	109.02	144.57	140.02	81.19
2008	277.50	222.57	192.18	116.58	159.17	146.40	85.55
2009	302.37	218.02	205.45	111.15	165.45	151.70	87.60
2010	323.08	242.01	230.62	123.36	180.29	161.76	96.07
2011	361.43	262.76	277.76	138.48	190.61	171.97	105.67
2012	371.77	264.22	293.55	135.64	195.28	177.58	107.29
2013	377.26	281.01	304.83	136.38	192.89	185.19	113.10
2014	366.91	276.54	321.88	135.67	197.89	190.79	117.14
2015	361.43	261.12	324.24	131.3	196.74	193.88	121.27
2016	358.58	269.15	324.83	132.86	197.98	195.20	125.79
2017	361.31	335.62	352.04	135.86	216.55	195.45	130.77
2018	372.95	333.23	370.2	137.18	217.94	213.34	135.67
年份	河南	湖北	湖南	广西	海南	重庆	四川
2000	141.36	87.91	69.47	48.92	8.26	38.70	91.61
2001	147.66	87.18	71.72	51.41	9.06	37.00	92.11
2002	159.23	91.58	72.24	53.85	9.73	37.06	101.00
2003	167.44	100.37	71.85	60.49	11.59	40.08	114.84
2004	200.70	109.87	111.09	65.23	12.73	46.18	126.06
2005	246.64	117.98	130.40	68.07	14.28	51.60	128.02
2006	275.04	127.07	139.63	73.41	16.22	54.99	134.62
2007	296.27	135.95	149.40	80.85	15.55	60.42	145.33
2008	307.51	138.71	153.22	87.81	17.11	64.07	153.48
2009	320.26	148.11	158.15	94.54	18.95	68.60	165.56

续表

年份	河南	湖北	湖南	广西	海南	重庆	四川
2010	345.39	167.61	167.81	110.46	19.74	77.16	174.18
2011	368.93	184.02	184.47	129.69	21.76	86.25	184.33
2012	367.78	185.85	184.40	139.70	23.46	85.07	189.95
2013	374.84	180.23	184.63	150.33	25.90	86.58	195.33
2014	369.53	182.47	182.79	153.48	27.70	89.85	201.55
2015	369.42	183.29	184.64	150.00	28.23	91.60	195.29
2016	362.62	183.89	185.36	159.20	30.22	92.80	198.41
2017	364.02	193.10	198.16	168.58	29.86	91.49	198.79
2018	382.77	201.51	181.95	180.14	31.60	99.64	198.40
年份	贵州	云南	陕西	甘肃	青海	宁夏	新疆
2000	44.33	47.06	44.47	38.78	9.52	14.25	48.37
2001	42.27	53.10	48.20	39.00	9.91	18.05	49.60
2002	43.08	57.53	52.68	42.18	10.49	22.66	53.21
2003	51.30	61.49	62.69	45.72	11.66	27.22	58.00
2004	58.95	71.37	68.74	50.28	14.28	29.01	65.93
2005	74.68	133.34	81.39	61.54	16.30	32.79	74.44
2006	85.46	151.59	97.85	65.93	18.60	37.03	84.30
2007	90.32	154.83	104.15	72.00	22.22	41.89	91.40
2008	93.67	165.82	113.6	75.99	23.50	43.53	96.46
2009	100.47	183.08	113.92	77.54	24.26	47.76	107.96
2010	104.07	194.85	137.94	85.64	29.86	56.53	121.24
2011	110.94	209.31	154.83	97.34	35.52	71.72	141.53
2012	124.30	217.57	175.57	102.34	39.32	77.97	155.05
2013	130.10	223.54	188.40	107.30	43.32	84.28	172.33
2014	130.53	211.74	199.02	109.08	43.40	87.42	187.08
2015	131.42	193.79	196.73	108.45	39.82	89.39	187.67
2016	138.28	190.05	205.88	104.83	40.85	89.70	193.50
2017	120.61	191.52	222.22	110.04	42.32	102.94	205.93
2018	137.46	202.17	227.18	114.78	41.35	100.81	257.18

由生态足迹测算结果可知：2000—2018年，研究样本人均生态足迹

呈持续增长态势，这表明欠发达地区经济增长带来的资源环境压力逐年加大。其中在2000—2012年，增速较快；在2013—2018年增速有所放缓。其次，各省份各年份生态足迹的构成中，化石能源用地和建设用地生态足迹均占最大比例，反映出高污染、高消耗方式的产业结构，直接导致了生态足迹压力不断上涨。

(二) 代表性年份生态足迹对比分析

基于表4-2生态足迹测算的结果，选取2000年、2005年、2012年、2017年四个时间节点的各省份生态足迹，直观观测样本期生态足迹的变化，分析生态足迹在样本期内的动态变化，同时剖析其变化是否符合政府政策规制要求。梳理宏观政策和相关资料可发现：自2000年起，环保投资总额总体呈增长态势，此时国家在加强生态保护的同时鼓励和支持中西部地区发展。2005年胡锦涛同志首次提出建设资源节约型、环境友好型社会，强调人口、资源、环境协调发展。2011年中国政府出台了《"十二五"全国环境保护法规和环境经济政策建设规划》，党的十八大和党的十八届四中全会对生态文明建设进行了顶层设计和总体部署，习近平总书记提出生态兴则文明兴，资源开发要达到社会、经济、生态三者效益的协调，着力通过科学发展缓解环境压力。2017年，党的十九大明确了环境管理制度和环境治理体系建设的方向，高度重视环境经济政策手段在高质量发展和生态环境保护中的作用。

基于生态足迹测算结果，结合关键性年份生态足迹对比分析可知：在2000—2012年，生态足迹增速较快；在2013—2018年增速有所放缓，结合全国政策形势变化，政府对经济发展与生态环境的重视程度不断提高，相关政策和措施的导向，反映了环境规制对缓解生态足迹压力具有积极效应。其次，由分析图可直观发现中、北部的生态足迹压力指数相对其他研究地区更高，如河北、河南、内蒙古，生态环境压力驱紧；且随着时间的演变，"生态足迹压力重灾区"逐步向中、北部靠拢，推测呈现"集聚效应"。

(三) 可持续发展状态评价

基于生态足迹与生态承载力，测算研究区域人均生态赤字/生态盈余，测算结果如表4-3所示：

表4-3　欠发达地区21个省份2000—2018年人均生态赤字/生态盈余（ED）

单位：hm²/人

年份	河北	山西	内蒙古	吉林	黑龙江	安徽	江西
2000	-1.561	-0.050	1.318	-0.361	-0.575	-0.827	-0.506
2001	-1.542	-0.041	1.052	-0.455	-0.606	-0.861	-0.513
2002	-1.703	-0.153	0.792	-0.694	-0.697	-0.947	-0.616
2003	-1.982	-0.269	0.186	-0.914	-0.799	-0.922	-0.761
2004	-2.540	-0.397	-0.680	-1.130	-1.113	-1.150	-0.904
2005	-2.674	-0.477	-1.780	-2.654	-1.389	-1.184	-1.018
2006	-2.955	-0.616	-3.640	-2.729	-1.611	-1.413	-1.148
2007	-3.371	-0.789	-3.832	-2.694	-1.756	-1.767	-1.288
2008	-3.439	-0.895	-4.608	-2.965	-2.137	-1.865	-1.377
2009	-3.758	-0.941	-5.124	-2.743	-2.257	-1.947	-1.411
2010	-3.962	-1.167	-6.109	-3.179	-2.639	-2.172	-1.590
2011	-4.465	-1.339	-7.983	-3.727	-2.908	-2.339	-1.795
2012	-4.578	-1.427	-8.591	-3.622	-3.029	-2.424	-1.824
2013	-4.623	-1.568	-9.014	-3.643	-2.959	-2.532	-1.941
2014	-4.436	-1.603	-9.284	-3.365	-2.599	-2.589	-1.994
2015	-4.338	-1.590	-9.350	-3.206	-2.584	-2.614	-2.073
2016	-4.274	-1.703	-9.337	-3.286	-2.625	-2.614	-2.160
2017	-4.281	-1.932	-10.379	-3.416	-3.123	-2.593	-2.252
2018	-4.250	-2.130	-10.950	-3.530	-3.440	-2.580	-2.350
年份	河南	湖北	湖南	广西	海南	重庆	四川
2000	-1.029	-0.992	-0.576	-0.320	-0.326	-0.849	-0.295
2001	-1.088	-0.929	-0.607	-0.325	-0.424	-0.795	-0.308
2002	-1.202	-1.052	-0.613	-0.373	-0.504	-0.802	-0.418
2003	-1.280	-1.204	-0.603	-0.507	-0.728	-0.912	-0.584
2004	-1.615	-1.367	-1.185	-0.600	-0.854	-1.132	-0.728
2005	-2.162	-1.508	-1.560	-0.691	-1.031	-1.322	-0.742
2006	-2.461	-1.671	-1.713	-0.795	-1.251	-1.438	-0.826
2007	-2.706	-1.847	-1.864	-0.960	-1.178	-1.626	-1.147
2008	-2.804	-1.891	-1.915	-1.096	-1.357	-1.741	-1.246
2009	-2.916	-2.040	-1.973	-1.197	-1.532	-1.874	-1.380

续表

年份	河南	湖北	湖南	广西	海南	重庆	四川
2010	-3.208	-2.376	-2.071	-1.606	-1.615	-2.152	-1.510
2011	-3.464	-2.648	-2.316	-2.007	-1.831	-2.44	-1.634
2012	-3.445	-2.671	-2.300	-2.204	-2.000	-2.377	-1.698
2013	-3.517	-2.557	-2.257	-2.405	-2.249	-2.404	-1.755
2014	-3.441	-2.541	-2.214	-2.433	-2.422	-2.461	-1.778
2015	-3.425	-2.541	-2.226	-2.340	-2.465	-2.500	-1.687
2016	-3.334	-2.535	-2.148	-2.51	-2.669	-2.521	-1.712
2017	-3.339	-2.683	-2.323	-2.678	-2.604	-2.457	-1.708
2018	-3.300	-2.760	-2.380	-2.860	-2.680	-2.440	-1.720

年份	贵州	云南	陕西	甘肃	青海	宁夏	新疆
2000	-0.349	0.201	-0.239	-0.225	0.534	-1.220	-0.984
2001	-0.291	0.058	-0.340	-0.233	0.451	-1.875	-1.035
2002	-0.309	-0.045	-0.462	-0.358	0.337	-2.651	-1.209
2003	-0.519	-0.135	-0.732	-0.496	0.117	-3.399	-1.438
2004	-0.710	-0.357	-0.895	-0.674	-0.372	-3.655	-1.820
2005	-1.164	-1.746	-1.235	-1.116	-0.740	-4.239	-2.199
2006	-1.469	-2.138	-1.677	-1.287	-1.153	-4.889	-2.637
2007	-1.680	-2.232	-1.980	-1.591	-1.925	-5.755	-2.888
2008	-1.790	-2.459	-2.228	-1.746	-2.148	-5.942	-3.074
2009	-1.989	-2.809	-2.194	-1.718	-2.126	-6.451	-3.346
2010	-2.125	-3.045	-2.833	-2.031	-3.098	-7.752	-3.913
2011	-2.329	-3.339	-3.277	-2.483	-4.066	-10.054	-4.788
2012	-2.702	-3.496	-3.820	-2.663	-4.693	-10.894	-5.340
2013	-2.844	-3.596	-4.142	-2.815	-5.031	-11.739	-6.014
2014	-2.845	-3.310	-4.418	-2.743	-4.963	-11.949	-6.355
2015	-2.853	-2.912	-4.335	-2.710	-4.312	-12.129	-6.206
2016	-3.024	-2.816	-4.551	-2.560	-4.449	-12.050	-6.345
2017	-2.510	-2.829	-4.951	-2.742	-4.658	-13.868	-6.731
2018	-2.370	-2.790	-5.290	-2.760	-4.840	-14.870	-7.010

由测算结果可知：首先，欠发达地区近年来均呈现生态赤字，表明这

些地区目前处于不可持续发展状态，经济的高速发展以牺牲环境为代价。其次，自2011年起，21个欠发达省份生态赤字增幅开始放缓，结合结果分析可发现，环境规制在一定程度上抑制了赤字快速增长的态势。

四 结论与小结

平衡经济与资源环境的关系，避免竭泽而渔式的发展路子，对欠发达地区的可持续发展具有重要意义。本书研究经济发展与资源环境的关系，以生态足迹为依据，量化各地的可持续发展程度和资源环境现状。对中国欠发达地区2000—2018年经济发展的生态足迹进行实证分析，可得出以下结论。

（1）2000—2018年中国欠发达地区生态足迹压力指数和生态赤字大多呈持续增长状态，表明这些地区均处于不可持续发展状态，经济的高速发展以牺牲环境为代价，但赤字增幅和生态足迹增速分别于2011年、2013年开始放缓，结合政策分析可知，环境规制能在一定程度上抑制环境压力趋紧态势。

（2）2000年、2005年、2012年、2017年的生态足迹测算结果显示中、北部的生态足迹压力指数相对其他研究地区更高，且随着"生态足迹压力重灾区"时间的演变，逐步向中、北部靠拢，推测呈现"集聚效应"。

（3）各省份各年份生态足迹构成中，化石能源用地和建设用地生态足迹均占最大比例，反映出高污染、高消耗方式的产业结构，直接导致了生态足迹压力不断上涨。能源消费需求的增长，意味着化石能源用地的扩张，势必会挤占耕地、林地、草地、水域等的占地面积，由此带来负面的环境效应，诱发了一系列环境问题，如草地退化、水域污染等。因此，转变资源消费结构和经济发展方式，是实现可持续发展的当务之急。

综上所述，欠发达地区经济的高速增长是建立在一种高污染、高能耗、低效率的方式上，给资源环境带来了巨大压力，可持续发展进程受到严重威胁，必须通过行之有效的政策措施加以完善。具体如下。

（1）完善环境规制，改变经济增长方式。针对研究区域生态赤字严重，环境压力趋紧的现状，急需政府通过政策从宏观上对环境问题进行规制。以转变经济发展方式为主线，以提高经济增长的质量和效益为基点，推进生态文明顶层设计和制度体系建设，推行科学的环保政绩考核体制；加强环境法制化管理，大力推行环境税制度，加快由粗放型的发展方式向集约型发展方式的转变。

（2）改善资源消费结构，助推新旧动能转换。针对欠发达地区化石能源消费占比高，资源消费结构不合理的现象，从供给侧结构性改革入手，有序、逐步地淘汰落后产能，培育释放贫困区域发展新动能。立足研究区域自身发展条件，升级传统产业，深挖替代产业，发展绿色产业，打造优势产业集群助推新旧动能转换。加大对绿色清洁能源和可再生能源如天然气、核电、水电的利用及其他新型能源的使用，建立资源节约型、环境友好型的社会生产和消费体系。

第 五 章

能源与环境约束下欠发达地区经济增长尾效分析

中国目前面临着发展不平衡不充分的问题，尤其是中西部欠发达省份，如何突破能源与环境约束，走高质量发展之路，是当前亟须研究的重要课题。本研究以中国欠发达地区 21 个省份为研究对象，根据 Romer 内生增长理论，构建欠发达地区能源与碳排放的经济增长尾效模型和纳入时空效应的空间面板模型，并结合省际面板数据，对欠发达地区经济增长尾效及影响因素进行测算与分析。研究发现：首先，就单个省份而言，样本期内 21 个省份普遍存在能源与 CO_2 排放对经济增长的约束效应，且具有一定的分布特征。其次，就欠发达地区整体而言，样本期内经济增长总尾效整体呈明显下降趋势，并且由于要素的空间流动以及资源配置的不断优化，对邻近地区产生一定的溢出效应，有效降低了能源与环境对经济增长的约束效应。最后，从转变经济发展方式、优化要素结构、加强节能减排和技术进步等方面提出了相关政策建议，为破解欠发达地区能源与环境对其经济发展的约束效应、实现经济的高质量发展提供决策支撑。

第一节 问题的提出

促进欠发达地区经济增长、巩固脱贫攻坚成果成为中国社会经济发展的重要工作之一。能源和环境作为经济发展的动力和基础，为经济发展提供了保障，同时经济发展又为提高环境质量和能源利用效率提供了资金和技术支持，能源和环境与经济发展三者之间始终是一种相互影响、相互制约的关系（高赢和冯宗宪，2018）。欠发达地区作为能源资源富集、生态脆弱、经济相对贫困的复合区域，始终未能走出粗放型的发展模式，能源的过度消费以及环境污染成为制约其经济增长的主要原因。

中国目前面临着发展不平衡不充分的问题，尤其是中西部相对贫困省份，如何突破能源与环境约束，走高质量发展之路，是当前亟须研究的重要课题。在此背景下，研究能源与环境对欠发达地区经济增长的约束效应，对破解欠发达地区经济增长难题和实现高质量发展具有重要现实意义。因此，本研究通过构建欠发达地区能源与 CO_2 排放的经济增长尾效模型，实证分析能源与环境对欠发达地区各省份经济增长的约束程度，并找出影响因素，提出相应政策建议。

第二节　经济增长尾效测算模型及方法

一　能源与环境约束下经济增长尾效理论模型及方法

Romer 在定义"增长尾效"时基于索洛经济增长模型，将自然资源纳入其中，建立了包含自然资源和土地约束的增长尾效测算模型，用来测算资源和土地对经济增长的限制，并使用柯布—道格拉斯生产函数进行简化，由此得到了经典尾效测算模型为：

$$Y(t) = K(t)^{\alpha} R(t)^{\beta} T(t)^{\gamma} [A(t)L(t)]^{1-\alpha-\beta-\gamma} \tag{5-1}$$

其中，$Y(t)$、$K(t)$、$R(t)$、$T(t)$、$A(t)$、$L(t)$ 分别表示产出、资本、资源、土地数量、技术进步参数和劳动投入，用 $A(t)$ 和 $L(t)$ 的乘积表示有效劳动；α、β、γ 分别表示资本、资源和土地的弹性系数，满足 $\alpha > 0$，$\beta > 0$，$\gamma > 0$，$\alpha + \beta + \gamma = 1$。

在借鉴上述模型的基础上，为了研究欠发达地区能源和 CO_2 排放约束下经济增长尾效的测算，本研究对上述模型进行扩展及简化，简化后模型中只包含一次能源，且将 CO_2 排放纳入模型中，并释放规模报酬不变的假设，建立如下经济增长尾效测算模型：

$$Y(t) = K(t)^{\alpha} E(t)^{\beta} C(t)^{\gamma} (A(t)L(t))^{\theta} \tag{5-2}$$

其中，$Y(t)$、$K(t)$、$E(t)$、$C(t)$、$A(t)$、$L(t)$ 分别代表第 t

年的产出、资本投入、能源、CO_2 排放量、技术进步参数及劳动投入，$A(t)$ 和 $L(t)$ 的乘积表示有效劳动；α、β、γ、θ 分别表示资本、能源、CO_2 排放和劳动力及知识有效性的弹性。对式（5-1）进行对数变换可得：

$$\ln Y(t) = \alpha \ln K(t) + \beta \ln E(t) + \gamma \ln C(t) + \theta [\ln A(t) L(t)] \quad (5-3)$$

根据增长率的概念可知，变量的对数关于时间的导数即为该变量的增长率，由此，我们对式（5-3）两边进行求导，即可得到经济增长方程：

$$g_Y(t) = \alpha g_K(t) + \beta g_E(t) + \gamma g_C(t) + \theta [g_A(t) + g_L(t)] \quad (5-4)$$

其中，$g_X(t)$ 表示投入要素 X 的增长率（X 为资本、能源、CO_2 排放和劳动力及知识有效性）。我们假设在平衡路径下，$g_Y(t) = g_K(t)$。此外，我们还假设劳动增长率为 $g_L(t) n$，技术进步增长率为 $g_A(t) g$。

由于传统能源具有稀缺性以及不可再生性，假设短期内能源现有储量是固定不变的，所以在整个社会生产活动中，随着经济的发展，能源的消费量在不断增加，但是整体的消费增速在下降。而 CO_2 作为能源消费的副产品，虽然其随着能源的不断消耗而增加，但由于受到能源有限性的约束，最终也会下降。基于此，在考虑能源和 CO_2 排放约束的情况下，假设能源的消耗速度为 b，CO_2 排放增长速度为 c，则有：

$$\begin{aligned} \dot{E}(t) &= -bE(t) \\ \dot{C}(t) &= -cC(t) \end{aligned} \quad (5-5)$$

根据式（5-4），将各项增长速率代入其中，整理后得：

$$g_Y(t) = \frac{\theta(g+n) - \beta b - \gamma c}{1 - \alpha} \quad (5-6)$$

由于经济的增长水平可以用人均产出增长率来进行反映，由此根据式（5-6）可得存在约束时平衡增长路径上的经济产出：

$$\begin{aligned} g_{Y/L}(t) &= g_Y(t) - g_L(t) = \frac{\theta(g+n) - \beta b - \gamma c}{1 - \alpha} - n \\ &= \frac{\theta(g+n) + n\alpha - \beta b - \gamma c - n}{1 - \alpha} \end{aligned} \quad (5-7)$$

根据经济增长尾效的定义，可知能源与 CO_2 排放对经济增长的尾效值实际上是能源与 CO_2 排放存在约束与不存在约束时，经济增长存在的差值。因此，在不存在能源消费和 CO_2 排放约束的条件下，假设能源消费量

和 CO_2 排放这两者都与劳动投入量以相同速度 n 持续增长，即将其代入式（5-4），整理可得在无约束时平衡路径上的经济产出：

$$\dot{g}_{Y/L}(t) = \frac{\theta(g+n) + n\alpha + n\beta + n\gamma - n}{1-\alpha} \quad (5-8)$$

将式（5-8）与式（5-7）两式相减可得在能源与 CO_2 排放约束下经济增长尾效：

$$Drag = \dot{g}_{Y/L}(t) - g_{Y/L}(t) = \frac{(n+b)}{1-\alpha}\beta + \frac{(n+c)}{1-\alpha}\gamma \quad (5-9)$$

由式（5-9）可知，能源与环境约束下经济增长尾效主要由两个部分组成，一部分是由对能源过度依赖而产生的能源尾效，另一部分是由于能源消耗引起的 CO_2 排放对经济产生的碳排放尾效。从式（5-9）中还可以看出，经济增长尾效与劳动力增长率 n、能源消费增长率 b、CO_2 排放增长率 c、能源消费弹性系数 β 和 CO_2 排放弹性系数 γ 成正比，与资本弹性系数 α 成反比。这就意味着，随着能源消费量的日益增加，以及其所带来的 CO_2 排放量的不断增大，将导致经济增长的阻力也越来越大。而技术变量对经济增长尾效起到了一个中性作用，随着技术的进步，将有效降低能源与环境对经济增长的制约作用，从而实现经济的可持续发展（米国芳和长青，2017）。

二　尾效测算面板计量模型及方法

（一）尾效测算经典面板计量模型

利用面板数据可以构造比时间序列数据更为真实的方程，在此基础上，根据传统的柯布—道格拉斯生产函数，建立以下经典面板模型：

$$\ln Y_{it} = \alpha_0 + \alpha \ln K_{it} + \beta \ln E_{it} + \gamma \ln C_{it} + \alpha(\ln A_{it} + \ln L_{it}) + \varepsilon_{it} \quad (5-10)$$

式（5-10）中，Y_{it} 表示第 i 个省份第 t 年的产出；α_0 表示各省份的固定截面效应；K_{it} 表示第 i 个省份第 t 年的物质资本投入；E_{it} 表示第 i 个省份第 t 年的能源消费量；C_{it} 表示第 i 个省份第 t 年的 CO_2 排放量；L_{it} 表示第 i 个省份第 t 年的就业人员数；ε_{it} 表示随机误差项。

（二）尾效测算空间面板计量模型

根据地理学第一定律，我们可以知道一个地区经济的增长，不仅会受到邻近地区经济增长影响，还会受到邻近地区生产过程中各种投入要素的影响。所以在研究过程中如果只采用传统的面板数据模型研究，会忽略一些周围事物带来的影响，导致在参数估计上会存在一定偏差。因此，本研究采用纳入时空效应的空间计量的方法来对欠发达地区经济增长尾效进行测度与计算。

在进行空间计量分析时，我们首先要对空间权重进行构建。由于经济事物不仅可以通过地理距离与周围地区发生空间联系，也可以通过一系列的经济活动与相邻区域产生影响。因此，本研究采用将地理距离与经济综合在一起的具有非对称性的经济地理空间权重矩阵，计算公式如下：

$$W = W_d diag(\bar{Y}_1/Y, \bar{Y}_2/Y, \bar{Y}_n/Y)$$

$$\bar{Y}_1 = \frac{1}{t_1 - t_0 + 1} \sum_{t=t_0}^{t_1} Y_{it}$$

$$\bar{Y} = \frac{1}{n(t_1 - t_0 + 1)} \sum_{t=1}^{n} \sum_{t=t_0}^{t_1} Y_{it} \quad (5-11)$$

其中，t 为所选择的研究时间段；W_d 为地理空间权重矩阵；$\bar{Y}_{it}$ 为研究时间段内 i 省国内生产总值的年均值；$\bar{Y}$ 为研究时间段内全国国内生产总值均值。

在构建空间计量模型时，我们不仅要考虑变量的内生交互效应，还要考虑周边资本、能量消费、CO_2 排放和劳动等解释变量的影响，根据此构建 SDM 模型如下：

$$\ln Y_{it} = \alpha_0 + \rho W \ln Y_{it} + \alpha \ln K_{it} + \beta \ln E_{it} + \gamma \ln C_{it} + \theta(\ln A_{it} + \ln L_{it}) + \alpha' W \ln K_{it} + \beta' W \ln E_{it} + \gamma' W \ln C_{it} + \theta' W(\ln A_{it} + \ln L_{it}) + \varepsilon_{it} \quad (5-12)$$

式（5-12）中，Y_{it} 表示经济产出；W 是空间权重矩阵；ρ 是空间滞后系数；ε_{it} 是随机误差项。K_{it} 表示省域资本存量；E_{it} 表示省域能源消费量；C_{it} 表示省域 CO_2 排放量；A_{it} 表示省域技术进步参数；L_{it} 表示省域就业人数。同时还引入了解释变量的空间滞后项 $W \ln K_{it}$、$W \ln E_{it}$、$W \ln C_{it}$、$W(\ln A_{it} + \ln L_{it})$，其系数为 α'、β'、γ'、θ'。

（三）变量描述与数据来源

本研究以 22 个欠发达省份为研究对象，实证分析样本的区间为 2000—2018 年省级年度的面板数据。由于西藏数据缺失严重，因此予以剔除。为了消除数据异方差问题，本研究对各变量进行取对数处理，各个变量选取情况如下：

1. 地区生产总值（GDP）。数据来源于历年中国统计年鉴，为了剔除价格变动对 GDP 的影响，以 2000 年不变价来换算历年 GDP 实际数据。

2. 资本存量（K），根据张军等（2004）关于省际资本存量计算方法，采用公式：

$$K_{it} = K_{it-1}(1 - \delta_{it}) + I_{it} \quad (5-13)$$

式（5-13）中，i 为第 i 个省份；t 为第 t 年；K_{it} 为经基年价格指数平减后的第 i 个省第 t 年的资本存量；I_{it} 为第 i 个省份第 t 年全社会固定资本形成总额；δ_{it} 为折旧率，本研究取 9.6%。计算 2000—2018 年 21 个省份资本存量值，整理并换算为 2000 年不变价格。

3. 有效劳动（AL）。本研究采用人力资本存量来进行衡量。用平均受教育年限和劳动力数量的乘积表示人力资本存量，劳动力数量采用历年从业人员数指标。其中平均受教育年限的计算采用公式为：

$$H = (\sum_{i=1}^{n} p_i h_i)/P \quad (5-14)$$

式（5-14）中，H 为某一年龄及其以上人口的平均受教育年限；i 为受教育程度；p_i 为该年龄及其以上人口中第 i 层次受教育程度的人口数；h_i 为第 i 层次受教育程度的受教育年限；P 为该年龄及其以上人口的总数。

4. 能源消费量（E）。能源消费量 E 为各省份传统能源（煤炭、石油、天然气）消费量通过标准煤系数折算加总所得。传统能源消费数据来自历年中国统计年鉴、中国能源统计年鉴以及 21 个省份历年统计年鉴。

5. CO_2 排放量（C）。通过对碳排放现有文献研究，可以发现关于碳排放量的计算大多采用 2006 年联合国政府间气候变化专门委员会（IPCC）提供的参考方法，CO_2 排放量估算公式：

$$C_t = \sum_{i=1}^{3} C_{it} = \sum_{i=1}^{3} E_{it} \times NCV_i \times CEF_i \times COF_i \times (44/12) \quad (5-15)$$

式（5-15）中，C 为估算的 CO_2 排放量；$i=1，2，3$ 分别为三种一次能源（煤炭、石油和天然气）；E 为能源消费量；NVC 为《中国能源统计年鉴 2018》附录提供的中国三种一次能源的平均低位发热量；CEF 为 2006 年 IPCC 温室气体清单提供的碳排放系数；COF 为碳氧化因子；44

和 12 分别为二氧化碳和碳的分子量。煤炭的折标系数为 0.7143 千克标准煤/千克，石油为 1.4286 千克标准煤/千克，天然气为 1.33 千克标准煤/m³。

变量的描述性统计见表 5-1。

表 5-1　　　　　　　　变量描述性统计结果

变量	平均值	标准差	最小值	最大值	样本量
地区生产总值（GDP）	6662.05	5917.474	263.59	29990.4	399
资本存量（K）	31849.61	37213.97	739	236000	399
有效劳动（AL）	20233.02	13553.77	1600.879	67223.38	399
能源消费量（E）	9347.421	6359.679	480	30386	399
CO_2 排放量（C）	23315.73	17658.83	539.256	86387.09	399

第三节　欠发达地区经济增长尾效实证分析与讨论

一　欠发达地区单个省份经济增长尾效分析

（一）单个省份尾效及其三种尾效模式分布

为了消除变量间的共线性，利用偏最小二乘法，对尾效计算过程中涉及资本存量弹性系数（α）、能源消费弹性系数（β）、CO_2 排放弹性系数（γ）、能源消费年均增速（b）、劳动力增速（n）、CO_2 排放平均增速（c）进行测算。并将 21 个省份 2000—2018 年能源消费、劳动力以及 CO_2 排放增长率代入式（5-9），可以得到欠发达地区 21 个省份在能源与 CO_2 排放约束下 2000—2018 年经济增长的总尾效值（见表 5-2）。从表 5-2 中可以看出，欠发达地区能源与 CO_2 排放对经济增长的约束程度普遍很高，21 个省份的总尾效平均值为 0.056。

表5-2　2000—2018年欠发达地区21个省份经济增长的尾效值

省份	安徽	重庆	甘肃	广西	贵州	海南	河北
劳动力年均增速（n）	0.0313	0.0209	0.0342	0.0233	0.0142	0.0471	0.0253
能源消费年均增速（b）	0.0596	0.0766	0.0554	0.0836	0.0541	0.0908	0.0605
CO_2排放年均增速（c）	0.0614	0.0424	0.0507	0.0843	0.0581	0.1536	0.0505
资本存量弹性系数（α）	0.4590	0.6011	0.4355	0.4233	0.5090	0.2564	0.5432
能源消费弹性系数（β）	0.3373	0.3030	0.2864	0.5169	0.0404	0.783	0.4043
CO_2排放弹性系数（γ）	0.1183	-0.0950	-0.0537	-0.2733	0.2471	-0.0042	-0.1960
能源尾效（$Edrag$）	0.0567	0.0740	0.0455	0.0958	0.0056	0.1452	0.0760
CO_2排放尾效（$Cdrag$）	0.0203	-0.0151	-0.0081	-0.0510	0.0364	-0.0011	-0.0325
总尾效（$Tdrag$）	0.0770	0.0589	0.0374	0.0449	0.0420	0.1441	0.0434
省份	黑龙江	河南	湖北	湖南	江西	吉林	内蒙古
劳动力年均增速（n）	0.0224	0.0260	0.0364	0.0206	0.0321	0.0281	0.0354
能源消费年均增速（b）	0.0426	0.0646	0.0610	0.0845	0.0781	0.0454	0.1068
CO_2排放年均增速（c）	0.0443	0.0563	0.0431	0.0733	0.0677	0.0447	0.1167
资本存量弹性系数（α）	0.3905	0.3590	0.5064	0.4997	0.5893	0.4409	0.4854
能源消费弹性系数（β）	0.3428	0.4149	0.1213	0.2222	0.1134	0.1013	0.2454
CO_2排放弹性系数（γ）	0.3202	-0.0904	0.0411	-0.0183	-0.1204	0.0633	-0.0796
能源尾效（$Edrag$）	0.0366	0.0586	0.0239	0.0467	0.0304	0.0133	0.0678
CO_2排放尾效（$Cdrag$）	0.0351	-0.0116	0.0066	-0.0034	-0.0293	0.0082	-0.0235
总尾效（$Tdrag$）	0.0716	0.0470	0.0305	0.0432	0.0012	0.0216	0.0443
省份	宁夏	青海	陕西	山西	四川	新疆	云南
劳动力年均增速（n）	0.0391	0.0404	0.0249	0.0309	0.0212	0.0519	0.0344
能源消费年均增速（b）	0.1055	0.0951	0.0938	0.0664	0.0709	0.1022	0.0708
CO_2排放年均增速（c）	0.1470	0.0821	0.1174	0.0681	0.0438	0.1061	0.0565
资本存量弹性系数（α）	0.4239	0.2919	0.4493	0.3527	0.5412	0.5733	0.4743
能源消费弹性系数（β）	0.1691	0.4275	0.3405	0.2297	0.2377	0.4457	0.0734
CO_2排放弹性系数（γ）	0.0759	0.1492	-0.0111	0.3313	-0.1457	-0.1784	0.0870
能源尾效（$Edrag$）	0.0424	0.0818	0.0734	0.0345	0.0477	0.1610	0.0147
CO_2排放尾效（$Cdrag$）	0.0245	0.0258	-0.0029	0.0507	-0.0206	-0.0661	0.0151
总尾效（$Tdrag$）	0.0670	0.1076	0.0705	0.0852	0.0271	0.0949	0.0298

在借鉴王家庭（2010）相关研究的基础上，将欠发达地区各省份的

增长总尾效、能源尾效和CO_2排放尾效分为低约束型（drag≤1%）、高约束型（1%＜drag＜5%）和强约束型（drag≥5%）三种类型。从测算结果中可以看出，欠发达地区21个省份的尾效值具有显著差异性。其中，经济增长总尾效中，属于低约束型的地区仅有江西1个省份，仅占研究样本的4.76%；属于高约束型的地区有贵州、吉林、云南、湖北、甘肃、湖南、四川、河南、内蒙古、河北、广西11个省份，占研究样本的52.38%；属于强约束型的地区有山西、黑龙江、宁夏、安徽、陕西、重庆、青海、海南、新疆9个省份，占研究样本的42.86%（见表5-3）。

表5-3　　　　欠发达地区21个省份经济增长的尾效类型

	低约束型 （drag≤1%）	高约束型 （1%＜drag＜5%）	强约束型 （drag≥5%）
总尾效	江西	贵州、吉林、云南、湖北、甘肃、湖南、四川、河南、内蒙古、河北、广西	山西、黑龙江、宁夏、安徽、陕西、重庆、青海、海南、新疆
能源尾效	贵州	吉林、云南、湖北、江西、山西、黑龙江、宁夏、甘肃、湖南、四川	安徽、河南、内蒙古、陕西、重庆、河北、青海、广西、海南、新疆
CO_2排放尾效	吉林、湖北、江西、甘肃、湖南、四川、河南、内蒙古、陕西、重庆、河北、广西、海南、新疆	贵州、云南、黑龙江、宁夏、安徽、青海	山西

（二）总尾效区域差异及特点

就总尾效而言，江西的总尾效值为0.0012，属于低约束型。由于江西的能源与CO_2排放的弹性系数较低，说明该地区经济增长对两者依赖程度较低。但是其资本存量系数较高，说明其经济增长主要依赖于固定资本的投入。为了减轻能源与CO_2对本地区经济增长的约束效应，近年来，江西投入了更多的资本用于新能源的发展，依靠资金、技术等优势来实现新能源产业高质量跨越式发展。江西的经验在于，通过能源消费结构的转换来实现节能减排,在一定程度上减小了CO_2排放对经济增长产生的负面影响。

贵州、吉林、云南、湖北、甘肃、湖南、四川、河南、内蒙古、河北、广西11个省份的总尾效值介于0.01—0.05之间,属于高约束型。对于这些地区,其资本弹性系数、劳动力增长率、能源消费增长率以及CO_2排放增长率相对较高,导致经济增长总尾效增强。广西、河北、河南的能源消费弹性系数、资本存量弹性系数和能源消费年均增速较高,区域经济增长对能源资源依赖过大,能源供给过度导致能源消耗速度加快,降低了能源对区域经济的收益贡献率。随着能源消费和CO_2排放的不断增加,有限的资本投入一部分用于CO_2排放造成的环境污染的治理,导致用于新能源开发过程中的研发和人力资源的投入减少,因此阻碍了区域经济的增长。湖北、内蒙古、云南、甘肃是劳动力年均增速较高的省份,劳动力的快速增长导致对能源的需求不断增加,人均能源占有量减少,单位劳动力产出下降,能源供需矛盾成为制约其经济发展的主要因素。湖南、贵州、吉林、四川是能源消费年均增速与CO_2排放年均增速较高的省份,说明这些省份经济的发展过度依赖于能源的投入,同时由于能源的过度消费,导致CO_2排放量逐渐增加,因此经济发展水平在一定程度上受到制约。

山西、黑龙江、宁夏、安徽、陕西、重庆、青海、海南、新疆属于强约束型。从回归结果可知,山西、黑龙江、宁夏、安徽、陕西、重庆、陕西、新疆各省份能源消费弹性系数较低,而资本存量弹性系数较高,能源投入的经济产出效应低于资本投入的产出效应,说明区域经济增长主要依赖于资本的投入,而能源投入对区域经济增长的贡献较小,能源、资本等生产要素存在配比失调,能源利用带来的边际报酬低于其边际成本,能源丰度优势不能有效转化为经济优势,对区域经济增长产生抑制作用。对此各省份要转变粗放型的区域经济增长模式,依据区域功能定位和资源优势,制定差异化的发展战略;结合各省份资源、技术、人才、资本等生产要素的分布情况,以深化改革为抓手处理好经济与能源环境的关系,依托资金、技术等生产要素的投入,加快能源结构转换,改善环境质量;加快产业转型升级,积极培育新能源产业,提高能源利用率及区域经济发展的质量和效益。

(三) 能源尾效区域差异及特点

分开来看，由能源尾效可知，贵州为低约束型，其尾效值为 0.0056，即在有能源消费约束与没有约束情况下，地区经济增速平均每年下降约 0.56%，与其他省份相比而言，能源对贵州经济增长的约束效应较小，说明贵州经济增长对能源的依赖性较小。而吉林、云南、湖北、江西、山西、黑龙江、宁夏、甘肃、湖南、四川 10 个省为高约束型；安徽、河南、内蒙古、陕西、重庆、河北、青海、广西、海南、新疆 10 个省份为强约束型。其中，陕西、重庆、海南、新疆这 4 个省份的 CO_2 排放尾效虽然为负值，但其能源尾效较大，说明这 4 个省份经济增长的约束主要受能源消费的影响。近年来，这 4 个省份在降低 CO_2 排放、促进经济绿色发展方面虽然已取得初步成效，但是由于粗放式的经济发展模式还未得到根本性转变，对能源过度依赖的状况也没有得到改变。

(四) CO_2 排放尾效区域差异及特点

由 CO_2 排放尾效可知，吉林、湖北、江西、甘肃、湖南、四川、河南、内蒙古、陕西、重庆、河北、广西、海南、新疆 14 个省为低约束型，其中甘肃、湖南、四川、河南、内蒙古、陕西、重庆、河北、广西、海南、江西、新疆的碳排放尾效值为负，说明这些地区的经济增长不依赖于碳排放，经济发展已迈入低碳模式。而贵州、云南、黑龙江、宁夏、安徽、青海 6 个省份属于碳排放高约束型，其中安徽、宁夏、青海这 3 个省的总尾效很大，但其 CO_2 排放尾效为正值，远小于能源尾效。说明这 3 个省份经济增长同时受能源约束和碳排放约束，但是受能源约束的程度更大。另外，山西属于碳排放强约束型，其 CO_2 排放尾效值是 0.0507，这意味着山西的经济增长高度依赖碳排放。众所周知，山西是中国煤炭大省，经济增长过程中面临着严重的资源环境问题，亟须转变以煤炭为主的能源消费方式，走绿色低碳发展之路。

二 欠发达地区整体尾效分析

(一) 尾效空间回归结果

为了测算欠发达地区整体经济增长的尾效，需要利用 21 个省份的面板数据进行计量分析和参数估计。首先，采用不含空间效应的 21 个省份的面板数据进行参数估计，Hausman 检验值为 532.66，且在 1% 的置信区间上显著，说明固定效应模型更为合适。进一步根据含有时间和空间双固定效应模型的 R – squared 值、对数似然函数值、D – W 值，可以判断本研究采用双固定效应模型最为合适。其次，为了保证模型估计结果更具稳健性，接着对空间滞后（SAR）模型、空间误差（SEM）模型以及空间杜宾（SDM）模型进行 LR 检验以及 Wald 检验，以判断采用 SDM 模型是否合理，并且检验 SDM 模型是否可以退化为空间滞后或空间误差模型。检验结果表明，SAR 模型和 SEM 模型的 LR 检验及 Wald 检验均在 1% 的显著性水平下通过，说明 SDM 模型不可退化为 SAR 模型或 SEM 模型，并且 SDM 模型的 R – squared 值和 log-likelihood 均比 SAR 模型和 SEM 模型的大，说明 SDM 模型的拟合效果相对于 SAR 模型和 SEM 模型来说更好。综合考虑，本研究选择双固定效应的 SDM 模型来进行参数估计，同时由于区域间各投入要素在空间上存在着一种反馈效应，为了更加准确考察这种反馈效应，可以进一步运用偏微分的方法对 SDM 模型中的直接效应和间接效应进行测算，结果见表 5 – 4。

表 5 – 4　　　　　欠发达地区 SDM 模型估计结果及其效应分解

变量	SDM	直接效应	间接效应	总效应
K	0.4495 *** (51.7967)	0.4491 *** (51.1702)	– 0.0165 * (– 1.7576)	0.4326 *** (11.3485)
AL	0.4075 *** (22.5003)	0.4059 *** (22.7004)	– 0.1020 * (– 1.6914)	0.3039 *** (3.8516)
E	0.3167 *** (8.2632)	0.3182 *** (8.4543)	– 0.0381 * (– 1.7393)	0.2801 * (1.6890)
C	– 0.2203 *** (– 8.1700)	– 0.2209 *** (– 8.3414)	0.0722 * (1.6707)	– 0.1487 * (– 1.6430)
$W*K$	– 0.0615 * (– 1.7228)			
$W*AL$	– 0.1329 * (– 1.7887)			

续表

变量	SDM	直接效应	间接效应	总效应
$W*E$	-0.07071* (-1.6479)			
$W*C$	0.0858* (1.8776)			
$W*dep.var$	0.1030*** (3.3185)			

注：( ) 中数据为 T 值检验值，***、**、* 分别表示在 1%、5%、10% 水平上显著。

从回归结果中可以看出，物质资本存量 K、有效劳动 AL 以及能源投入 E 的弹性系数都为正数并且都在 1% 的水平下显著，说明这些生产要素都对经济增长有明显促进作用。而 CO_2 排放的系数为负，且在 10% 的水平下显著，则说明其对经济增长有明显抑制作用。而资本存量 K、有效劳动 AL、能源消费 E、CO_2 排放 C 在空间上的滞后项都在 10% 的水平上显著，说明这四个解释变量在空间上都存在空间溢出效应。$W*K$，$W*AL$，$W*E$ 三者的系数都为负，这意味着资本、劳动和能源在空间上呈现明显的负向溢出效应，说明区域间固定资产投资、人力资本、能源消费总体上呈现一种竞争关系，本地区较高的固定资产投资、有效劳动、能源消费需求可能会抑制邻近地区的固定资产投资、有效劳动和能源消费。$W*C$ 的系数为正，在空间上呈现一种正向溢出，说明由于 CO_2 排放本身具有一定的扩散效应，本地区排放量的增加也会导致相邻地区 CO_2 排放量的增加。

（二）尾效回归结果对比分析

虽然普通面板回归分析能对欠发达地区经济增长的尾效进行测算，但是空间分析能将各要素在空间上的反馈效应考虑在内，对欠发达地区经济增长尾效进行更为准确的估计，其空间效应的分解能更为详细地反映能源消费与 CO_2 排放约束对周围地区经济增长的约束作用。由此得出，不同回归对应的能源尾效、CO_2 排放尾效以及总尾效值如表 5-5 所示。

表5-5　　　不同回归对应的能源尾效、CO_2排放尾效及总尾效

变量	普通面板模型	SDM 模型	直接效应	间接效应
资本存量弹性系数（α）	0.4473	0.4495	0.4491	-0.0165
能源消费弹性系数（β）	0.3271	0.3167	0.3182	-0.0381
CO_2排放弹性系数（γ）	-0.2269	-0.2203	-0.2209	0.0722
能源消费年均增速（b）	0.0067	0.0067	0.0067	0.0067
CO_2排放年均增速（c）	-0.0079	-0.0079	-0.0079	-0.0079
人力资本年均增速（n）	0.0275	0.0275	0.0275	0.0275
能源尾效（$EDrag$）	0.0203	0.0196	0.0198	-0.0013
CO_2排放尾效（$CDrag$）	-0.0080	-0.0078	-0.0079	0.0014
总尾效（$TDrag$）	0.0123	0.0118	0.0119	0.0001

根据表5-5可以发现，通过普通面板模型回归测得的欠发达地区总尾效为0.0123，这说明在受能源与CO_2排放约束下欠发达地区经济平均每年增速下降0.0123%。测算得到的能源尾效为0.0203，CO_2排放尾效为-0.0080。可以看出，近些年欠发达地区CO_2排放量对经济增长的约束效应逐渐减少。欠发达地区虽然经济发展比较落后，发展起步晚，但发展理念比较先进，因此，能源尾效和CO_2排放尾效较低。在国家提倡发展绿色经济的大背景下，欠发达地区经济增长方式正逐渐由高能耗、高碳排放向低能耗、低碳排放转变。从尾效测算各影响因素来看，资本存量K每提升1%，经济增长0.4473%；能源消费E每提升1%，经济增长就增加0.3271%，CO_2排放量每提升1%，经济增长降低0.2269%。说明长期以来欠发达地区经济增长主要由资本要素的高投入推进，进而导致能源大量消耗和高排放。

对比来看，通过纳入时空效应的SDM模型回归测得的欠发达地区总尾效为0.0118，这说明，欠发达地区在能源与CO_2排放约束下经济平均每年增速下降0.0118%。从影响尾效的各因素来看，资本存量K每提升1%，经济增长0.4495%；能源消费E每提升1%，经济增长就增加0.3167%，CO_2排放量每提升1%，经济增长降低0.2203%。与普通面板回归结果相比，存在一定差异，这主要是由于欠发达地区各省份生产要素在空间上具有一定的反馈作用。但是仍可以看出，能源消费可以从一定程

度上促进经济增长。而 CO_2 排放表现出的负向作用主要是因为经济增长过程中，基于以煤炭为主要能源消费结构的发展模式对生态环境造成极大压力，加大了地区环境污染程度（方时娇，2019），对经济增长产生了抑制作用。

将 SDM 模型的空间效应进行分解后发现，直接总尾效为 0.0119，间接总尾效为 0.0001，间接总尾效远小于直接总尾效，说明在能源与 CO_2 排放约束对区域间的影响程度远小于对个体本身的约束。经过空间效应分解后尾效影响因素系数也存在一定差异，资本存量 K 的直接效应系数为 0.4491，意味着，在其他条件不变的前提下，本地区的资本存量 K 每增加 1%，本地区产出平均多增加 0.4491%；间接效应系数为 -0.0165，意味着本地取得资本存量对邻近地区的经济增长有较小的抑制作用。能源消费 E 对产出的直接效应系数为 0.3182，且通过了 1% 的显著性水平的检验，说明本地区产出随着能源消费的增加而增加，而对产出的间接效应系数为 -0.0381，说明本地能源消费增加 1%，邻近地区的产出下降 0.0381%，对邻近地区经济增长产生了抑制作用。CO_2 排放作为衡量环境尾效的指标，其直接效应系数为 -0.209，表明对本地区的经济增长产生了抑制作用，其间接效应系数为 0.0722，说明其对周围地区的经济增长产生了促进作用。各要素在空间上存在显著的溢出效应，说明其在邻近区域对促进欠发达地区经济增长也起着重要作用。因此，加强区域间的合作，通过生产要素在各区域的流动，从而建立有效的区域间的合作机制，并根据各个区域不同的资源禀赋，实现要素资源的共享和互补，实现经济的共同发展。

第四节 结论与小结

本研究基于 Romer 的内生增长理论，构建欠发达地区能源与 CO_2 排放的经济增长尾效模型，并通过普通面板回归模型和空间面板回归模型，分别从理论分析和实证研究的角度，考察了中国欠发达地区能源与 CO_2 排放对经济增长的尾效效应，形成的主要研究结论如下。

（1）本研究通过普通面板回归对欠发达地区各省份经济增长尾效进

行测算可得,各省份普遍存在能源与 CO_2 排放对经济增长的约束效应,且面临的经济增长尾效不仅存在程度大小的差异,还存在作用方向的不同。可将各省份总尾效、能源尾效以及 CO_2 排放尾效分为低、高、强三种约束类型,其中,江西总尾效小于1%,为低约束型;贵州、吉林、云南、湖北、甘肃、湖南、四川、河南、内蒙古、河北、广西总尾效大于1%且小于5%,属于高约束型;而山西、黑龙江、宁夏、安徽、陕西、重庆、青海、海南、新疆总尾效大于5%,属于强约束型,地区平均经济增长总尾效为0.0566,可见经济增长方式整体仍呈现粗放型。对于欠发达地区经济增长的能源尾效与 CO_2 排放尾效来讲,并不是能源消费以及 CO_2 排放量越高的地区能源环境尾效也越高。由于区域的发展不平衡,有些地区 CO_2 排放总量已经达到高峰并且有所下降,有着先进的低碳技术支持其节能减排的进行,因此 CO_2 排放尾效较低。而处于经济发展和能源消费、CO_2 排放高峰期的省份处于现代化进程的攻坚阶段,工业化转型还不完全,因此对能源投入的需求也较大,CO_2 排放量对其经济发展产生的阻力也大。

(2)本研究通过空间面板回归分析对欠发达地区经济增长尾效进行测算得出,能源与 CO_2 排放对欠发达地区经济存在增长尾效,但在样本期内总尾效呈现明显下降。从未考虑空间因素的普通面板回归结果可以看出,通过普通面板模型回归测得的欠发达地区总尾效为0.0123,这说明在受能源与 CO_2 排放约束下欠发达地区经济增速平均每年下降1.23%。由于要素在空间上的反馈效应,为了更为准确地估计欠发达地区经济增长尾效,采用 SDM 模型对其进行测算,测得欠发达地区总尾效为0.0118,这说明,欠发达地区在能源与 CO_2 排放约束下经济增速平均每年下降0.0118%。通过 SDM 模型测得的总尾效比普通面板测得的低0.0005,说明要素空间流动与优化配置对邻近地区产生溢出效应,有利于降低尾效。而两种方法测得的能源尾效在0.020左右,CO_2 排放尾效在 -0.008 左右,表明这些地区经济增长的能源约束趋强而碳排放约束趋弱;说明欠发达地区经济增长目前还主要由粗放型的经济增长模式占据主导,这势必会在导致能源大量消耗的同时加剧环境污染,在一定程度上对经济增长产生长期影响。欠发达地区应通过转变经济发展方式、优化要素结构、加强节能减排和依靠技术进步等手段来减少能源与 CO_2 排放约束对经济增长的阻力,走高质量发展之路。

当前，中国迈入经济高质量发展的初级阶段，尤其对中国欠发达地区而言，仍面临着高能耗、创新技术不足，产能过剩、环境压力和经济发展之间的矛盾。新时代实现欠发达地区经济的高质量发展，也成为中国现阶段需要面对的巨大挑战。因此，欠发达地区要根据自身特点并结合相关政策走出一条经济可持续发展之路。根据研究结论，有以下几个方面的政策含义。

（1）转变经济发展方式，走高质量发展之路。通过研究发现，目前欠发达地区的经济增长方式仍以粗放型为主。欠发达地区由于其传统产业多、资源依赖性强、结构不合理等突出特点，转变发展方式更是迫在眉睫。欠发达地区的发展方式要实现以投入要素为主导的粗放型向以先进技术和人力资本为主的可持续型转变（谢品杰等，2019）。首先，我们要从政策上予以重视，在政策上给予正确的引导，这与中国当前发展绿色经济、建立节约型社会方针是一致的。其次，重视人力资本在能源技术创新方面的作用，通过持续的物质资本投入，加快培育一批技能型、应用型和创新型人才，不断提升人力资本对化石能源利用效率的贡献。

（2）提高能源效率，调整产业结构。通过上述研究可知，能源是造成欠发达地区经济增长尾效的主要原因。究其原因，主要是因为欠发达地区经济增长主要依赖于对传统能源高消耗产业的投入。因此，缓解经济发展过程中能源约束的根本在于对能源利用率的提升以及对欠发达地区高能耗产业的转型升级。一方面欠发达地区应通过技术手段的进步减少对传统能源的使用量，提高能源的利用效率。同时立足于自身资源禀赋的优势，充分挖掘可再生能源的利用潜力，大力发展清洁能源，提高可再生能源以及新能源在能源消费中的占比，逐渐减少对传统能源的依赖性。另一方面，对一些能耗过高的产业进行转型升级，从地区经济基础和承载力出发，大力推进新能源产业的建设与发展，改造提升传统产业，加快实现地区发展与能源要素的有效脱钩。改变欠发达地区产业结构不合理的现状，实现低碳排放、低环境污染和低能源消费的经济增长方式，从根本上解决能源约束型问题。

（3）加强环境保护，注重绿色发展。通过分析可知，近些年CO_2排放对欠发达地区经济的增长约束力度在逐渐减弱，说明欠发达地区在发展过程中环境保护方面取得了一定的成效。一定要把环境保护和经济发展有机结合起来，处理好环境保护和经济发展的关系。当前欠发达地区，特别是西部地区，正处在工业化的初期，欠发达地区经济的发展往往把优势资源开发作为重点，拉动工业化。工业增长对能源化工工业增长的依赖性比较强，耗能型产业占主导地位的结构仍将长期存在。经济增长对能源需求有增无减，降耗难度也相应加大，同时，以煤为主的能源消费结构产生大量的污染物也为减排工作带来相当大的压力。节能减排与经济发展之间的冲突会越来越大。因此一定要把环境保护和经济发展的关系处理好，不能以破坏环境作为代价促进经济发展，正确处理"绿水青山"与"金山银山"的关系，重视绿色发展。

（4）加强区域合作，促进要素流通。从前文可知，欠发达地区经济增长尾效从整体上看是降低的，特别是从空间面板测得的空间溢出效应，更加说明这些地区一定要加强合作来降低能源与碳排放对经济增长的约束效应。区域间应注重一体化建设和经济产业的合作，从而实现要素在空间上的流通，降低要素对区域经济增长的约束性，实现整体的高质量经济增长。同时欠发达地区在制定资源政策时，应树立整体意识和大局意识，注重同周边地区就能源环境政策保持持续的"政策沟通"和"政策衔接"，同时不同区域之间应建立和谐有序的竞争氛围，避免出现无序竞争而造成的资源浪费，提高能源资源在地区间的配置能力，为欠发达地区经济社会高质量发展奠定坚实的资源环境基础。

第 六 章

欠发达地区新能源发展现状及潜力评价

能源是现代社会生活生产不可或缺的基础条件，欠发达地区能源贫困问题应该成为新时代的重要议题。因此，应从多维贫困的视角关注能源贫困问题，合理开发利用欠发达地区的能源资源，提高欠发达地区能源普遍服务水平。其中，新能源由于其自身优势和特点，在欠发达地区巩固脱贫攻坚成果中发挥着不可忽视的重要作用。同时，国家出台一系列政策，通过推广光伏发电、风电、生物质发电等新能源项目，让贫困家庭用得起、用得上现代能源服务，解决他们生活和生产用能问题，这为欠发达地区发展新能源提供了政策机遇。在此背景下，本研究从新能源发展助推脱贫攻坚战出发，透视欠发达地区新能源发展的政策机遇，探讨欠发达地区发展新能源的优势，考察欠发达地区新能源开发利用现状，评价欠发达地区新能源发展潜力，分析欠发达地区发展新能源面临的挑战。

第一节 欠发达地区新能源发展的政策机遇

2014年以来，国家相关部门相继出台《关于实施光伏扶贫工程工作方案》《关于加快贫困地区能源开发建设推进脱贫攻坚的实施意见》《关于加快推进深度贫困地区能源建设助推脱贫攻坚的实施方案》《进一步支持贫困地区能源发展助推脱贫攻坚行动方案（2018—2020年）》等政策文件，确立了能源领域脱贫攻坚战的工作方向和重点。当时能源扶贫主要有三种途径：一是通过合理开发利用欠发达地区的能源资源，带动欠发达地区经济发展，间接增加贫困群体收入（马翠萍和史丹，2020）；二是通过改善能源基础设施，提高能源普遍服务水平，增加贫困群众脱贫渠道，增强贫困群众获得感；三是以精准识别贫困人口为基础，以光伏扶贫为手段，精准到户直接提高贫困户收入，起到兜底保障作用（国家能源局，2018）。本章结合欠发达地区特点和中国能源扶贫政策，重点从能源扶贫开发、能源基础设施建设、光伏扶贫重点工程三个方面分析欠发达地区发展新能源的政策机遇。

一 能源扶贫开发中蕴含的机遇

中国的能源扶贫政策，强调从能源规划布局、资金安排、工程项目等方面向欠发达地区尤其是深度欠发达地区倾斜。欠发达地区普遍新能源资源丰富，但由于这些地区缺乏资金、技术、人才等有力支持，新能源资源无法有效转化为经济发展成果，从而惠及欠发达地区人民群众，这一政策的落地对突破欠发达地区新能源资源开发的"瓶颈"具有重大机遇。比如，国家能源局《关于加快推进深度贫困地区能源建设助推脱贫攻坚的实施方案》要求，鼓励在深度欠发达地区实施重大水电项目、风电基地建设，充分利用深度欠发达地区资源优势，带动当地经济社会发展，助力脱贫攻坚（刘叶琳，2017）。又如国家能源局《关于推进光伏发电"领跑者"计划实施和2017年领跑基地建设有关要求的通知》，从土地规划利用、成本管控和满足市场需求等层面，优先支持深度欠发达地区光伏发电项目入选（国家能源局，2017）。

国家"以西南水电开发为重点"的政策对推动建设西南欠发达地区流域龙头水库和重大水电项目是重大机遇。西南地区水资源非常丰富，通过重点建设一批水资源开发项目是带动这些欠发达地区脱贫致富的有效途径。比如，国家能源局在《进一步支持贫困地区能源发展助推脱贫攻坚行动方案（2018—2020年）》中强调，在西南欠发达地区，尤其是"三区三州"地区，力争到2020年开工建设常规水电6000万千瓦；在做好生态环境保护的基础下，支持西部离网缺电欠发达地区小水电扶贫工程项目建设（卢奇秀，2018）。

国家对清洁能源基地的支持，有利于欠发达地区因地制宜发展新能源特色产业。中国欠发达地区新能源资源各有优势，各地可结合国家对清洁能源的政策导向，发展符合本地特色的新能源产业。比如，新能源资源丰富的欠发达地区可利用国家能源局批准设立"国家新能源综合示范区"的政策机遇（目前宁夏、甘肃已获批），建设各具特色的国家新能源综合示范区。根据国家能源局《生物质能发展"十三五"规划》，欠发达地区可结合各地实际情况，利用秸秆、畜禽粪便等有机质资源，推进沼气发电等新能源项目；以及利用边缘土地种植能源作物，推进燃料乙醇等项目（刘叶琳，2016）。

二 能源基础设施建设中蕴含的机遇

能源基础设施对于提高欠发达地区能源普遍服务水平、缓解能源贫困和促进经济发展具有不可忽视的基础性作用。国家能源局在《关于加快贫困地区能源开发建设推进脱贫攻坚的实施意见》《进一步支持贫困地区能源发展助推脱贫攻坚行动方案（2018—2020年）》等政策文件中，把实施农村电网改造升级工程、农村动力电全覆盖工程、建立以县为单位的电力普遍服务监测评价体系等作为能源基础设施扶贫工程的重点项目，这些项目建设中蕴含着新能源发展的机遇。

农村电网改造升级工程强调结合欠发达地区新能源扶贫工程和微电网建设，对欠发达地区的新能源发电产业具有重要机遇。国家在深度欠发达地区实施农村电网建设攻坚战，加快西部贫困县农村电网基础设施建设，改造升级东中部贫困县农村电网设施等（国家发展和改革委员会，2016）。其中，国家能源局《关于加快贫困地区能源开发建设推进脱贫攻坚的实施意见》指出，支持非电网能源企业利用欠发达地区丰富的新能源资源，建设以可再生能源为主的城镇清洁能源体系。

农村动力电全覆盖工程为欠发达地区构建新能源产业链提供了基础条件。欠发达地区的新能源发展不仅仅是送电下乡等简单的新能源扶贫，更主要是基于产业发展的视角，构建完整的产业链，实现扶贫的长效性和内生性，达到真正脱贫致富的目标。比如，国家能源局、国务院扶贫办《关于印发贫困村通动力电工程实施方案的通知》（国能新能〔2016〕398号）强调，确保到2020年完成包括西藏在内的所有欠发达地区农村通动力电建设任务，满足贫困户生产生活和欠发达地区产业发展需求，这对解决欠发达地区新能源产业发展的能源约束意义重大。

提高电力普遍服务水平对发展新能源具有明显的助推作用。国家通过建立电力普遍服务补偿机制、研究推动设立电力普遍服务基金、建立以县为单位的电力普遍服务监测评价体系等工程。根据国家能源局《关于加快推进深度贫困地区能源建设助推脱贫攻坚的实施方案》，到"十三五"末，欠发达地区电力服务水平基本达到目前本省平均水平。在欠发达地区农村电网改造工作中，鼓励电网企业优先推进光伏扶贫项目配套接网工程建设，为欠发达地区农村光伏扶贫提供了市场机遇。

三 光伏扶贫重点工程中的机遇

光伏扶贫工程被国家扶贫办确定为"十大精准扶贫工程"之一。从中央到地方出台了一系列政策，从项目、资金、技术、人才、市场、管理等全方位给予了极大政策支持。尤其是2018年3月，国家能源局和国务院扶贫办出台《光伏扶贫电站管理办法》，在总结前期光伏扶贫政策的基础上，规范化了光伏扶贫政策，确立了今后光伏扶贫的方向和基本原则。这为条件适宜的欠发达地区大力发展光伏产业提供了重要机遇。

贫困村村级光伏电站为重点的光伏扶贫项目为光伏资源开发提供了发展机遇。2014年10月，国家能源局、国务院扶贫办《关于实施光伏扶贫工程工作方案》拉开了国家光伏发电产业扶贫工程序幕。之后，国家能源局《关于加快推进深度贫困地区能源建设助推脱贫攻坚的实施方案》提出，确保欠发达地区光伏扶贫项目补贴发放落地，做好光伏扶贫项目电网接入和并网工作。2016年3月，国家发展改革委等五部委《关于实施光伏发电扶贫工作的意见》提出，2020年之前在全国建档立卡贫困村全面推进村级光伏扶贫电站建设。《光伏扶贫电站管理办法》进一步明确了扶贫光伏电站只能是村级电站方式。

四 后疫情时代能源发展形势机遇

突如其来的新冠肺炎疫情，无疑给全球经济发展和能源市场带来巨大影响，出现诸如能源需求大幅下降、运输和供给迟滞、国际能源市场价格动荡不安等周期性风险和矛盾。2020年4月30日，国际能源总署（IEA）对外发布的《全球能源回顾2020——新冠病毒危机对全球能源需求和二氧化碳排放的影响》报告显示，2020年第一季度全球主要能源需求量同比下降3.8%，由此导致全球能源需求总量整体减少6.0%，是有史以来全球能源需求收缩的最大值。其中，受影响最大的能源品种分别是煤炭、石油和天然气，相比2019年第一季度同比下降8.0%、5.0%和2.0%。

需要特别指出的是，新冠肺炎疫情在全球大流行，对以太阳能、水能等为代表的可再生能源需求量呈现"逆势"增长态势。根据IEA公布的数据显示，2020年第一季度全球可再生能源需求量同比增长1.5%，可再生能源发电量增长3%，主要是近年来世界各地安装了大量的太阳能光伏和风力发电装置等，导致可再生能源发电量增加。此外，随着全球环境保护意识增强，以煤电为主的传统发电市场受到可再生能源的强势"挤压"，可再生能源发电量受到消费者广泛欢迎，在供电结构中份额也随之增加。

随着全球疫情防控形势持续向好，以及世界各国采取行之有效的经济提振计划，在后疫情时代全球能源需求量将逐步恢复。但我们必须清楚地看到，全球能源消费方式逐渐朝着绿色、清洁、低碳方向转变的趋势不会变，开发利用以太阳能、风能、水能和生物质能等为代表的可再生能源，将是后疫情时代全球能源发展竞争的焦点。

第二节 欠发达地区特点与新能源发展优势

中国欠发达地区具有生态环境脆弱、新能源资源丰富、人口分布分散等主要特点，而这些特点正好有利于布局和发展新能源。

一 生态环境条件要求发展新能源

中国欠发达地区在空间分布上呈现与生态脆弱区高度耦合的关系。根据曹诗颂等（2016）在对连片特困区生态环境脆弱性与贫困耦合关系研究时发现，72%的县市属于中度以上耦合，这表明生态环境的脆弱与经济贫困共生共存。同时，欠发达地区主要处于中国主体功能区规划的限制开发区域或禁止开发区域，重点生态功能区分布最广，占欠发达地区总面积的3/4以上，承担着保障国家生态安全的重任。可见，在生态环境压力和国家主体功能区的政策约束下，解决欠发达地区能源贫困需要更加注重新能源在整体能源扶贫中的布局。

从生态环境条件来看，欠发达地区自然灾害频发，生态脆弱。据统计，欠发达地区是中国面波震级大于5.0级地震的高发区，也是崩塌、滑坡、泥石流等地质灾害的密集分布区，近年相继发生的汶川地震、玉树地震、舟曲泥石流、芦山地震等特大自然灾害事故均位于14个集中连片特困地区（周侃和王传胜，2016）。同时，根据《全国生态脆弱区保护规划纲要》，中国生态脆弱区主要分布在黑龙江、内蒙古、吉林、辽宁、河北、山西、陕西、宁夏、甘肃、青海、新疆、西藏、四川、云南、贵州、广西、重庆、湖北、湖南、江西、安徽21个省份，这些省份也是中国贫困人口分布最广、贫困发生率相对较高的省份。可见，欠发达地区的能源扶贫，从一开始就面临着经济发展与环境保护的双重压力。

从资源环境承载力看，欠发达地区的环境容量和区域资源环境承载力形势严峻。欠发达地区总体承载能力较弱，局部区域资源环境已经超载，尤其表现在水资源和土地资源要素制约严重、空间匹配度低。据相关研究测算，有182个县的资源环境超载或临界超载，占地面积约1.1万平方千米，超载和临界超载土地面积的比重为42.02%，超载和临界超载区域的人口比重为26.84%，这些资源环境超载区主要分布在黄土高原沟壑水土严重流失区、蒙古高原东南边缘风蚀沙化区、秦巴山地生态恶化区、喀斯特高原丘陵区以及新疆沙漠干旱区（周侃和王传胜，2016）。可见，欠发达地区资源环境承载问题越来越严重。

根据《全国主体功能区规划》要求，中国国土空间按开发方式分为优化开发区域、重点开发区域、限制开发区域和禁止开发区域，按开发内容分为城市化地区、农产品主产区和重点生态功能区。据统计，中国欠发达地区分布与中国限制开发区域、禁止开发区域、重点生态功能区高度重合（见表6-1）。巩固脱贫攻坚成果面临着国家生态保护整体战略的制约。因此，巩固脱贫攻坚成果，必须牢固树立"绿水青山就是金山银山"的理念，坚持经济发展和环境保护相统一，让欠发达地区从生态环境保护中得到更多实惠。其中，发展新能源是应对欠发达地区生态脆弱和国家生态保护政策双重制约的重要途径。

表6-1　　　　　　　欠发达地区分布与生态功能区分布对照

欠发达地区	原贫困县数量	生态功能区
河北	39	/
山西	35	/
内蒙古	31	呼伦贝尔草原草甸生态功能区 科尔沁草原生态功能区 浑善达克沙漠化防治生态功能区 阴山北麓草原生态功能区
黑龙江	14	大小兴安岭森林生态功能区
吉林	8	大小兴安岭森林生态功能区 长白山森林生态功能区
安徽	19	大别山水土保持生态功能区
江西	13	南岭山地森林及生物多样性生态功能区
河南	29	黄土高原丘陵沟壑水土保持生态功能区 秦巴生物多样性生态功能区
湖北	26	三峡库区水土保持生态功能区 秦巴生物多样性生态功能区 武陵山区生物多样性及水土保持生态功能区
湖南	20	武陵山区生物多样性及水土保持生态功能区
广西	28	桂黔滇喀斯特石漠化防治生态功能区
海南	5	海南岛中部山区热带雨林生态功能区
重庆	9	三峡库区水土保持生态功能区 秦巴生物多样性生态功能区
四川	37	秦巴生物多样性生态功能区

二　新能源资源分布及资源禀赋

（一）欠发达地区新能源分布特点

由于欠发达地区所处的自然地理位置、气候环境、经济条件及科技水平有较大的差异，新能源的分布以及开发利用水平也各不相同。总的来看，欠发达地区新能源资源的分布主要呈现三个特点。

一是总量巨大，分布不均。除核能外，欠发达地区分布有大量的新能源。例如，西藏、青海、新疆、宁夏、甘肃、内蒙古、山西、陕西、河北、河南、吉林、云南、海南等地区是中国太阳能分布富集区，但是四川、重庆分布相对较少。新疆、内蒙古、甘肃是中国风能资源丰富的地区，而云南、贵州、四川、甘肃、陕西、河南、湖南、广西的山区及新疆塔里木盆地和西藏的雅鲁藏布江为风能资源贫乏地区。内蒙古、河南、四川、西藏、云南的生物质能分布最广泛，黑龙江、吉林、安徽也具有丰富的生物质能。中国欠发达地区的核能、地热能、海洋能与发达地区相比分布较少。

二是种类多，地区之间差异大。中国欠发达地区分布有太阳能、风能、生物质能、水能、地热能、海洋能等新能源，但是各地区新能源种类分布具有较大差异性。这与各地区太阳光辐射量、风能、生物质能、水能的多少与地势、纬度高低、气候条件等有密切关系。此外，中国国土面积跨经纬度大、气候多样、地势差异大，使得欠发达地区新能源分布差异明显。

三是地区内部新能源资源分布具有互补性。中国欠发达地区新能源分布广泛、种类多、地区之间差异较大，但是地区内部的新能源分布具有互补性。比如，四川、重庆太阳能、风能分布较少，但是生物质能分布丰富；云南分布着丰富的水能、生物质能，但是风能资源比较匮乏。由此看出，尽管新能源在地区之间分布具有差异，但是新能源之间存在着一定的互补性。

(二) 欠发达地区新能源资源丰富

欠发达地区虽然面临着较大的生态环境压力，但以太阳能、风能、生物质能、地热、小水电等为代表的新能源资源较为丰富。由于这些区域存在经济基础薄弱、基础设施落后、信息闭塞、生态脆弱等问题，其新能源资源大多处于尚未开发或低层次开发状况，具有广阔的发展前景。

太阳能资源的分布与地区纬度、海拔高度、气候条件有关。西藏、青海、新疆、甘肃、宁夏、内蒙古总辐射量和日照时数均为全国最高，属于世界太阳能资源丰富的地区之一。比如，新疆光照时间长、强度高，光能资源居全国第二位，荒漠化土地面积大，发展大规模光伏电站极具优势，初步形成了涵盖上下游完全产业链的四大产业聚集区，包括以石河子、准东、哈密为中心的工业硅制造基地，以乌鲁木齐、石河子为中心的高纯多晶硅制造基地，以吐鲁番、哈密为中心的晶锭/硅片、组件、逆变器制造基地，以乌鲁木齐、准东、哈密为中心的系统集成与运维服务基地。目前,新疆光伏发电系统投资成本已降至 8 元/瓦以下,度电成本已降至 0.6—0.9 元/千瓦时,成为带动新疆经济发展的重要引擎。

风能资源的分布与天气气候条件关系密切。根据国家气象局第三次风能资源普查结果,内蒙古和新疆的风能资源理论蕴藏量分别为 89816 万千瓦、88621 万千瓦;其次是西藏和青海,分别为 77280 万千瓦、40202 万千瓦。例如,内蒙古充分利用荒漠戈壁区域、矿山废弃地发展新能源产业,在《内蒙古自治区国民经济和社会发展第十三个五年规划纲要》中提出,积极开展风电信息接入与利用、风电运行特征研究、风电运行气象保障体系、风电功率预测技术及系统开发、风电安全稳定运行管理等方面的关键技术研究与攻关。

生物质能具有就地收集原料、就地加工转化、就近消费的优势,是唯一可转化成多种能源产品的新能源。通过处理废弃物直接改善当地环境,是发展循环经济的重要内容,综合效益明显,非常适合欠发达地区小而分散的人口和地理分布特点。据统计,中国可利用的农作物秸秆及农产品加工剩余物、林业剩余物和能源作物、生活垃圾与有机废弃物等生物质资源总量,每年折合约 4.6 亿吨标准煤。2015 年,中国生物质发电量达 527 亿千瓦时,生物液体燃料产量 324 万吨,生物质成型燃料产量约 600 万吨,沼气供气量近 155 亿立方米,各类生物质能利用量约折合 3400 万吨标准煤。对于欠发达地区能源消费而言,在一些农业种植和畜禽养殖集中区、农村和小城镇,生物质燃料和生物质能供热可有效解决其能源贫困问题。

可见,在欠发达地区发展新能源具有巨大潜力。目前,由于商业化开发利用经验不足、专业化市场化程度低、技术水平有待提高、标准体系不健全、政策不完善等因素制约,欠发达地区虽然新能源资源丰富,但有效开发利用率不高,或开发利用经济效益不明显,成为新能源发展的挑战。

三 地理和人口分布特点适宜发展新能源

地理和人口分布特点是制约欠发达地区经济发展的一大难题,而新能源以其独特的优势对于破解这一难题具有重要意义。

从地理位置看,中国欠发达地区主要分布中西部偏远地区。根据国务院《"十三五"脱贫攻坚规划》,"十三五"初期中国尚有 5630 万农村建档立卡贫困人口,主要分布在中西部国家级贫困县,西部贫困省份的贫困发生率在 10% 以上,民族 8 省份贫困发生率达 12.1%(冯朝睿,2019)。这些区域地理位置偏远,交通基础设施少,多数处于半封闭或封闭状态,没有充足可靠的能源保障。从地形看,中国欠发达地区主要位于中西部的深山区、石山区、荒漠区、高寒山区、黄土高原区、地方病高发区以及水库区。根据《中国农村扶贫开发纲要(2011—2020 年)》,中国 14 个集中连片特困地区分布在六盘山区、秦巴山区、武陵山区、乌蒙山区、滇桂黔石漠化区、滇西边境山区、大兴安岭南麓山区、燕山—太行山区、吕梁山区、大别山区、罗霄山区、四省藏区、新疆南疆三地州等区域。这些山区总体上位于中国地形的第一阶梯、第二阶梯,少数在第三阶梯(周蕾等,2017)。一般而言,复杂的地形条件不利于发展传统的规模化、聚集型产业,但适宜发展对地形要求不高的新能源。

从人口分布特点看,中国欠发达地区人口高度分散。据国务院扶贫办资料,截至 2017 年年底,中国还有 3046 万贫困人口,主要分布在胡焕庸线以西(该线成为划分中国人口密度的对比线)。大多数贫困县位于中国三大地形阶梯的第二阶梯,又是胡焕庸线的位置所在。据统计,胡焕庸线以西 64% 的国土仅居住着 4% 的人口,人口密度低,地形以草原、沙漠、戈壁和雪域高原为主。贫困县主要位于山区、高原、荒漠化地区,且大多处于省边缘地区,离中心城市较远。这种高度分散、地广人稀的人口分布特点对解决欠发达地区的能源贫困问题提出了巨大挑战。而以光伏、风能、生物质能、地热能为代表的新能源,普遍具有间断性供应、波动性大、供应持续短等缺点,从而不利于规模化推广应用。但是,这些缺点却与欠发达地区的人口分布特点相契合,可变劣势为优势,蕴含着巨大的发展空间。

因此,结合欠发达地区地理特点和人口分布特点,因地制宜地发展新能源,是当前欠发达地区脱贫攻坚战中可以探索的一个重要路径。光伏、风能、生物质能、地热能、小水电等新能源能量密度低,开发利用对空间要求较高。这些特点反而成为欠发达地区发展新能源的优势,具有巨大的发展机遇。比如,光伏发电可以充分利用沙漠、戈壁等地理特点,发挥土地广阔廉价、日照时间长等地域优势,提高荒漠化土地利用率,变废为宝,有利于构建光伏发电、农业产业与荒漠治理的产业发展格局。例如,

2017年，内蒙古中卫市在腾格里沙漠南缘地带布局沙漠光伏产业园6.5万亩，设光伏制造产业区、光伏发电区、光伏农业大棚区和观光旅游区4个规划区，计划建成全国最大的沙漠光伏产业园，试图将发展光伏和沙漠治理、节水农业相结合，实现经济效益、社会效益和生态效益共赢。

第三节 欠发达地区新能源开发利用现状

中国欠发达地区分布较广，受地理条件、自然环境、经济水平、科技条件的影响，各个欠发达地区在新能源开发利用方面存在较大差异。

一 西北地区新能源开发利用现状

西北地区包括甘肃、青海、新疆、宁夏、陕西，海拔较高5个省份，地形地貌复杂，气候类型多样，新能源资源丰富，新能源产业发展较快（见表6-2）。

甘肃太阳能和风能资源丰富，风能资源位列全国第五，新能源基地及产业链建设逐步完善，规划建立多个百万千瓦级光电基地和太阳能光伏发电示范工程。

青海太阳能和风能资源丰富，新能源产业原材料丰富，拥有从多晶硅提纯到太阳能光伏元件集成制造的完整产业链。

新疆光照资源充足，风能等级高，太阳辐射量位居全国第二，可供开发的风能储量位居全国第二，2018年底新能源发电装机容量达2870万千瓦，占总装机数的近1/3。

宁夏太阳能、风能和生物质能资源丰富，已建成8个风电光伏产业集群，风力发电实际装机容量将突破500万千瓦，建设农村户用沼气池、小型沼气工程、省柴节能灶项目坑100余万处，生物质能源产业走在全国前列。

陕西风能资源丰富，已建设了总装机容量为3600兆瓦的风力发电站，规划建设一批百万千瓦级风电基地，拥有从硅矿石开采、提纯到光伏电板的生产以及尖端设备研发制造的完整太阳能光伏产业链，已建成数批智能电网项目，各类新能源发电的并网率高。

表 6-2　　　　西北地区新能源资源特点及开发利用情况

	地理特点	资源禀赋	开发利用	其他
甘肃	地处三大高原交会地带，地貌复杂多样，气候类型多样，日照时间长	太阳能和风能资源丰富，风能资源位列全国第五，河西地区的瓜州素有"世界风库"之称	新能源基地及产业链建设逐步完善，规划建立多个百万千瓦级光电基地和太阳能光伏发电示范工程	建有联合国工业发展组织国际太阳能技术促进转让中心（1991年），与联合国教科文组织等17个国际机构成为合作伙伴
青海	地处高原，西部海拔高，地貌复杂多样，属于典型的高原大陆性气候，日照时间长	太阳能和风能资源丰富，新能源产业原材料丰富	拥有从多晶硅提纯到太阳能光伏原件集成制造的完整产业链	西宁和海东地区素有"硅石走廊"之称
新疆	地处欧亚大陆腹地内陆，属于温带大陆性气候，日照时间充足	光照资源充足，风能等级高，太阳辐射量位居全国第二，可供开发的风能储量位居全国第二	2018年底，新能源发电装机容量达2870万千瓦，占总装机数的近1/3	在多项新能源资源技术方面建立了技术中心以及相关的国家重点实验室和院士流动工作站
宁夏	地形南北狭长，山地迭起，属于温带干旱与半干旱气候，日照时间长	太阳能、风能和生物质能资源丰富	已建成8个风电光伏产业集群，风力发电实际装机容量将突破500万千瓦，建设农村户用沼气池、小型沼气工程、省柴节能灶项目坑100余万处，生物质能源产业走在全国前列	新能源市场"风光"无限，是国家首个新能源综合示范区

续表

	地理特点	资源禀赋	开发利用	其他
陕西	地势南北高、西北低,地形多样,横跨三个气候带	风能资源丰富,陕北到靖边东部地区属于中国风能Ⅰ级资源区	已建设了总装机容量为3600兆瓦的风力发电站,规划建设一批百万千瓦级风电基地,拥有从硅矿石开采、提纯到光伏电板的生产以及尖端设备研发制造的完整太阳能光伏产业链,已建成数批"智能电网"项目,各类新能源发电的并网率高	定边县是"国家首批绿色能源示范县"

二 西南地区新能源开发利用现状

西南地区包括云南、贵州、四川、重庆、西藏5个省份,新能源资源丰富,得到一定程度的开发利用(见表6-3)。

云南风能资源丰富,全省风能可利用区域面积占总面积的约12%,生物质能资源丰富;绿色能源可开发总量占全国的20%,已开发量占全国的17%,二者皆位居全国第二,新能源比重位居全国第一。

贵州生物质能资源和地热资源丰富,全省沼气实际使用用户超过140万户,在国家能源局"十二五"规划发布的第一批、第二批生物质发电项目中率先获得16个,地热开发为地区供暖及旅游经济发展提供了新动力。

四川是全国水资源最发达地区,可开发利用量占全国的25%,经济可开发量排名全国第一,生物质能源资源丰富,包括麻风树、黄连木、乌桕、油桐等;省内小水电分布广泛,有166个县(区)有可开发的小水电项目,目前共有小水电5010座。

重庆水能资源丰富,理论储量达1万千瓦以上的河流共有124条,秸秆、薪柴、牲畜粪便等生物质能源丰富,地热能分布广泛;年水电发电量超过2000亿千瓦时,规划至2020年建设470座小水电站,地热开发主要用于农牧渔业生产及旅游。

西藏太阳能资源位居全国第一、世界第二,风能资源较为充裕,地热资源居全国第一,生物质资源较为丰富;在"西藏阳光计划"的推动下,目前已建成光伏电站300余座,户用分布式发电装置超10万套,是光伏发电装机容量最多的省份;较早开发风能,目前输送电力超6000万千瓦时;生物质能源消耗量占地区总能源消费的80%;建成包括羊八井在内的6个地热田,发电量占拉萨电网的50%。

表6-3　　　　西南地区新能源资源特点及开发利用情况

	地理特点	资源禀赋	开发利用	其他
云南	山地高原地形,绝大部分位于中海拔区域,地貌类型多样,属于亚热带高原季风气候	风能资源丰富,全省风能可利用区域面积占总面积的约12%;生物质能资源丰富	2020年将增设发电容量1170万千瓦的风力发电基地和发电容量185万千瓦的光伏发电基地;新能源汽车产业逐渐形成整车生产、基础设施建设、平台建设等一体化产业链	绿色能源可开发总量占全国的20%,已开发量占全国的17%,二者皆位居全国第二,新能源比重位居全国第一
贵州	地处云贵高原,地形地貌属于高原山地,山脉众多,属亚热带湿润季风气候	生物质能资源和地热资源丰富	全省沼气实际使用用户超过140万户;在国家能源局"十二五"规划发布的第一批、第二批生物质发电项目中,率先获得16个;地热开发对于地区供暖及旅游经济发展提供了新动力	森林覆盖率占总面积的约35%,年降水量约1200毫米,有近200万公顷的宜林荒山荒地;世界知名山地旅游目的地和山地旅游大省,国家生态文明试验区

续表

	地理特点	资源禀赋	开发利用	其他
四川	地处西南腹地和长江上游，西高东低，以山地为主要特色，属于亚热带湿润气候区，兼有海洋性气候特征	全国水资源最发达地区，可开发利用量占全国的25%，经济可开发量排名全国第一；生物质能源资源丰富，包括麻风树、黄连木、乌桕、油桐等	省内小水电分布广泛，有166个县（区）有可开发的小水电项目，目前共有小水电5010座	被国际公认的生物柴油树种——麻风树，被国家林业局及相关部门列入林木生物质能源基地建设的主要树种；建有国内规模最大的生物柴油生产线
重庆	位于西南部和长江上游，以山地为主，属亚热带季风性湿润气候	水能资源丰富，理论储量达1万千瓦以上的河流共有124条；秸秆、薪柴、牲畜粪便等生物质能源丰富；地热能分布广泛	年水电发电量超过2000亿千瓦时，适合小水电工程的发展，规划至2020年建设470座小水电站；地热开发主要用于农牧渔业生产及旅游	规划建成全国重要新能源汽车研发制造基地
西藏	地处青藏高原，海拔高，地形复杂多样，气候多变，西北严寒干燥，东南温暖湿润	太阳能资源位居全国第一、世界第二，风能资源较为充裕，地热资源位居全国第一，生物质资源较为丰富	在"西藏阳光计划"的推动下，目前已建成光伏电站300余座，户用分布式发电装置超10万套，是光伏发电装机容量最多的省份；较早开发风能，目前输送电力超6000万千瓦时；生物质能源消耗量占地区总能源消费的80%；建成包括羊八井在内的6个地热田，发电量占拉萨电网的50%	龙源那曲高海拔试验风电场是全世界最高风电场

三 东北和华中地区新能源开发利用现状

东北、华中地区包括吉林、黑龙江、内蒙古、河南、湖南、湖北6个省份，新能源资源特点各异（见表6-4）。

吉林风力资源丰裕，年均可利用风能近7000亿千瓦时；生物质资源丰富，每年产出约3000万吨玉米秸秆；油页岩储量居全国之首；深部地热能资源量超过60亿吨标准煤。该省规划到2020年底实现风力发电累计装机容量550万千瓦；每年在生物乙醇、秸秆饲料、生物质火力发电方面给农民带来的综合收益超7700万元；油页岩和地热资源有待深度开发。

黑龙江风能资源优越，水能资源丰富，生物质能源资源充裕。可开发利用的风能资源约2.3亿千瓦，排名全国前列；可利用的水能资源量约7400兆瓦，已建成农村水电站60余处，装机容量占农村水电资源可开发量的约7%，农村水电资源开发利用率超12%；未来5年内，规划建设户用沼气池30万个、养殖场用沼气工程120处，适宜地区沼气入户率达20%。

内蒙古风能资源丰富，太阳能资源位居全国第二，生物质能资源较为丰富。该省是中国风力发电最大的省份，装机容量1.5万千瓦时，位居全国第一；太阳能资源有待深度开发；生物质资源有待综合开发利用。

河南农作物秸秆等生物质资源丰富，非常规油气资源储量大。目前，该省实现秸秆资源综合利用率达90%以上，但是能源化利用比例较低，生物质发电有待挖掘。

湖南风能、核电资源丰沛，铀矿探明储量位居全国前三，生物质资源较丰富，页岩气储量占全国总量的10%。目前，该省风电资源开发量超1500万千瓦，风电场总数达20个，提供发电量超65万千瓦时，已形成较成熟的集风能研发、装备制造为一体的产业集群；被国家确定为优先启动核电发展的内陆省份；农产品加工废弃物量在1000万吨以上，生物质能源利用量将达6000万吨标准煤，可满足全省目前能源消费量的30%。

湖北水能资源丰富，地热和生物质能资源较为丰富。目前，该省可供开发的水力资源约为3340万千瓦，位于全国前列。2018年，发电量高达2500亿千瓦时，其中三峡水电站占比40%；地热资源仅用于旅游，有待深入开发；农作物秸秆达3500万吨，家禽粪便更是高达近8500万吨，开发潜力巨大。

表6-4　　东北和华中地区新能源资源特点及开发利用情况

	地理特点	资源禀赋	开发利用	其他
吉林	东南高、西北低，东部山地、东西部平原，属于温带大陆性季风气候	风力资源丰裕，年均可利用风能近7000亿千瓦时；生物质资源丰富，每年产出约3000万吨玉米秸秆；油页岩储量居全国之首；深部地热能资源量超过60亿吨标准煤	规划到2020年底实现风力发电累计装机容量550万千瓦；每年在生物乙醇、秸秆饲料、生物质火力发电方面给农民带来的综合收益超7700万元；油页岩和地热资源有待深度开发	众诚油页岩原位开发项目被列入"十三五"规划和国家能源技术革命创新行动计划，以及振兴东北"推进吉林油页岩综合利用基地建设"项目
黑龙江	地处最北最东区域，纬度最高、经度最大，地形地貌特征为"五山一水一草三分田"，属于寒温带与温带大陆性季风气候	风能资源优越，水能资源丰富，生物质能源资源充裕	可开发利用的风能资源约2.3亿千瓦，排名全国前列；可利用的水能资源量约7400兆瓦，已建成农村水电站60余处，装机容量占农村水电资源可开发量的约7%；农村水电资源开发利用率超12%；未来5年内，规划建设户用沼气池30万个、养殖场用沼气工程120处，适宜地区沼气入户率达20%	规划建设齐齐哈尔市、大庆市成为全国可再生能源综合应用示范区

续表

	地理特点	资源禀赋	开发利用	其他
内蒙古	地处北部边疆，地域辽阔，地势较高，地形地貌以蒙古高原为主，属于温带大陆性季风气候	风能资源丰富，太阳能资源位居全国第二，生物质能资源较为丰富	是中国风力发电最大的省份，装机容量1.5万千瓦时，位居全国第一；太阳能资源有待深度开发；生物质资源有待综合开发利用	达拉特光伏发电应用领跑基地一期光伏电站是国家能源局确定的内蒙古唯一一座光伏发电应用领跑示范基地；规划建设包头市成为全国可再生能源综合应用示范区
河南	地处黄河中下游，地势西高东低，地势地貌以平原为主，属于北亚热带向温暖带过渡的大陆性季风气候	农作物秸秆等生物质资源丰富，非常规油气资源储量大	实现秸秆资源综合利用率达90%以上，但是能源化利用比例较低，生物质发电有待挖掘	建成焦作"新能源节能减排示范基地"
湖南	地处内陆，地貌类型以山地、丘陵为主，属于亚热带季风性气候	风能、核电资源丰沛，铀矿探明储量位居全国前三，生物质资源较丰富，页岩气储量占全国总量的10%	风电资源开发量超1500万千瓦，风电场总数达20个，提供发电量超65万千瓦时，已形成较成熟的集风能研发、装备制造为一体的产业集群；被国家确定为优先启动核电发展的内陆省份；农产品加工废弃物在1000万吨以上，生物质能源利用量将达6000万吨标准煤，可满足全省目前能源消费量的30%	被优先批准建设中国内陆第一个核电站——桃花江核电站；国家核电加工厂之一——272厂位于省内；金银寨铀矿被称为"中国核工业第一功勋铀矿"

续表

	地理特点	资源禀赋	开发利用	其他
湖北	地处中部、长江中游，地貌类型多样，地势高低相差悬殊，属于亚热带季风气候	水能资源丰富，地热和生物质能资源较为丰富	可供开发的水力资源约为3340万千瓦，位于全国前列。2018年，发电量高达2500亿千瓦时，其中三峡水电站占比40%；地热资源仅用于旅游，有待深入开发；农作物秸秆达3500万吨，家禽粪便更是高达近8500万吨，开发潜力巨大	三峡、丹江口、葛洲坝等著名水电站均在湖北境内

四 华北、华东和华南地区新能源开发利用现状

华北、华东、华南地区包括河北、山西、安徽、江西、广西、海南5个省份，新能源资源特点和开发利用现状见表6-5所示。

河北地热能丰富，占全国地热能的1/5；生物质资源丰富；太阳能、风能资源较为丰富。该省利用丰富的地热能实现冬季采暖，解决了中国北方大量散户供暖问题，但是有待深度开发。近年来，该省积极推进沼气、生物质气技术开发利用，大力发展生物质清洁能源。2019年，全省全年太阳能发电量为79.4亿千瓦时，约占新能源发电量的20.3%；风能发电量为277.3亿千瓦时，占新能源发电量的70.8%。

山西太阳能、风能、水能资源较丰富，煤层气储量丰富。该省规划到"十四五"末，全省可再生能源发电装机达8300万千瓦以上。其中，风电3000万千瓦左右、光伏5000万千瓦左右、水电（含抽蓄）224万千瓦以上、生物质能发电100万千瓦以上，新型储能装机600万千瓦左右，地热能供暖面积2000万平方米左右。实现新能源和清洁能源装机容量占比达50%的目标。到2030年，全省新能源和清洁能源装机容量占比达60%以上。

安徽生物质资源丰富，太阳能、风能、水能资源较为丰富，全省每年

可产农作物秸秆约3800万吨。截至2020年,全省生物质发电装机达213万千瓦;全省光伏发电装机规模达1370万千瓦;风力发电装机达412万千瓦;有序推进水电开发。

江西光伏资源丰富,风能、生物质能、水能、地热能资源较为丰富。该省光伏产业规模位居全国第二,到2020年新建光伏发电和风电装机规模各300万千瓦;小水电开发密集,数量达3900多座;地热开发以温泉、浅层地热采暖和制冷为主;生物质发电达到一定规模。

广西核电资源丰富,生物质能源、风能、太阳能资源较为丰富。该省是全国核能发电八大省份之一,2019年,发电量为172亿千瓦时;建成沼气池数量居全国首位;到2020年,风电装机容量达200多万千瓦,太阳能热水器利用面积达120万平方米。

海南风能资源丰富,太阳能、水能、地热、潮汐能资源较丰富。该省已建成的新能源项目中,风电项目占据主导地位;太阳能开发利用发展迅速;水能的开发利用最充分;地热和潮汐能有待开发。

表6-5　华北、华东和华南地区新能源资源特点及开发利用情况

	地理特点	资源禀赋	开发利用	其他
河北	地处华北平原,地势西北高、东南低,地形类型齐全,属于温带大陆性季风气候	地热能丰富,占全国地热能的1/5;生物质资源丰富;太阳能、风能资源较为丰富	利用丰富的地热能实现冬季采暖,解决了中国北方大量散户供暖问题,但是有待深度开发;积极推进沼气、生物质气技术开发利用,大力发展生物质清洁能源;2019年,全省全年太阳能发电量为79.4亿千瓦时,约占新能源发电量的20.3%;风能发电量为277.3亿千瓦时,占新能源发电量的70.8%	建成京津冀首个地热资源梯级综合利用科研基地

续表

	地理特点	资源禀赋	开发利用	其他
山西	位于黄河中游，地处黄土高原，地貌以山地和丘陵为主，属于温带大陆性季风气候	太阳能、风能、水能资源较丰富，煤层气储量丰富	"十四五"期末，全省可再生能源发电装机达8300万千瓦以上，其中，风电3000万千瓦左右、光伏5000万千瓦左右、水电（含抽蓄）224万千瓦以上、生物质能发电100万千瓦以上，新型储能装机600万千瓦左右，地热能供暖面积2000万平方米左右；实现新能源和清洁能源装机容量占比达50%的目标	建成国家新型综合能源基地和外送电通道
安徽	地处长江、淮河中下游，平原、台地、丘陵、山地等类型齐全，属于暖温带与亚热带的过渡地区	生物质资源丰富，太阳能、风能、水能资源较为丰富	全省每年可产农作物秸秆约3800万吨，截至2020年，全省生物质发电装机达123万千瓦；全省光伏发电装机规模达1370万千瓦；风力发电装机达412万千瓦；有序推进水电开发	合肥高新区太阳能光伏发电集中应用示范区获批国家首批13个光伏发电集中应用示范区之一

续表

	地理特点	资源禀赋	开发利用	其他
江西	地处长江南岸，地形以丘陵、山地为主，气候为亚热带温暖湿润季风气候	光伏资源丰富，风能、生物质能、水能、地热能资源较为丰富	光伏产业规模位居全国第二，到2020年新建光伏发电和风电装机规模各300万千瓦；小水电开发密集，数量达3900多座；地热开发以温泉、浅层地热采暖和制冷为主；生物质发电达到一定规模	光伏新能源入选江西省十大新兴产业发展规划
广西	地处中国南部，地形地貌复杂，以山地丘陵性盆地地貌为主，气候属亚热带季风气候	核电资源丰富，生物质能源、风能、太阳能资源较为丰富	是全国核能发电八大省份之一，2019年发电量为172千瓦时；建成沼气池数量居全国首位；到2020年，风电装机容量达200多万千瓦，太阳能热水器利用面积达120万平方米	建成中国第一个以非粮作物（木薯）为原料生产燃料乙醇和推广车用乙醇汽油的试点区域；可再生能源利用示范省（区）
海南	地处中国华南地区，呈环形层状地貌，四周低平，中间高耸，气候为热带季风气候	风能资源丰富，太阳能、水能、地热、潮汐能资源较丰富	已建成的新能源项目中，风电项目占据主导地位；太阳能开发利用发展迅速；水能的开发利用最充分；地热和潮汐能有待开发	琼海市被称为"中国温泉之乡"；五座小水电站被水利部评定为全国首批"绿色小水电站"，位居全国第三

第四节　欠发达地区新能源发展潜力评价
——以太阳能为例

一　提出问题

伴随着能源利用、环境污染问题的日益严峻，寻求替代传统化石能源的可再生新型能源愈发重要。太阳能作为新型能源的主要类型，其可再生性、清洁性、环境友好性都彰显了巨大的可持续发展潜力（于丹等，2016）。当前，太阳能产品主要包括太阳能电池板以及与太阳能电池相融合的其他光伏发电产品。中电联发布的数据显示，2020年1—7月份，全国电力新增装机情况：总装机5409万千瓦，其中太阳能发电新增1309万千瓦；对比火电、水电、风电、核电新增装机容量，太阳能发电新增装机位居第二，占比为25%。由此可见，太阳能发电在中国电力发展进程中，占据着越来越重要的地位。另根据国家统计局发布的数据，2019年中国太阳能发电量累计值为1172.2亿千瓦时，太阳能发电量同比增长15.2%，太阳能发电量累计增长13.3%。目前，中国正处于太阳能开发利用的高速发展阶段。如何科学客观地对其进行发展潜力评价，是中国太阳能高效开发利用的前提，决定了其未来的发展规模与战略。由于中国幅员辽阔，不同地区的发展阶段与自然资源禀赋差异较大，导致各地的太阳能发展潜力差异明显，因此，结合不同地区的发展状况与自然资源特点，有针对性地对中国欠发达地区的太阳能发展潜力进行评价极为重要。

发展潜力评价一般是基于《21世纪议程》中提出的可持续发展指标体系。目前，针对太阳能等新能源资源发展潜力的评价，可以从经济社会发展水平、人口规模、自然与生态环境、能源结构和技术进步等维度进行综合评价。本研究在借鉴于丹等（2016）相关研究的基础上，采用PSR模型和TOPSIS法，对中国处于欠发达地区的22个省份进行实证分析，以期为其未来新能源产业政策制定和经济高质量发展提供决策支撑。

二　太阳能发展潜力评价模型及方法

（一）基于PSR框架下的太阳能发展潜力评价模型

本研究的评价指标体系的构建主要采用PSR模型，该模型主要应用于资源环境可持续利用的评估之中,通过因果关系逻辑分析展示研究问题的形成机理。其中,P(Pressure)表示压力指标,包含了影响可持续发展的负面人类活动;S(State)表示状态指标,用以表示系统的可持续发展状态;R(Response)表示响应指标,代表系统为转向可持续发展所做出的努力。

基于 PSR 理论模型的分析思路,参考于丹等(2016)的相关研究,本研究选取太阳能发展潜力作为可持续发展的对象,基于太阳能资源的发展潜力构造逻辑,将太阳能资源发展潜力评价指标体系分解为压力、状态、响应三大准则层。其中,压力指标反映制约太阳能可持续发展的负面因素,状态指标则反映有利于太阳能资源可持续发展的正面因素,响应指标则反映提升太阳能发展产业的必要措施。

本研究将压力指标划分为人口压力、环境压力和资源压力。人口压力反映出人均太阳能资源的稀缺性,一方面太阳能当前产能无法满足由于人口扩张而导致需求增加;另一方面人口众多也意味着巨大的需求从而有利于推动太阳能发展,在本研究中用人口增长率和年末人口数来代表人口压力。对于环境压力,本研究将地区 CO_2 排放量、地区 SO_2 排放量和烟尘排放量放入环境压力指标中。具体来看,本研究的 PSR 三类指标细分如下。

(1) 本研究将地区 CO_2 排放量、地区 SO_2 排放量和烟尘排放量放入环境压力指标中。资源压力反映的是由于开发利用技术不成熟、成本较高,使得太阳能缺乏市场竞争性,因而对太阳能的发展潜力产生不利影响,本研究中将地区可供消费原油量和地区可供消费原煤量放入资源压力指标中。

(2) 状态指标划分为资源状态、经济状态和产业状态。光伏发电产品实际装机数量的多少体现了太阳能发展利用情况的先决条件,只有具备了充足的太阳能光伏产品,才能保障太阳能的更好利用,本研究中资源状态主要反映生产太阳能所需要的光伏发电累计装机容量与已建成光伏电站数量,与太阳能的发展潜力有正向关系,本研究中将光伏发电累计装机容量和光伏电站数量作为资源状态指标。经济状态是能够反映地区整体经济情况的指标,总体经济状态可以反映发展太阳能的经济实力,对太阳能的发展潜力起到正向作用,本研究中将人均 GDP、居民消费水平和电力消费量作为经济状态指标。产业状态代表了太阳能现今的发展程度,以及其他能源产业的发展程度对太阳能产生的竞争。其中,太阳能的产业状态对太阳能的发展潜力起到正向作用,而其他能源的产业状态则对太阳能的发展潜力起到负向作用,本研究选用火力发电量、地区发电量、太阳能发电量累计增长、天然气生产量、太阳能发电量来表示产业发展指标。

(3)响应指标划分为社会响应和科技响应。推进太阳能发展离不开社会基础设施建设、财政投入、科技发展及政策的推进。社会响应体现了社会基础设施的建设和国家对于节能环保产业的财政支持力度,本研究中用节能环保财政支出来表示社会响应指标。科技响应体现了地区整体的新能源消纳水平,每个指标对太阳能的发展潜力都起到正向作用,本研究中用可再生能源电力消纳量、可再生能源电力消纳比重和专利申请数量来表示科技响应指标。

上述指标的变量数据来源于中国统计年鉴、中国能源统计年鉴、中国环境统计年鉴及各省统计年鉴。通过对数据整理可得,欠发达地区太阳能区域发展潜力评价指标变量的描述性统计如表6-6所示。

表6-6 **2018年欠发达地区太阳能资源区域发展潜力评价指标变量的描述性统计**

变量名称	最大值	最小值	平均值	标准差	样本量
人口增长率(%)	1.140	-0.0410	0.6338	0.2916	22
年末人口数(万人)	9600	337	4100	2500	22
地区CO_2排放量(吨)	1500	0	352.931	326.187	22
地区SO_2排放量(吨)	68.747	0.3464	29.632	18.117	22
烟尘排放量(吨)	800000	6600	260000	180000	22
地区可供消费原油量(万吨)	2500	0	859.868	673.542	22
地区可供消费原煤量(万吨)	78000	0	13000	23000	22
光伏发电累计装机容量(万千瓦)	933	13	432.500	327.859	22
光伏电站数量(座)	908	9	366.409	292.929	22
人均GDP(元)	64000	28000	47000	9000	22
居民消费水平(元)	24000	11000	18000	2900	22
电力消费量(亿千瓦时)	3400	58.190	1600	882.186	22
火力发电量(亿千瓦时)	3800	1.620	1200	1000	22
地区发电量(亿千瓦时)	4400	55.660	1900	1100	22
太阳能发电量累计增长(%)	4500	0	291.65	949.384	22
天然气生产量(亿立方米)	419.400	0	60.644	125.038	22
太阳能发电量(万千瓦时)	960000	0	250000	290000	22
节能环保财政支出(亿元)	353.450	35.720	140.634	73.751	22
可再生能源电力消纳量(亿千瓦时)	1800	41	508.864	415.694	22
可再生能源电力消纳比重(%)	85.600	11.600	37.018	24.523	22
专利申请数量(件)	180000	1100	55000	52000	22

（二）基于熵权 TOPSIS 法的权重确定

TOPSIS 法是针对多层次、多目标的指标系统，进行决策分析时采用的一种较为常见的评价方法。该方法的基本计算逻辑是首先对系统中的各类指标进行最优解与最劣解测算，然后比对各指标与最优解、最劣解的差距得到加权欧氏距离。以此选出最为靠近最优解，最为远离最劣解的最优方案，作为评价系统中的标准。TOPSIS 法与其他评价计量模型相比，能更为客观、科学地反映出系统内各方案之间的差距，其具体计算步骤如下：

（1）构建标准化决策评估矩阵。构建多目标决策问题的初始指标评价矩阵，该矩阵有 m 个地区，有 n 个评价指标：

$$A = \begin{bmatrix} X_{11} & X_{12} & \cdots & X_{1n} \\ X_{21} & X_{22} & \cdots & X_{2n} \\ \vdots & \vdots & \vdots & \vdots \\ X_{m1} & X_{m2} & \cdots & X_{mn} \end{bmatrix} \quad (6-1)$$

对正向指标进行归一化处理，

$$X'_{ij} = \frac{x_{ij} - \min x_{ij}}{\max x_{ij} - \min x_{ij}} \quad (6-2)$$

对逆向指标进行归一化处理，

$$X'_{ij} = \frac{\max x_{ij} - x_{ij}}{\max x_{ij} - \min x_{ij}} \quad (6-3)$$

式中：$i=1, 2, \cdots, m$；$j=1, 2, \cdots, n$。

（2）计算各指标权重。设 x_{ij} 为第 i 个地区中的第 j 项指标的观测数据，用熵权法确定各指标权重（见表 6-6）。首先，计算第 i 个地区的第 j 项指标的特征比重，计算公式如下：

$$P_{ij} = \frac{x'_{ij}}{\sum_{i=1}^{m} x'_{ij}}, k = -\frac{1}{\ln m} \quad (6-4)$$

其次，可求出第 j 项指标的熵值，计算公式如下：

$$e_j = k \sum_{i=1}^{m} P_{ij} \ln P_{ij} \quad (6-5)$$

最后，求出第 j 项指标的熵权，计算公式如下：

$$W_j = \frac{1-e_j}{n - \sum_{j=1}^{n} e_j}, j = 1,2,3,\cdots,n \quad (6-6)$$

根据上述方法，确定欠发达地区太阳能区域发展潜力评价指标的权重，如表6-7所示。

表6-7　欠发达地区太阳能资源区域发展潜力评价指标体系及权重

目标层	准则层	准则权重	要素层	要素权重	指标层	单位	指标权重
欠发达地区太阳能资源区域发展潜力评价指标	压力指标（B1）	0.2826	人口压力（C1）	0.0371	人口增长率（D1）-	%	0.0139
					年末人口数（D2）-	万人	0.0232
			环境压力（C2）	0.0862	地区CO_2排放量（D3）-	吨	0.0383
					地区SO_2排放量（D4）-	吨	0.0226
					烟尘排放量（D5）-	吨	0.0253
			资源压力（C3）	0.1593	地区可供消费原油量（D6）-	万吨	0.0403
					地区可供消费原煤量（D7）-	万吨	0.1190
	状态指标（B2）	0.6005	资源状态（C4）	0.0751	光伏发电累计装机容量（D8）+	万千瓦	0.0361
					光伏电站数量（D9）+	座	0.0390
			经济状态（C5）	0.0222	人均GDP（D10）+	元	0.0020
					居民消费水平（D11）+	元	0.0015
					电力消费量（D12）+	亿千瓦时	0.0187
			产业状态（C6）	0.5032	火力发电量（D13）-	亿千瓦时	0.0377
					地区发电量（D14）-	亿千瓦时	0.0224
					太阳能发电量累计增长（D15）+	%	0.2131
					天然气生产量（D16）-	亿立方米	0.1588
					太阳能发电量（D17）+	万千瓦时	0.0712
	响应指标（B3）	0.1167	社会响应（C7）	0.0149	节能环保财政支出（D18）+	亿元	0.0149
			科技响应（C8）	0.1018	可再生能源电力消纳量（D19）+	亿千瓦时	0.0316
					可再生能源电力消纳比重（D20）+	%	0.0227
					专利申请数量（D21）+	件	0.0475

注：指标层中的"+"表示正向作用，"-"表示负向作用。

（三）计算相对贴近度

为了选出最为靠近最优解，最为远离最劣解的最优方案，需要计算相对贴近度，具体步骤如下。

（1）构建加权的决策评估矩阵。设 y_{ki} 为第 k 个指标下的第 i 个指标标准化数据的加权值，x_{ki} 为第 k 个指标下的第 i 个指标规范化处理后的值，w_k 为第 k 个指标对目标层的熵权，则：

$$y_{ki} = x_{ki} w_k \tag{6-7}$$

（2）确定最优解和最劣解。令 y_{ki}^+ 为第 k 个指标观测数据的最大值，y_{ki}^- 为第 k 个指标观测数据的最小值，其中 $k = 1, 2, \cdots, 22$，则有：

$$y_{ki}^+ = \max_{1 \le i \le m}(y_{ki}) \tag{6-8}$$

$$y_{ki}^- = \min_{1 \le i \le m}(y_{ki}) \tag{6-9}$$

根据上两式得到评价方案的最优解为 $y^+ = (y+1, y+2, \cdots, y+m)$，最劣解为 $y^- = (y-1, y-2, \cdots, y-m)$。

（3）计算评价对象与最优解的欧氏距离。设 d_k^+ 是第 i 个指标与最优解的欧氏距离，d_k^- 为第 i 个指标与最劣解的欧氏距离。则：

$$d_i^+ = \sqrt{\sum_{k=1}^{m}(y_k^+ - y_{ki})^2} \tag{6-10}$$

$$d_i^- = \sqrt{\sum_{k=1}^{m}(y_{ki} - y_k^-)^2} \tag{6-11}$$

（4）计算相对贴近度评价结果。设 c_i^j 是第 i 个省第 j 项准则下的指标与最优解的相对贴近度。

$$c_i^j = \frac{d_j^-}{d_i^- + d_i^+}, i = 1, 2, \cdots, m \tag{6-12}$$

根据相对贴近度 c_i^j 确定被评价对象的绩效状况，相对贴近度 c_i^j 越大表示该省市与最优解越接近，发展太阳能能源的潜力越高，相对贴近度 c_i^j 越小表示该省市与最劣解越接近，发展太阳能能源的潜力越低。

三 欠发达地区太阳能发展潜力评价实证分析

本研究选择 2017 年指标数据作为基础数据，数据来源于中国统计年鉴、中国能源统计年鉴及国家统计局与国家能源局官网。其中各地光伏发电装机容量和光伏电站数量来自国家能源局 2018 年公布数据递减而来。通过上述计算方法,得出各地区太阳能能源发展潜力整体指标与最优解的贴近度,具体结果如表 6-8 所示。

表 6-8　　　　总体评价结果与最优解的相对贴近度及排序

省份	综合评价	
	贴近度	排名
广西	0.4878	1
陕西	0.4459	2
新疆	0.3826	3
四川	0.3700	4
内蒙古	0.3537	5
山西	0.3254	6
青海	0.2357	7
河北	0.2173	8
安徽	0.2164	9
河南	0.1928	10
甘肃	0.1910	11
宁夏	0.1680	12
湖南	0.1567	13
湖北	0.1500	14
贵州	0.1400	15
云南	0.1360	16
江西	0.1157	17
重庆	0.1051	18
黑龙江	0.1044	19
西藏	0.0769	20
吉林	0.0755	21
海南	0.0572	22

根据上述计算结果,可将 22 个欠发达省份的太阳能发展潜力分为四个等级,分别为:优秀 >0.3,良好 >0.2,一般 >0.1,较差 <0.1。通过上述计算结果可以发现:太阳能发展潜力优秀的地区有广西、陕西、新

疆、四川、内蒙古、山西，总体评价与最优解的贴近度均在0.3以上。其中，广西是2017年开始建设太阳能电站，得益于光伏扶贫政策，广西的光伏发电产业实现了超高速发展，拥有4476.2%的光伏发电年增长率以及51.6%的可再生能源消纳比，是欠发达地区里光伏发电产业发展最快的地区，使得其太阳能发展潜力居全国首位。新疆本身就是太阳能资源大省，天山以南区域属于中国太阳能资源Ⅰ类地区（资源丰富区），全年辐射量在6700—8370MJ/m²。得益于西部大开发战略，新疆新能源产业得到较好发展。据不完全统计，新疆拥有中国西北地区最多的光伏装机容量和光伏电站，太阳能能源发展潜力位居全国第三。

按照太阳能区域发展潜力的指标系数进行划分，得益于领先的基建、巨大的科技发展资金支持以及最小的压力指标，陕西的太阳能发展潜力位列全国第二。与陕西情况相似，四川、内蒙古和山西的压力指标较小，状态指标和响应指标均排在全国前列。内蒙古和山西虽然太阳能资源较为丰富，且相关产业具有高质量发展水平，但是在科技投入响应方面排名靠后，需要加大对相关产业科学研究的资金支持，积极扩充专业人才队伍，提高整体产业的创新能力。

太阳能发展潜力良好的地区有青海、河北、安徽。从分析结果可以看出，这一等级的地区分布较为分散。其中，青海发展太阳能所面临的压力较小，且其发展较为均衡，处于全国较好水平。安徽、河北发展太阳能面临的环境压力极大，但支撑太阳能发展的条件较好，例如，安徽省是光照Ⅲ类资源区，光照自然条件并不十分优越，但得益于光伏扶贫起步较早，2011年就启动了光伏发电尝试，2016年安徽金寨更是作为"光伏扶贫第一县"名扬海外，其发展光伏产业不仅有较好的政策支持，更得益于财政补贴和科技支持的双保险。

太阳能发展潜力一般的省市有河南、甘肃、宁夏、湖南、湖北、贵州、云南、江西、重庆和黑龙江。其中，重庆发展太阳能产业的自然条件较其他省份相对落后，因此发展太阳能能源的潜力一般。其他省份除了要克服发展太阳能所面临的资源禀赋难题的同时，还要提高各省的经济与科技发展能力。

太阳能发展潜力较差的省份有西藏、吉林和海南。这三个地区虽然面临的发展压力很小，但基础设施落后，太阳能发电产业起步较晚，因此从指标数据看排在后列，但长期来看，这三个省份的太阳能资源可以得到较好发展。

四 结论与小结

本研究选取中国 22 个欠发达地区的太阳能发展潜力为研究对象，结合太阳能发展的影响机理，采用 PSR 理论模型构建中国欠发达地区太阳能发展潜力评价指标评价指标体系，在理论分析的基础上，选取压力、状态、响应三大指标作为准则层；并在此基础上，细化选取 21 个相关指标。利用熵权法对其进行客观赋权，然后运用 TOPSIS 评价模型对选取的省市进行评价分析，依据分析结果将其划分为优秀、良好、一般和较差四个等级。结合实证分析结果可以看出：目前中国太阳能发展潜力优秀的省市包含广西、陕西、新疆、四川、内蒙古、山西 6 个省份，这 6 个省份不仅具有人口、环境等方面的先决优势，同时其太阳能资源储量较为丰富，社会经济发展水平、能源产业发展现状、交通运输状况、财政扶持力度以及科技创新能力在全国范围内处于高水平行列之中。

而太阳能发展潜力较差的几个省份，主要受以下几个因素的制约。

（1）地域因素。受地理区位的影响，导致许多省份的太阳能光伏发电产业的建设起步较晚，电站建设数量较少、并入电网时间较短，限制了地区太阳能资源的高效利用。

（2）市场竞争力因素。以煤炭、石油、天然气等为主的传统化石能源在某些省份的产能较高，因此导致传统能源的市场竞争力大于太阳能新型能源产品。在低价位的消费惯性影响之下，严重制约了太阳能产品的推广利用，这些地区的弃电现象较为严重。

（3）科技发展水平因素。太阳能的利用离不开高新技术支持，部分省份的科技创新能力与高层次科技人才薄弱，导致其太阳能能源产业发展迟缓。

（4）地区经济与产业发展水平因素。太阳能产业作为新兴发展产业，其产业发展潜力很大程度上依赖着地区的经济与产业发展水平，良好的市场投资氛围与强有力的地区财政支出才能更好地促进其良性发展。因此，各地在制定自身的太阳能产业发展策略时，应结合本地的实际发展情况，制定出符合本地的针对性发展策略，才能更好地提升自身的太阳能发展潜力,助力太阳能资源地合理高效可持续利用。

第五节　欠发达地区发展新能源的挑战

一　"要项目、短平快"的观念突出

党的十九大报告提出中国经济发展已由高速增长阶段转向高质量发展阶段,这一论断对经济发展全局具有指导意义。在欠发达地区发展新能源过程中,"弃风弃光弃水"现象严重,其原因主要在于这些项目与当地实际需要脱节,反映了其思想观念上仍然停留在"要项目、短平快"的传统思路上,对"精耕细作、久久为功"的认识不到位,新能源项目一哄而上,同质化严重,缺乏统筹规划,对因地制宜发展本地特色产业和长效机制的认识不足。

在这种观念导向下,欠发达地区常常被动接受,缺乏主动参与性,形成了"等靠要"的心态。同时,由于长期的小农经济思想影响,欠发达地区缺乏市场经济观念,对在市场经济条件下走产业脱贫致富的路子缺乏信心。一般而言,欠发达地区经济社会发展程度较低,市场经济发展不充分,主要停留在农业经济条件下的自给自足、自力更生的观念,对发挥市场在脱贫致富中的作用认识不足,甚至畏惧、害怕改变。

二　新能源开发成本高企

一般而言,随着技术进步,新能源开发的成本会逐渐下降,而煤炭、石油、天然气等传统能源由于资源储量减少,导致开采成本和环境成本日渐升高,这为新能源的开发利用带来了机会。然而,由于中国能源价格机制不完善,传统能源的环境成本未在能源定价中得到充分体现,使得新能源的开发成本往往高于传统能源成本,这制约了中国新能源的发展。中国西北、西南、东北、华中、华南等地区由于受自然环境、气候条件等因素的影响,经济发展水平较低,开发利用的高成本使得欠发达地区的新能源无法得到有效的开发利用。目前,欠发达地区新能源的开发利用大部分得益于政府的支持,而企业自主参与开发利用率较低。近年来,关于新能源发电的投资呈爆发式增长,这与政府的新能源补贴有很大关系。但是,补贴不可能长久持续下去,而主要依靠市场的新能源投资机制不健全,这将

影响中国新能源的可持续发展。尤其是欠发达地区经济发展水平较低，无法长期性、持续性为新能源开发利用提供财政支持，一旦失去相应政策支持，新能源的开发将受阻。

三　新能源推广难度大

中国部分欠发达地区分布着丰富的煤炭、石油、天然气等一次能源。分省份看，中国煤炭资源主要分布在晋陕蒙三省份，储量占全国的60%以上。从区域看，中国煤炭资源主要分布在中西部地区，储量占全国的80%以上。而这些煤炭储量集中的地区大多是中国的欠发达地区，如山西、内蒙古、陕西以及新疆、宁夏、河南、安徽、贵州、云南等省份。石油和天然气资源主要集中在东北和西北地区，储量最大的省份是黑龙江（31.8%），其次是新疆（8.1%）、河南（4.4%）等。在欠发达地区，由于传统能源的使用率较高，在一定程度上影响了新能源开发利用的积极性。同时受高成本、高难度等问题制约，欠发达地区新能源开发利用水平较低，居民接受意愿度不高，大规模推广使用难度较大。

四　新能源开发利用率低

同常规能源相比，新能源的利用难度大。目前，中国新能源资源主要分布在西南、西北、华中等地区，其科技水平与发达地区相比较为落后，勘探和开采技术水平难以满足新能源大规模开发需求。此外，欠发达地区在吸纳人才方面缺乏优势，进一步制约了欠发达地区新能源的开发。除此之外，各种新能源开发利用在实际中也都面临着不同的问题。例如，太阳能和风能发电往往具有间歇性、随机性、低负荷同时率、低发电小时数等特性，给新能源电力并网带来技术难题，这限制了新能源发电规模。中国新能源资源主要分布在西部地区，而新能源电力需求主要集中在东部沿海地区，这给新能源电力长距离输送带来了难题。农村户用沼气池在推广使用中面临着原料不足和维护不便等现实问题，限制了生物质能源资源的开发利用。核能、地热能、海洋能、氢能、水能的开发利用同样面临着一系列的难题。

五 新能源扶贫项目管理技术落后

一般而言,扶贫效益带有较多的社会公益性,属于外部输入型扶贫模式,随着项目建设完成交付使用,后续运维的压力和成本将成为不得不考虑的重要问题,建设经济型的配套支撑产业和专业的管理团队成为维持项目长效盈利的关键,这关系着扶贫目标的真正实现。在新能源扶贫中,突出强调了新能源自上而下的扶贫效益,尤其是通过大量上马新能源项目完成扶贫指标。比如,截至2017年底,已纳入国家光伏扶贫补助目录项目553.8万千瓦,覆盖贫困户96.5万户。光伏扶贫重点工程主要采取一对一建设村级光伏电站项目,并帮助其解决电力消纳问题,基于此突出建设了一批能源基础设施。但在实践中,较少重视光伏电站投产使用后的管理问题和配套维修保养问题。目前,有些地方的村级光伏扶贫电站存在质量不佳、运维不畅的问题,主要原因在于有些村级电站的建设和运维是由村集体组织,往往缺乏专业知识和经验。目前,扶贫项目重建设轻运维管理的现象较为普通,没有引起足够重视,成为影响未来扶贫长效性的重要挑战。

这种重项目建设的特点,以及扶贫项目的被动接受导致地方政府对执行新能源扶贫项目积极性不够,缺少统筹当地特点的新能源产业规划。实践中,较少从经济增长内生型角度出发,充分利用扶贫项目契机,结合当地的新能源资源特点,依托工业化和城镇化模式构建基于产业链的新能源发展战略,走产业振兴带动经济发展的长效路径。而工业化经验表明,没有产业发展的输入型扶贫是无法持久的,也不能带领欠发达地区走出经济困境,实现共同致富的目标。因此,如何改变重项目轻产业的思维,利用扶贫项目提供的机遇,借助一批新能源项目,建立适合当地情况的产业发展模式,成为欠发达地区地方政府的重大议题和挑战。

六 新能源消纳能力不足

当前,中国新能源消纳矛盾突出,突出表现在"弃风弃光弃水"现象严重,严重制约着欠发达地区新能源发展。据国家能源局数据显示,2016年,弃风弃光电量较上年分别增加46.6%和85%,直接经济损失285亿元。2017年,包括国家电网调度范围在内的全年弃风电量为419亿千瓦时，弃光电量 73 亿千瓦时，总弃电量达到 500 亿千瓦时，损失巨大。解决新能源消纳能力成为欠发达地区新能源发展的重要挑战。

究其原因在于网源规划不协调、就地消纳空间有限、跨区输送通道和调峰能力不足、市场化机制不健全等因素。比如，中国欠发达地区大多地理位置偏僻，交通不便，电网延伸成本高，微电网是破解这一难题的重要手段。2015 年 7 月，国家能源局下发《关于推进新能源微电网示范项目建设的指导意见》，提出在新疆、西藏等偏远无电村、哨所、离岛以及一些城市的居民小区内建设示范项目，微电网建设上升至国家层面。但是，中国欠发达地区微电网覆盖率远低于实际需求，微电网基础设施建设滞后于新能源发展。另外，由于新能源发电受波峰波谷影响，并容易产生安全风险，电力成本较高，导致电网企业购买意愿不足，制约着新能源消纳能力。创新思维、建立符合各方利益要求的价格补偿机制成为欠发达地区新能源发展的一大挑战。

第七章

欠发达地区新能源发展的经济增长效应

近年来,全球气候日趋变暖,煤炭、石油等传统化石能源枯竭,国际能源地缘政治复杂多变,使得新能源成为未来经济发展的必然选择。那么,欠发达地区发展新能源在空间上是否具有经济关联性?不同地区发展新能源到底会不会促进经济增长?为了回答上述两个问题,本研究以中国21个欠发达省份为研究对象,通过构建相关指标体系,运用混合 OLS 和 SDM 模型,结合省际面板数据,对中国欠发达地区新能源发展的经济增长效应问题进行实证研究。研究发现,21个欠发达省份新能源发展在经济方面具有明显的空间集聚特点。此外,在未考虑空间要素条件下,中国欠发达地区发展新能源对本地经济增长具有正向促进作用,但在考虑空间因素后,却对邻近地区经济发展起负向空间溢出效应。最后,本研究从政策体制机制创新、优化产业空间布局和加快人才培养等方面提出了对策建议,以期为中国欠发达地区新能源发展、经济增长提供参考借鉴和智力支持。

第一节 问题的提出

能源是人类社会生产和发展的物质基础,同时也是当今国际政治、经济、外交和军事关注的焦点。伴随着人类社会生产力不断提高,能源发展也经历了从薪柴时代、煤炭时代、油气时代逐渐向电气时代演变的过程。毫无疑问,每一次能源利用方式的变革和效率的提升,都给社会生产力带来巨大飞跃,成为推动人类社会不断前行的动力源泉。改革开放 40 多年来,中国能源消费总量从 1978 年的 5.7 亿吨标准煤上升至 2018 年的 46.4 亿吨标准煤,国内生产总值从由 1978 年的 3679 亿元跃升至 2018 年的 900309 亿元,占世界生产总值比重由 1.8% 上升至 15.2%,已经成为世界第一大能源生产国和消费国。

进入新时代,党的十九大报告指出,中国经济已由高速增长阶段转向高质量发展阶段,要求把能源工作放在生态文明体制改革和建设美丽中国的重要位置,推动实施区域协调融合发展战略,积极支持资源型地区经济转型发展。作为中国重要的新能源基础和内陆对外开放的新高地,欠发达地区经济的高质量发展,必须立足自身资源禀赋和独特区位优势,以"一带一路""长江经济带""黄河流域生态保护""高质量发展""双循环"等重大战略为指引,提升政治站位,统筹谋划布局,高度重视新能源通道建设,重点发展"新能源廊道"经济,走"抱团式"发展合作治理的新路径,跳出传统化石能源"资源诅咒"怪圈,发挥"一体化"规模效应,推动形成以新能源为支撑的绿色减贫、低碳经济和环境保护模式。从经济增长效应的视角对中国欠发达地区新能源发展相关问题进行研究,能够为欠发达地区打赢脱贫攻坚和乡村振兴起到显著的借鉴作用。关于传统能源与经济增长之间的研究,起源于 20 世纪 70 年代西方石油危机。经过 50 年的深入发展,世界各国学者从不同角度,对传统能源与经济发展之间的多维耦合进行了大量富有建设性的分析和探讨。目前,已有文献研究范围已十分广泛,不仅有微观的能源供给和需求方面的研究,而且还有宏观的能源政策、能源立法和能源投资等方面的研究,概括而言,具体有以下三个特点。

一是从理论角度上看,与能源有关的研究在理论方面已经从原有能源安全、开发和利用等单一维度理论,向环境库兹涅茨曲线理论、生态足迹理论、控制经济学理论和能源尾效理论等复合型理论转变,涉及产业政策、资源经济、生态环境、区域治理等众多学科。这主要是因为能源大量使用,虽然加快中国工业化、城镇化和信息化发展进程,加速经济增长、收入增加和社会进步,但不可否认,也给自然生态环境带来巨大负担。越来越多的学者将研究重点集中在因能源过度使用而产生的负面效应,如土地污染、雾霾严重、水资源恶化等。而这些问题的出现,也在一定程度上加速了能源经济理论研究的发展。在这其中，美国经济学家 Kraft 等（1978）、Grossman（1991）、Oussama（2010）、蒋先玲等（2010）、迟本坤（2011）等在能源经济理论体系构建方面成果丰硕，贡献巨大。

二是从研究方法上看，基于理论研究，能源经济模型方法也在不断发展进步，逐渐从静态传统线性模型向复杂空间模型转变。例如，我们常见的格兰杰因果检验、向量自回归模型和 Tobit 模型等都属于静态线性模型。而空间模型则通过构建合适的空间权重矩阵，利用面板数据，对被解释变量与解释变量之间的关系进行估算，常见的空间模型有空间杜宾模型、空间滞后模型和空间误差模型等。目前，有关能源消费与经济增长的实证研究非常丰富，也涌现出一批有影响力的研究专家学者，如复旦大学朱勤（2009）和陈诗一（2010），厦门大学林伯强（2010），上海财经大学曹建华和邵帅（2010），中国地质大学（武汉）成金华（2018）、李世祥（2019）、吴巧生（2019）和於世为（2020）等。

三是从研究区域来看，已有文献成果中的研究区域多以单个国家或地理区位紧邻的几个国家为主，研究范围主要集中在亚洲、非洲、拉丁美洲等发展中国家。这些国家正处于或即将进行工业化、城镇化进程，能源消费量大、利用效率低、环境污染大，如中国、印度、巴西等。研究这些国家能源消费过程中的经济效应和环境效应等有关内容，对解决全球能源贫困、保护人类赖以生存的自然生态环境具有重要的现实意义和应用价值。这种以单个或几个国家为研究区域的做法，固然有其研究必要性和价值，然而，专家学者们却忽视了非常重要的一点，即便在单个发展中国家或者贫困国家，其国家内部不同地区间能源利用情况也不尽相同。以中国为例，学者们将研究重点往往放在东部沿海发达地区，对中西部地区能源消费，尤其是新能源消费关注不足，缺乏从空间角度定量测度能源消费与经济增长之间的关系，有关新能源与经济增长之间空间效应研究比较少见。

综上所述，一是与能源消费有关的理论研究在不断深化和拓展，能够为我们开展能源消费经济方面研究提供强大的理论支撑；二是能源消费与经济增长之间的实证研究，正在由传统静态单一模型向空间动态模型转变，研究结论更具说服力；三是相关成果研究区域主要以经济条件较好地区为主，对欠发达地区关注较少。那么，作为中国新能源储量丰富的欠发达地区，如果继续寄希望于依靠传统能源带动经济高质量发展，不仅与国家低碳转型的政策要求相违背，而且还会对自然生态环境、人类社会发展产生巨大威胁。因此，欠发达地区应立足自身新能源优势，扩大新能源消费比例和规模，以能源的高质量发展带动经济的高质量发展。基于此，本研究选取中国自然环境较差的中西部欠发达地区为研究对象，运用空间杜宾计量模型，结合2000—2018年21个欠发达地区年度数据，从空间经济学研究视角，对新能源发展的经济增长效应开展实证分析，以期为欠发达地区经济发展、乡村振兴提供智力支持和决策参考。

第二节　新能源发展的经济增长效应模型与方法

一　空间计量模型

（一）空间自相关

空间自相关性是一种能够度量邻近地理空间相关性并给出显著性检验的一种方法，被称为"地理学第一定律"。主要有三种空间特征：如果一个变量观测值在空间上呈现出高的地方高、低的地方低，则为空间正相关；如果在空间分布上呈现出随机性，则表示为空间不相关；如果高的地方周围低、低的地方周围高，则为空间负相关。

（1）全局自相关。在计量经济学中，检验不同变量指标之间空间关联性的常用方法有 Moran's I、Geary's C、Getis、Join Count 等。鉴于研究区域范围较大、时间跨度较长，且设计的变量指标较为复杂，因此本研究选择应用程度较广、稳定性较强的全局 Moran's I 指数，对欠发达地区新能源发展与经济增长的空间相关性进行检验，公式如下：

$$\text{Moran's I} = \frac{\sum_{i=1}^{n}\sum_{j=1}^{n}W_{ij}(Y_i - \bar{Y})(Y_j - \bar{Y})}{S^2 \sum_{i=1}^{n}\sum_{j=1}^{n}W_{ij}} \qquad (7-1)$$

其中，Y_i 代表第 i 个区域的实际观测值；$\bar{Y}$ 是 n 个空间单元样本属性值的平均值；n 为样本量；W_{ij} 是邻近空间权重矩阵；Moran's I $\in$（-1, 1），当 $0 < I < 1$ 值时，I 值越大，表明变量之间的空间相关性越高；当 $-1 < I < 0$ 值时，I 值越低，空间相关性越低，当 $I = 0$ 时，表明无空间相关性，呈随机状态。

（2）局部自相关。为分析研究区域内部不同地区间的空间差异度，本研究又引入了局部空间自相关分析模型，并通过 Moran's I 散点图表达其空间显著性差异，主要有四种模式（见表7-1），计算公式如下：

$$I_i = \frac{(X_i - \bar{X})}{S^2} \sum_{j=1}^{n} W_{ij}(X_j - \bar{X}) \qquad (7-2)$$

式（7-2）中，X_i 是第 i 个地区的实际观测值，$\bar{X}$ 是 n 个空间单元属性值的平均值，$S^2 = \frac{1}{n}\sum(X_i - \bar{X})$，$W_{ij}$ 是邻近空间权重矩阵。I_i 为局部空间自相关值，当 $I_i > 0$ 时，表明研究区域与周边接壤区域呈现出高高集聚或低低集聚特征时，则为正相关；当 $I_i < 0$ 时，表明研究区域与周边接壤区域呈现出高低集聚特征时，则为负相关。

表7-1 局部空间自相关模型的四种模式

象限位置	类型名称	关联特征	特征阐释
第一象限	HH 型	高高关联	区域与周边区域的属性均处于较高水平，表明二者间为空间正相关
第二象限	LH 型	高低关联	区域自身属性较低，周边区域属性水平较高，表明二者间为空间负相关
第三象限	LL 型	低低关联	区域与周边区域的属性均处于较低水平，表明二者间为空间正相关
第四象限	HL 型	低高关联	区域自身属性较高，周边区域属性水平较低，表明二者间为空间负相关

（二）空间权重矩阵

常见的空间权重矩阵有三种，分别为0—1邻接矩阵、经济距离矩阵和经济—地理嵌套空间矩阵。

（1）0—1邻接矩阵。不同地区间，在地理区位上是否相邻，被认定为是判定0—1矩阵的重要标准和依据。如果两个地方在地理区位上相互紧邻，则被赋值为1，不相邻则为0。具体公式如式（7-3）所示：

$$W_{ij}^1 = \begin{cases} 1,（当 i 区域与 j 区域相邻）\\ 0,（当 i 区域与 j 区域不相邻）\end{cases} \qquad (7-3)$$

(2) 经济距离权重矩阵是以两地区实际人均 GDP 差值的倒数作为权重，判定两地区的"邻近"程度。若两地区的实际人均 GDP 差值越小，经济差距就越小，则被赋予较大的权重；若两地区的实际人均 GDP 差值越大，经济差距就越大，则被赋予较小的权重。计算公式见式 (7-4)，如下：

$$W_{ij}^2 = \begin{cases} \dfrac{1}{|\overline{Y_i} - \overline{Y_j}|}, & (i \neq j) \\ 0, & (i = j) \end{cases} \quad (7-4)$$

式 (7-4) 中，W_{ij}^2 代表经济距离权重；$\overline{Y_i}$ 和 $\overline{Y_j}$ 分别代表 i 省和 j 省实际人均 GDP。

(3) 经济—地理嵌套矩阵。与前面两个矩阵不同，嵌套矩阵不仅将地理因素纳入矩阵计算，还将经济因素引入其中，其有助于更加准确测算不同地区间的相互影响。计算公式见等式 (7-5)，如下：

$$W_{ij}^3 = W_d * diag\left(\dfrac{\overline{Y_1}}{\overline{Y}}, \dfrac{\overline{Y_2}}{\overline{Y}}, \cdots, \dfrac{\overline{Y_n}}{\overline{Y}}\right) \quad (7-5)$$

式 (7-5) 中，W_{ij}^3 代表经济—地理嵌套矩阵。W_d 代表不同省份中心城市（一般指省会城市）的经纬度距离，$diag$ 是对角矩阵。

由于本研究主要研究内容为新能源发展对经济增长的空间溢出效应，主要假设也都是基于单纯的经济增长理论展开论述的，所选择指标变量也是与经济活动紧密联系的。因此，选取经济矩阵作为本研究的空间权重矩阵，这也是多数研究新能源与经济增长之间关系的学者们普遍认同的做法。

(三) SDM 模型

SDM 模型是空间计量经济学常用的分析方法之一，其不仅考虑解释变量的空间相关性，而且还考虑被解释变量的空间相关性，被解释变量不仅受到本地区解释变量的影响，还受到邻近其他地区的解释变量和被解释变量的影响（陈昭和刘映曼，2019），计算公式为：

$$Y = \rho W Y + X\beta + \theta W X + \alpha l_n + \varepsilon \quad (7-6)$$

式 (7-6) 中，Y 代表被解释变量；ρ 代表空间回归系数；W 为空间权重矩阵；X 为解释变量；l_n 为 n 阶单位矩阵，θ 和 β 为系数，ε 随机误差项。当 $\theta = 0$ 时，SDM 模型退化为 SLM 模型；当 $\theta + \rho\beta = 0$ 时，SDM 模型

退化为 SEM 模型。

（四）直接效应和间接效应

利用 SDM 模型分析新能源发展对经济增长的空间溢出作用时，不能简单用回归系数判定解释变量与被解释变量之间的关系。本研究在参考借鉴 LeSage 和 Pace（2014）等学者的计算方法基础上，通过引入直接效应、间接效应和总效用分析方法，进一步分解欠发达地区新能源发展对经济增长的空间溢出效应。

$$Y = (1-\rho W)^{-1}\alpha l_n + (1-\rho W)^{-1}(X_t\beta + WX_t\theta) + (1-\rho W)^{-1}\varepsilon \tag{7-7}$$

简化可得：

$$Y = \sum_{t=1}^{n} S_t(W)X_t + V(W)l_n\alpha + V(W)\varepsilon \tag{7-8}$$

其中，$S_t = V(W)(l_n\beta + W\beta_t)$；$V(W) = (1-\rho W)^{-1}$；$l_n$ 为 n 阶单位矩阵。

$$\begin{bmatrix} Y_1 \\ Y_2 \\ \vdots \\ Y_n \end{bmatrix} = \sum_{t=1}^{n} \begin{bmatrix} S_t(W)_{11} & S_t(W)_{12} & \cdots & S_t(W)_{1n} \\ S_t(W)_{21} & S_t(W)_{22} & \cdots & S_t(W)_{2n} \\ \vdots & \vdots & \ddots & \vdots \\ S_t(W)_{n1} & S_t(W)_{n2} & \cdots & S_t(W)_{nn} \end{bmatrix} \begin{bmatrix} X_{1t} \\ X_{2t} \\ \vdots \\ X_{3t} \end{bmatrix} + V(W)\varepsilon \tag{7-9}$$

在式（7-7）中，直接效应分解方程为 $l_nS_t(W)_{1n}/n$，其含义为式中被解释变量和解释变量对本地区的影响。间接效应公式为 $tr(S_t(W))/n$，其含义为被解释变量和解释变量对临近地区的空间溢出效应。

二 变量设计

为全面、准确反映欠发达地区新能源发展的经济空间溢出效应，检验各变量对经济增长的影响程度，本研究选取实际国内生产总值作为被解释变量，新能源消费占比作为解释变量，受教育水平、物质资本存量、能源消费总量、工业化水平和城镇化率作为控制变量（见表 7-2），具体如下。

（一）被解释变量

经济发展离不开新能源的支撑。本研究选取实际国内生产总值

(GDP) 作为被解释变量。为了剔除通货膨胀对国内生产总值的影响,更加客观、真实地反映经济发展走势,本研究以 2000 年作为基期,对相关数据做了平减处理。

(二) 解释变量

发展新能源是实现欠发达地区经济社会高质量发展的必然选择,本研究以新能源消费占比 (NEC) 作为核心解释变量,检验新能源发展对本地区以及邻近地区经济的影响程度,其计算公式为水、风、核能等清洁能源发电量占本国年度发电总量的比重。

(三) 控制变量

除了受新能源指标影响以外,欠发达地区经济增长还受到劳动力、资本、能源、工业化和城镇化等要素影响。因此,本研究依次选取了受教育水平 (EDU)、物质资本存量 (K)、能源消费总量 (TEC)、工业化水平 (IR) 和城镇化率 (URB) 5 个变量作为控制变量。

受教育水平 (EDU) 是指体现在劳动者身上的资本,又称为"非物质资本",是西方经济学的重要概念之一。本研究以《中国人口和就业统计年鉴》中"就业人员数"为基础,按受教育程度的高低分别计算,最终计算公式:文盲×2 + 小学×6 + 初中×9 + 高中×12 + 大专以上×16。

物质资本存量 (K) 是指长期存在的生产物资形式,如生产设备、房屋、运输工具及其附属设施等。本研究在参照张军等 (2004) 人已有研究成果基础上,计算公式如下:

$$K_{it} = I_{it} + (1 - \delta_{it})K_{it-1} \tag{7-10}$$

K_{it} 为第 i 省第 t 年的资本存量,I_{it} 为第 i 省第 t 年投资,δ_t 为固定资产折旧率 ($\delta = 9.6\%$)。

能源消费总量 (TEC) 是指一定时期内全国物质生产部门、非物质生产部门和生活消费的各种能源的总和,包括煤炭、石油、天然气、电力等能源,是驱动经济发展的动力和源泉,这也就是本研究选择其作为控制变量的原因所在。

工业化水平 (IR) 是衡量一个地区经济发展程度的重要指标,其计算公式为工业增加值占国民生产总值的比重。

城镇化率 (URB) 是衡量经济发展程度的重要指标之一。本研究所提到的城镇化率,是指城镇常住人口与常住总人口的比值。

表 7-2　　　　　　　　　变量阐释

符号	含义	单位
GDP	实际国内生产总值	元
NEC	新能源消费占比	百分比
EDU	受教育水平	/
K	物质资本存量	元
TEC	能源消费总量	万吨标准煤
IR	工业化水平	百分比
URB	城镇化率	百分比

三　研究区域及数据来源

（一）研究区域

本研究所指的欠发达地区，是指中国的 22 个欠发达省份，包括贵州、甘肃、云南、内蒙古、陕西、四川、广西、新疆、湖南、安徽、湖北、山西、青海、黑龙江、河南、河北、吉林、宁夏、重庆、海南、江西、西藏。

鉴于西藏统计口径不一致以及数据不完整，故本研究最终选取除西藏以外的 21 个欠发达省份作为研究对象。加强对这 21 个欠发达省份新能源问题的研究，对促进地区经济增长、加快乡村振兴、践行"绿水青山就是金山银山"理念具有重要的经济价值和现实意义。

（二）数据来源

本研究选取的国内生产总值、人力资本、物质资本、工业化水平和城镇化率等变量数据来源于中国统计年鉴、中国人口和就业统计年鉴、国家统计局数据库以及 21 个省份统计年鉴和年度国民经济和社会发展统计公报，新能源消费和能源消费总量数据则来源于《中国能源统计年鉴》、21 个省份统计年鉴和《中国农村贫困监测报告》。

对于部分省份个别年份缺失的数据，在不影响估计结果的前提下，本研究采用局部多项式插值法，补齐了缺失数据（见表 7-3）。为减少异方差对估算结果产生影响，本研究将所有数据取对数。

表 7-3　　　　　　　变量指标描述性统计分析

变量指标	最大值	最小值	平均值	标准差	样本量
GDP	32269.680	263.590	7060.956	6338.749	399
NEC	69.27000	0.03000	13.50208	15.55863	399
EDU	67375.06	1903.07	20775.54	13786.02	399
K	127818.30	739	20426.68	20467.53	399
TEC	30483.240	480	9501.387	6465.821	399
IR	61.50000	19.76000	45.70514	7.44461	399
URB	65.50000	23.20000	43.86368	9.61813	399

数据来源：各省区市统计年鉴。

第三节　基于欠发达地区新能源发展的实证结果与讨论

一　空间相关性检验

（一）全局自相关检验

本研究采用经济距离矩阵，运用 Stata 15 软件，对中国 21 个欠发达省份 2000—2018 年以来的全局 Moran's I 指数进行检验（见表 7-4）。结果表明，2000—2018 年中国 21 个欠发达的地区 Moran's I 指数全部为正，最大值为 0.542，最小值为 0.510，p 值均为 0.000，全部通过 1% 的显著性水平检验。这说明 21 个欠发达地区新能源发展的空间经济效益并非完全处于随机、散乱、无序状态，与此相反，反而呈现显著的全局空间集聚特征。

表 7-4　　21 个欠发达省份 2000—2018 年人均 GDP 的全局 Moran's I 指数

年份	Moran's I	$E(I)$	$sd(I)$	z 值	p 值
2000	0.516	-0.050	0.114	4.980	0.000
2001	0.517	-0.050	0.114	4.982	0.000

续表

年份	Moran's I	$E(I)$	$sd(I)$	z 值	p 值
2002	0.516	-0.050	0.114	4.971	0.000
2003	0.516	-0.050	0.114	4.980	0.000
2004	0.515	-0.050	0.113	4.975	0.000
2005	0.513	-0.050	0.113	4.969	0.000
2006	0.510	-0.050	0.113	4.951	0.000
2007	0.515	-0.050	0.113	4.991	0.000
2008	0.520	-0.050	0.113	5.024	0.000
2009	0.526	-0.050	0.114	5.064	0.000
2010	0.531	-0.050	0.114	5.102	0.000
2011	0.533	-0.050	0.114	5.114	0.000
2012	0.536	-0.050	0.114	5.138	0.000
2013	0.540	-0.050	0.114	5.166	0.000
2014	0.542	-0.050	0.114	5.183	0.000
2015	0.542	-0.050	0.114	5.185	0.000
2016	0.541	-0.050	0.114	5.175	0.000
2017	0.541	-0.050	0.114	5.179	0.000
2018	0.542	-0.050	0.114	5.193	0.000

(二) 局部自相关检验

为检验研究区域内部不同省市在局部空间上的相关性, 本研究在全局自相关检验基础上, 又引入了局部自相关检验法, 对 21 个欠发达省份新能源发展的局部空间差异性进行了检验, 并以 Moran's I 散点图的形式表明其局部空间差异度, 此处选取 2000 年、2004 年、2008 年、2012 年、2016 年和 2017 年的散点图进行分析 (见图 7-1)。

由图 7-1 可知, 中国 21 个欠发达省份在新能源发展方面虽然具有明显的集聚关联特征, 但从研究内部空间分布上来看, 又具有明显的非均衡特点, 绝大部分省份都处于第一象限和第三象限, 呈现出显著的 "高高" 关联和 "低低" 关联特性。

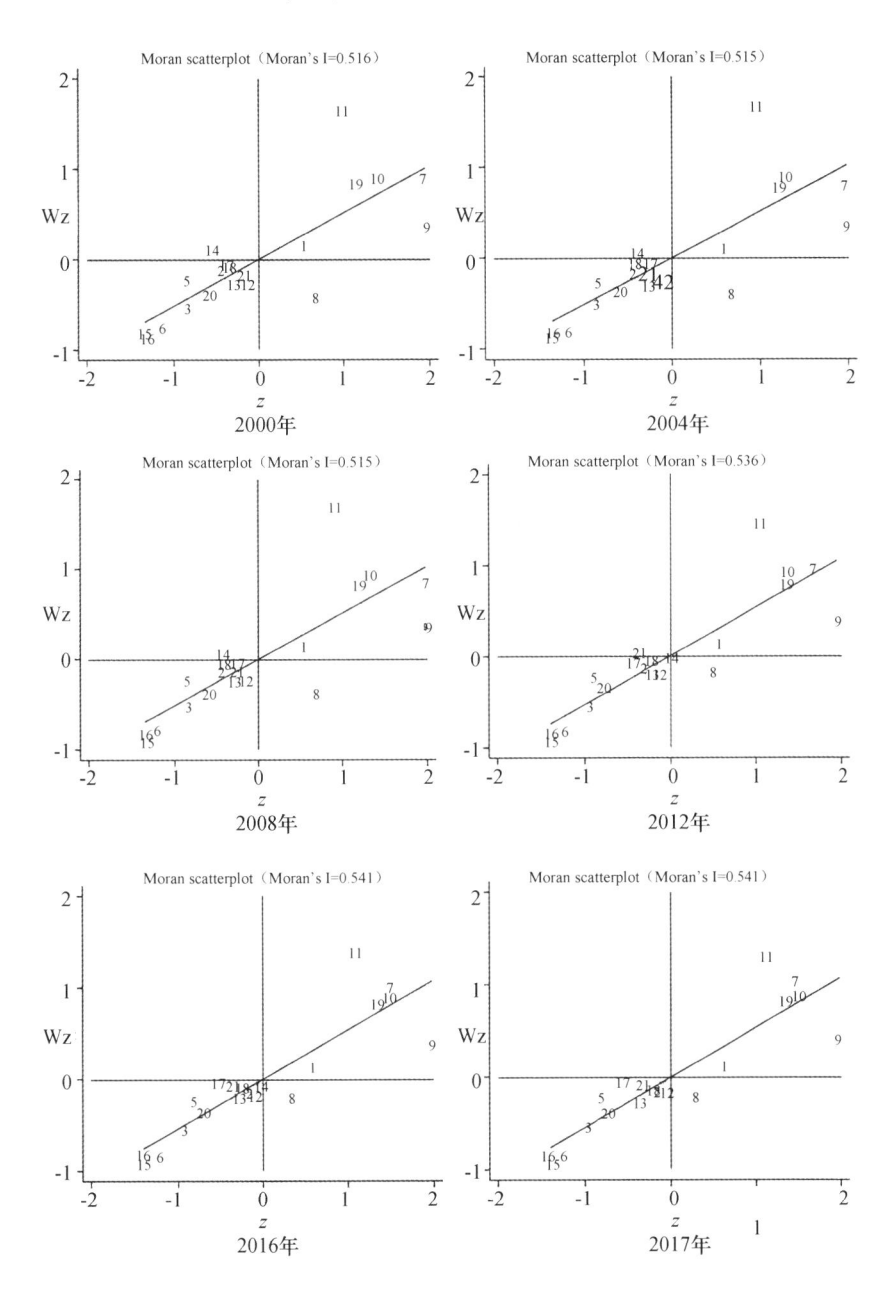

图 7-1 21 个欠发达省份主要年份 Moran's I 散点图

二 空间计量模型估计分析

由于本研究主要研究中国 21 个欠发达省份 2000—2018 年新能源发展

对经济增长的空间经济效应,通过 Moran's I 指数估算结果发现,这种空间相关是显著存在的。因此,采用空间计量模型进行下一步的验证和解释是合适的。由于目前常用的空间计量模型有 SLM、SDM 和 SEM,这三种模型都有不同的应用边界和适用范围(朱新玲,2019)。为了选取更有效的空间模型,需对以上三种模型进行适应性检验。目前,对于空间计量模型的适应性检验,主要有沃尔德(Wald)检验、似然比(LR)检验和拉格朗日乘数(LM)检验三种,这三种检验方法都是渐进等价的,且服从自由度为约数个数的卡方分布。一般而言,对于大样本数据的检验采用上述任何一种检验方法都是可行的。本研究在参考借鉴罗能生(2017)、梁雯(2019)和肖功为(2019)等已有研究基础上,最终选取 Wald 和 LR 两种检验来判定 SDM 模型是否退化为空间滞后或空间误差模型。

经 Wald 和 LR 检验,Wald_ spatial_ lag 和 LR_ spatial_ lag 统计量分别为 14.951 和 4.332,Wald_ spatial_ error 和 LR_ spatial_ error 统计量分别为 13.321 和 2.644。上述两种检验都通过了显著性水平检验,即拒绝 H_0 原假设,因此选择 SDM 模型是有效的。

在处理面板数据时,选择固定效应模型还是随机效应模型是一个根本问题。从 Hausman 检验结果上看,t 值为 103.48,p 值为 0.000,通过 1% 的显著性水平检验,说明采用固定效应要优于随机效应。

(一)普通面板数据混合 OLS

在对面板数据进行空间计量分析之前,本研究运用混合 OLS 对样本数据进行估计,具体回归结果如表 7-5 所示:

在混合 OLS 模型估计结果中,新能源消费占比的弹性系数为 0.000503,但未通过显著性检验,说明欠发达地区发展新能源对经济增长具有正向影响,但这种影响还不显著;其他 5 个控制指标都通过了 1% 的显著性水平检验,说明本研究选取的控制变量都对欠发达地区经济发展起到正向促进作用,且这种影响是显著的;Durbin-Watson(DW)值为 0.1596,说明样本的残差序列存在自相关性。于是,本研究又利用 Moran's I 对 OLS 模型估计下生成的残差序列进行空间相关性检验,结果显示这些残差序列存在空间分布在第一象限和第三象限,且都在 1% 的水平显著,这说明其存在空间相关性;LM test no spatial lag(25.266)和 LM test no spatial error(153.652),这说明样本数据存在空间滞后项和空间误差项。因此,本研究选择 SDM 模型而不是 SEM 模型或 SLM 模型开展相关研究。

表 7-5 普通面板模型样本估计

变量指标	混合 OLS	空间固定效应	时间固定效应	双固定效应
GDP	-3.155*** (-31.080)			
NEC	0.000503 (1.156)	0.000484 (1.118641)	0.0027*** (5.088)	0.0027*** (5.139)
TEC	0.0649*** (3.034)	0.064881*** (3.032744)	0.0410** (1.999)	0.0416** (2.0317)
URB	0.0211*** (16.779)	0.020961*** (16.68924)	0.0215*** (16.007)	0.0210*** (15.693)
IR	-0.0034*** (-3.114)	-0.003493*** (-3.19815)	0.0022** (2.173)	0.0022** (2.105)
EDU	0.6694*** (39.160)	0.666378*** (39.17686)	0.6434*** (26.981)	0.6341*** (26.592)
K	0.3983*** (20.0212)	0.400909*** (20.13367)	0.3956*** (22.605)	0.401747*** (23.011)
R^2	0.9834	0.9836	0.9844	0.9848
$Sigma^2$	0.0176	0.0173	0.0087	0.0085
Durbin-Watson	0.1596	0.1574	0.3686	0.368
Log-L	243.264	246.3275	382.395	388.676
LM test no spatial lag	25.266***	29.0081***	4.628**	3.799*
Robust LM test no spatial lag	8.126***	10.0731***	3.177*	2.479
LM test no spatial error	153.652***	157.2549***	2.505	2.696
Robust LM test no spatial error	170.792***	176.19***	3.956**	4.017**

注：括号内为 t 统计量，*、**、*** 分别表示在10%、5%、1%的显著性水平下显著。

（二）空间面板杜宾模型估计

由表 7-5 可知，利用混合 OLS 模型对样本数据估计后的结果是有偏的，存在空间滞后项和空间误差项，不满足经典线性条件下假设条件。为消除非空间条件下的估计结果有偏问题，本研究利用空间面板杜宾模型，运用极大似然估计法（ML），对样本数据进行空间相关性分析（见表 7-6）。由表 7-6 可知，2000—2018 年，21 个欠发达省份新能源消费占比的增加有效促进了地区经济增长，其弹性系数为 0.002251，t 值为

4.146832，说明经济增长每增长一个百分点，新能源消费占比就会提高约 0.0023 个百分点，且这种正向促进作用在 1% 的置信水平上显著。$W*NCE$ 的弹性系数为 -0.002523，说明本地区新能源消费增长对邻近地区的经济增长起负向溢出作用，且这种负向溢出作用在 1% 的水平上显著。在控制变量中，能源消费总量这一变量的弹性系数 0.051513，t 值为 2.4520，说明经济增长每增长一个百分点，能源消费总量就会提高约 0.0515 个百分点，这种正向影响在 5% 水平上是显著的。加入空间矩阵之后，$W*TEC$ 的弹性系数为 0.03824，没有通过任何显著性水平检验，说明本地区能源消费增加对邻近地区的经济增长具有正向溢出作用，但这种正向溢出效应目前仍不显著。也就是说，在未考虑空间作用时，能源消费总量对经济增长的作用是被高估的。

表 7-6　　　　　　　　新能源发展与经济增长的 SDM 模型估计

变量指标	空间固定效应	时间固定效应	双固定效应
NEC	0.002251 *** (4.146832)	0.003069 *** (5.592311)	0.003066 *** (5.454895)
TEC	0.051513 ** (2.451967)	0.039705 * (1.891074)	0.040387 * (1.868055)
URB	0.021044 *** (15.332772)	0.021717 *** (15.878652)	0.021242 *** (15.111122)
IR	0.001301 (1.224591)	0.001898 * (1.803986)	0.001912 (1.751769)
EDU	0.637677 *** (26.136592)	0.637155 *** (25.868126)	0.628791 *** (24.821877)
K	0.40081 *** (21.781977)	0.395845 *** (22.180909)	0.401677 *** (21.894282)
$W*NEC$	-0.002523 *** (-4.007799)	0.003918 ** (2.156409)	0.003941 ** (2.109725)
$W*TEC$	0.03824 (1.135433)	-0.004984 (-0.074767)	-0.012435 (-0.181577)
$W*URB$	-0.009192 *** (-4.144476)	0.009306 ** (2.080467)	0.007746 * (1.686768)

续表

变量指标	空间固定效应	时间固定效应	双固定效应
$W*IR$	-0.00768***	-0.002579	-0.00221
	(-4.637223)	(-0.878337)	(-0.725078)
$W*EDU$	-0.342628***	0.184175**	0.149232*
	(-7.8836)	(2.08093)	(1.662581)
$W*K$	-0.268813***	0.063316	0.039925
	(-7.406801)	(1.032783)	(0.631255)
$W*GDP$	0.567984***	-0.26897***	-0.202948***
	(11.634652)	(-4.037928)	(-3.072086)
R^2	0.9902	0.9923	0.9924
$Sigma^2$	0.0108	0.0085	0.0087
Log-L	333.94139	387.37004	392.85053

注：同表7-5。

其他控制变量中，$W*IR$和$W*EDU$的弹性系数分别为-0.00768和-0.342628，说明本地区工业化水平和受教育水平的提高对邻近地区经济增长具有负向溢出效应，且这种影响在1%的水平上是显著的。$W*URB$的弹性系数分别为-0.009192，说明本地区城镇化率的提高对邻近地区经济增长具有负向溢出效应，这种负向的溢出作用在1%的水平上也是显著的。$W*K$的弹性系数是-0.268813，说明本地区物质资本存量增加对邻近地区增长也起着负向溢出作用，通过了1%的显著性检验，说明这种负向作用是显著的。

（三）SDM模型的直接效应、间接效应和总效用

仅仅通过SDM模型估计系数来研究新能源发展对经济增长的影响程度是不全面的，这主要是因为SDM模型具有空间溢出效应。可进一步通过引入直接效应、间接效应和总效用，将新能源发展对经济增长的影响效应进行具体分解，直观反映各地区新能源发展对本地区以及邻近地区经济增长的影响，具体结果如表7-7所示。

表7-7　　　　空间杜宾模型的直接效应、间接效应和总效用

变量	直接效应		间接效应		总效用	
	系数	t统计量	系数	t统计量	系数	t统计量
NEC	0.0021***	4.089	-0.0027***	-2.732	-0.0007	-0.6618
TEC	0.0619***	3.066	0.1470**	2.198	0.2089***	2.898
URB	0.0215***	16.298	0.0060*	1.759	0.0275***	7.599
IR	0.0002	0.219	-0.0150***	-4.605	-0.0147***	-4.109
EDU	0.6403***	27.383	0.0427	0.9346	0.6831***	14.867
K	0.3942***	20.646	-0.0894	-1.232	0.3047***	3.738

注：同表7-5。

由表7-7可知，在直接效应中，新能源消费占比的弹性系数为0.0021，通过1%的显著性水平检验，说明新能源消费增加能够促进本地区经济增长，且这种作用目前来看是显著的。主要原因是随着国家对生态环境越来越重视，淘汰传统能源、发展新能源已经成为大势所趋和发展所向。在这样的背景下，全国各地，特别是在广大欠发达地区，在相关政策支持推动下，较短时间涌现出以光伏、风能等为代表的新能源生产项目。这些清洁能源的出现，一方面不仅能够改善欠发达地区以煤炭、石油为主的"高能耗、高污染、低产出"能源消费结构，降低能源传输成本和储存成本，而且还能降低欠发达地区对传统化石能源依赖度，用实际行动践行"绿水青山就是金山银山"理念；另一方面，新能源具有利用率高、污染性低、价值大等优势，在中国欠发达地区大量推广使用，不仅能够提升单位能源利用强度，降低经济发展过程中的单位GDP能耗，减少生产生活中的碳氧化物、硫氧化物等有害物质排放，而且有利于保护欠发达地区脆弱生态环境，推动其朝着低碳绿色、高效循环、可持续方向发展。控制变量中，能源消费总量、城镇化率、受教育水平和物质资本存量的弹性系数分别为0.0619、0.0215、0.6403和0.3942，都通过了1%的显著性水平检验，说明随着经济不断发展，能源消费总量、城镇化率、人力资源和物质资本都在增加，而这些变量数据增长，反过来又在推动着地区经济增长。工业化率系数为0.0002，但未通过任何显著性水平检验，说明欠发达地区工业化水平提升虽然对经济增长起到正向作用，但这种正向作用

尚不显著，仍需不断优化调节。综上，不难看出，上述模型估计结果与中国欠发达地区经济社会变化发展趋势基本一致。

由于本研究主要研究欠发达地区新能源发展对经济增长的空间溢出效应，因此间接效应才是本研究关注的重点。在间接效应中，新能源消费占比的弹性系数为 -0.0027，通过 1% 的显著性水平检验，说明本地区新能源消费的增加，可以通过改变空间交互作用潜在地阻碍邻近地区经济增长，即产生了负向空间溢出效应，且从目前趋势来看，这种负向作用是显著的。这主要是因为新能源作为未来世界能源利用重要发展方向，是受到国家政策鼓励和支持的，广大欠发达地区作为中国重要的新能源集聚地、原产地，地理位置相互邻近，各个地方出于对自身利益的考量，往往会通过不同方式开展新能源建设项目竞争。这种以个体为核心、不顾整个欠发达地区全局利益的竞争方式，会在不同地区之间产生竞争效应，这也就能够解释为什么单个欠发达地区发展新能源会对其他邻近地区产生负向空间溢出效应。

在控制变量中，能源消费总量的弹性系数为 0.1470，通过 5% 的显著性检验，说明本地区能源消费总量的增长会对邻近地区经济增长起正向空间溢出效应，但这种促进作用仅在 5% 水平上显著，其主要原因是欠发达地区原有工业基础较弱，相比东部沿海发达地区，仍处于大规模工业化阶段，对能源需求量较大，使其成为推动欠发达地区经济增长的动力来源。

城镇化率的弹性系数为 0.0060，通过了 10% 的显著性水平检验，说明本地区城镇化率的提升会对邻近地区经济增长产生正向空间溢出效应，且这种作用在 10% 水平上是显著的。因为城镇化过程不仅仅是人口的城镇化和土地的城镇化，而且还伴随产业结构的不断完善、技术利用水平不断提高等方面内容，能够给经济增长带来无限生机和潜力，成为推动地区经济发展的强大"引擎"。

工业化率的弹性系数为 -0.0150，通过了 1% 的显著性检验，说明单个地区工业化水平提高对邻近地区经济增长具有负向空间溢出效应，且这种负向溢出影响是显著的。主要原因是，与东部沿海发达地区相比，广大欠发达地区经济发展水平还比较低，大部分省市都处于工业化发展上升期，即高能耗、高投入、低产出的初级工业阶段，工业产品、水平和质量与周边地区具有很强的同质化现象，工业链附加值较低，产品技术含量较低。在同等条件下，同类型产品在市场上极易形成竞争关系。这种因相互竞争以赢得市场的发展方式，很容易对邻近地区经济产生负向的空间溢出效应。

受教育水平的弹性系数为 0.0427，没有通过显著性水平检验，说明本地区人力资本的提升对邻近地区经济增长起正向空间溢出作用，但这种正向溢出作用还不显著。其主要原因是随着经济发展，交通通达度不断提高，加之各地相继推行条件优厚的人才引进政策，使得人力劳动在欠发达地区之间的流动越来越频繁，这无疑会对整个欠发达地区间经济发展带来巨大的人力支撑。

物质资本存量的弹性系数为 -0.0894，也没有通过任何显著性检验，说明本地区物质资本增加对邻近地区经济增长起负向溢出作用。

三　讨论

对比发现，在考虑加入空间要素前后，欠发达地区发展新能源对经济增长的效应各不相同。事实上，当考虑空间因素时，模型估计结果更加符合欠发达地区经济发展实际情况，这与以往研究结论相一致。

区别以往研究成果，本研究也具有一定的创新性，具体而言：一是本研究选择 21 个欠发达省份作为研究对象，重点对中国广大欠发达地区新能源发展的经济增长效应进行研究，而以往研究较少聚焦欠发达地区，相关文献和实证案例数量较少。二是本研究通过选取 2000—2018 年省际面板数据，结合混合 OLS 和 SDM 模型，实证分析了欠发达地区新能源发展对经济增长的影响程度，研究结果更加符合实际，这也是本研究区别于以往研究最突出的创新点。

当然，本研究仍存在一些不足之处，例如研究周期时限较短、数据指标也不够全面、研究结论仅仅适用于 21 个欠发达地区等。因此，在未来研究中，本研究将进一步扩大研究范围、进一步细化指标体系、选取更加权威的数据，以充实研究结论。

第四节　结论与小结

本研究利用空间杜宾模型，结合 2000—2018 年长序列面板数据，以及构建经济距离空间权重矩阵，分析了 21 个欠发达省份新能源发展的经济增长效应，得到的基本结论和主要观点有以下三点。

（1）中国欠发达地区新能源发展具有显著的空间集聚特征。通过对欠发达地区 Moran's I 进行测算后发现，研究区域中绝大部分省份密集分布在第一象限和第三象限，呈现出典型的"高高"和"低低"集聚特征，即这些欠发达地区之间存在显著的空间正自相关。

（2）在未考虑空间因素情况下，欠发达地区新能源发展对地区经济增长效应是被高估了的。当加入空间因素后，欠发达地区新能源发展对地区经济增长产生负向溢出效应，且这种影响作用是极其显著的。

（3）能源消费总量、工业化、城镇化、受教育水平、物质资本存量对地区经济增长的效应各不相同。新能源消费和工业化对邻近地区经济增长产生负向溢出作用，且这种负向作用在 1% 的水平上显著，而能源消费、城镇化和受教育水平则对邻近地区经济增长产生正向溢出效应，只不过这种影响程度的显著性各不相同。物质资本存量虽然对邻近地区经济增长产生负向溢出作用，但却不显著。

基于上述研究结论，有以下几点政策含义：

（1）欠发达地区应加大政策创新力度，以优厚的政策体系、优越的营商环境、优质的新能源资源，吸引有实力的市场主体参与欠发达地区新能源开发利用，形成支持新能源可持续发展的长效机制，为欠发达地区经济高质量发展提供强大动力。

（2）欠发达地区地方政府应重视跨区域能源合作，优化新能源产业布局和发展方向，合理安排新能源发展时机，严格控制新能源开发规模，走差异化发展路线，避免因无序开发而引发的竞争行为，为欠发达地区新能源的健康发展打下坚实基础。

（3）欠发达地区应加大对新能源勘探、开发、利用等方面的人才培养力度，鼓励欠发达地区高等院校和科研机构积极构建新能源方面的学科体系。特别是应当高度重视硕博等高层次应用型人才培养，鼓励新能源企业与高校开展实训合作，为欠发达地区新能源人才培养和经济发展提供更多优质人才资源。

第八章

欠发达地区新能源发展的环境效应

新时代背景下，如何科学理解中国欠发达地区经济增长与能源消费的关系，以调整和优化能源经济政策，缓解不平衡不充分发展和生态文明建设的矛盾，成为当前重要的课题。本研究采用 EKC 理论，选取属于欠发达地区的 21 个省份 2000—2018 年的面板数据，在考虑地区间空间效应的基础上，分能源品种实证检验这些地区能源消费的 EKC 关系，并分析新能源使用占比、工业化和城镇化等经济社会发展和地理区位等因素对 EKC 的影响机制。结果显示：第一，中国欠发达地区生态足迹拟合图符合环境库兹涅茨曲线，为倒"U"形；第二，加入控制变量的生态足迹拟合结果图，会使拐点推后到来，说明新能源消费占比、工业化水平和城镇化水平对环境压力有明显影响；第三，同时新能源消费占比和城镇化水平与生态足迹是负相关关系，且城镇化水平的弹性系数更加大，而工业化水平与生态足迹是正相关关系。对此，欠发达地区可从重视新能源发展、适度工业化和城镇化、加强区域经济合作等方面完善相关政策，在经济发展和环境保护之间找到平衡。

第一节 问题的提出

能源是人类赖以生存和发展的基础，是经济的驱动力。诺贝尔化学奖得主理查德·斯莫利在阐述未来 50 年人类面临的十大全球性问题时指出，能源问题是位列第一的。2018 年 7 月发布的《财富》世界 500 强中，前 10 位里有 6 家是能源企业，其中 5 家是石油企业。21 世纪是经济增长和能源消耗飞速增长的年代，较高的经济增长需要更多的能源消耗，而更有效的能源使用需要更高水平的经济增长。

自2000年以来，中国能源消费总量增长了4倍，国内生产总值也增长了8倍。随着中国经济的快速发展，环境问题日益严重。因此，研究中国能源消费与经济增长的关系具有典型性。世界自然基金会提出，随着全球化的日益发展，人们普遍认为人类正在超越其生态极限和地球的生物容量。党的十九大报告指出，要坚持人与自然和谐共生，树立和践行"绿水青山就是金山银山"的理念，正确处理经济发展和环境保护之间的关系。在新时期背景下，西方发达国家和中国东部沿海地区走的"先发展后治理"的老路已不适应当前的发展形势。中国中西部地区迫切需要探索一条适合自己特色的高质量发展道路。当前，虽然中国整体处于工业化中后期，经济增长有所放缓，但广大中西部地区仍处于快速发展阶段。煤炭、石油、天然气等传统能源消耗量巨大。能源结构以化石能源为主，大量能源消耗给本已脆弱的生态环境带来较大压力。面对生态文明建设的新形势，中国的发展任务仍然十分繁重，不仅要加快工业化，还要在资源环境约束日益紧张的情况下实现高质量发展。2018年，全国GDP增速为6.6%，中西部地区经济增速普遍高于全国平均水平，例如湖北增速高达10.6%，同时，万元GDP能耗也普遍高于北京、天津、上海等地。在此背景下，如何科学认识经济增长与能源消费的关系，如何调整和优化能源经济政策，缓解发展不足与生态文明建设的不平衡，成为当前亟待解决的重要课题。

本研究采用EKC理论来分析和判断环境状况与经济增长之间的关系。早在30多年以前，环境经济学家就经济增长是否有助于解决环境问题展开丰富研究。一是各类区域范围内EKC假设。例如，在国际层面，Acaravci和Ozturk（2010）研究了19个欧洲国家发现，由于EKC假设的有效性不同，在不同国家所产生的作用也就不同。Mehmet等（2019）通过调查1977—2013年11个新兴工业化国家的经济增长、能源消耗、金融发展和生态足迹之间的关系，并对EKC假设的有效性进行了检验。结论表明，经济增长可以解决环境问题。Ugur和Mucahit（2020）研究了巴西、中国、加拿大、印度、挪威和美国6个最大的水力发电国的生态足迹与经济增长之间的关系。在国家层面，Ahmad等（2017）认为经济增长有助于克服克罗地亚的环境污染，并且污染将随着经济增长和发展而减少。Sohag 等（2015）研究了俄罗斯的二氧化碳排放、能源消费和经济增长之间的关系，发现俄罗斯 1990 年至 2007 年的数据不支持 EKC 假设。郝宇和廖华（2014）在对中国能源消费和电力消费的环境库兹涅茨曲线研究时发现，人均能源（电力消费）与人均 GDP 间存在倒"N"形的 EKC 关系。在局部区域层面，曾翔和沈继红（2017）选取江浙沪三地 25 个地级市为研究对象，得出二氧化硫排放作为环境压力指标比烟尘具有更好的拟合结果。靖学青（2018）测度了长江经济带 11 个省市城镇化对长江经济带废水排放的影响，发现二者存在类似于环境 EKC 的倒"U"形关系。赵立祥和赵蓉（2019）通过对比中国东中西三大区域后发现，中国东南部地区基本上已经越过 EKC 曲线的拐点，但多数中部和西部省份处于峰值阶段，经济增长所带来的大气污染问题比较严峻。

二是影响 EKC 的主要因素。有研究采用 1998—2013 年中国省际面板数据，利用 EKC 模型和方法，发现税收政策、环境投资等从不同方面对环境污染产生影响（李佳佳和罗能生，2017）。另外的研究发现，经济规模、产业结构、人口密度会导致雾霾污染加重，而经济密度对雾霾污染具有显著负影响，且雾霾污染与地理区位之间存在密切关联（刘华军和裴延峰，2017）。王宪恩等（2016）基于先进工业化国家和中国东部发达地区的实践，提出在工业化进程中经济社会与能源环境的协调发展度呈现明显的"U"形变化趋势。郭莎莎等（2018）基于可持续城镇化视角，利用 2003—2015 年的北京市相关数据，测算了城镇化发展指数与资源环境压力指数，进而对城镇化背景下资源环境压力状况进行了评估。刘永旺等（2019）的研究显示，在长期关系中，人口集聚、经济集聚与环境污染呈现双向环形的因果关系，政策制定应重视区域经济、人口城镇化、环境保护之间的协调发展。

本研究旨在通过探讨中国欠发达地区的经济增长和生态足迹的关系，来检验 EKC 关系及其决定因素。本研究有助于理解一个国家在区域范围内工业化发展大量消耗能源的情况下，经济增长与环境之间的关系。

第二节　新能源发展的环境效应模型与方法

一　基于面板数据的 EKC 模型

为了科学理解欠发达地区新能源发展的环境效应，本研究在经典 EKC 模型的基础上，采用生态足迹作为环境压力衡量指标，GDP 作为经济发展衡量指标，新能源消费占比、工业化水平、城镇化水平作为控制变量，从而构建改进的 EKC 模型。

库兹涅茨曲线是 20 世纪 50 年代经济学家库兹涅茨提出用于分析人均收入和分配公平程度之间的模型。研究表明，分配不公平的现象会随着人均收入的增加先升后降，呈倒"U"形。Panayotou（1993）首次将此理论运用于描述环境压力与人均收入之间的关系，并命名为 EKC，即环境压力会随着人均收入的增加先上升后下降。EKC 最初始的函数模型是基于时间序列数据分析的模型，是二次多项式函数关系：

$$y_{it} = \beta_0 + \beta_1 x_{it} + \beta_2 x_{it}^2 + \varepsilon_{it} \qquad (8-1)$$

在（8-1）式中，y_{it} 是环境压力，x_{it} 是经济产出。在 EKC 中，环境压力采用的衡量指标有多种方式，例如二氧化硫、二氧化碳或者废气排放量等。但是，因为各类污染物的测量存在一定的困难性、数据获取不全而且污染物种类的众多，使衡量存在一定的误差，采用单一的污染物衡量指标反而会因为不够全面而给结果带来误差，所以本研究采用生态足迹量来衡量，因为生态足迹涉及环境的各个方面，从而表示环境压力更具代表性。经济产出采用常用衡量指标——人均 GDP 来衡量。

为了进一步考察中国欠发达地区 EKC 的影响机制，需要引入对因变量即环境压力具有较大影响的控制变量。一般而言，经济增长与环境保护的关系，与工业化阶段、产业结构、社会发展及区域地理等因素息息相关，这些因素直接或间接地影响 EKC 拐点的形成。因此，在本研究中，我们选择新能源消费占比、工业化水平、城镇化水平作为影响 EKC 变化的主要因素。具体而言，首先，新能源对于环境的影响也是巨大的，新能源对弥补能源短缺和减缓环境压力有重要意义。其次，工业化水平代表经济发展阶段以及相应的产业结构模式，属于经济发展范畴。中国欠发达地区的工业化处于快速发展阶段，第二产业占比往往经历先上升而后逐步下降的过程，对环境的影响也会呈现先上升后下降的趋势。最后，城镇化代表社会发展水平，是社会进步的表现，属于社会发展范畴。中国欠发达地区的工业化过程必然伴随着城镇化的快速推进，大量农村剩余劳动力流向城镇，由农民工逐渐转变为市民，由传统乡村型社会转型为现代城市型社会，而社会发展水平的提升和人们生活质量的提高，不可避免地给环境带来压力。

在对 EKC 模型进行优化时，经过数据初步试验结果，通过引入新的相关控制变量，以取对数的方式，得到模型（8-2）：

$$\ln y_{it} = \beta_0 + \beta_1 \ln x_{it} + \beta_2 (\ln x_{it})^2 + z_{it}\eta + \varepsilon_{it} \qquad (8-2)$$

在此，形成了 *EKC* 的初始模型。其中，y_{it} 表示中国欠发达地区中第 i 个省份第 t 年的生态足迹的对数，x_{it} 表示第 i 个省份第 t 年的人均 GDP（2000 年不变价）。z_{it} 为控制变量，表示新能源消费占比、工业化水平、城镇化率等。

本研究先将不加入控制变量的经典 EKC 的拟合模型与加入新能源 *ne* 作为控制变量模型 2 的结果进行对比，然后将新能源消费总量模型 1、工业化水平（*ind*）、城镇化率（*urb*）三个控制变量同时加入的模型 3 进行对比。总计 3 个模型，表示如下：

模型 1：$\ln y_{it} = \beta_0 + \beta_1 \ln x_{it} + \beta_2 (\ln x_{it})^2 + z_{it}\eta + \varepsilon_{it}$

模型 2：$\ln y_{it} = \beta_0 + \beta_1 \ln gdp_{it} + \beta_2 (\ln gdp_{it})^2 + \eta_1 \ln ne_{it} + \varepsilon_{it}$

模型 3：$\ln y_{it} = \beta_0 + \beta_1 \ln gdp_{it} + \beta_2 (\ln gdp_{it})^2 + \eta_1 \ln ne_{it} + \eta_2 \ln ind_{it} + \eta_3 \ln urb_{it} + \varepsilon_{it}$

$$(8-3)$$

二 研究区域及数据

《中国农村贫困监测报告》中如实记录了脱贫攻坚总体目标实现进程、客观评价农村减贫成效、全面反映各地区各部门实施精准扶贫工作实际及成果，其中地区篇包括 22 个省份。本研究选取 21 个省份（西藏除外）进行研究，将这 21 个省份定义为中国现在的欠发达地区。该地区面积占全国总面积的比重超过 75%，能源消费占全国能源总消费的比重超过 60%，人口占全国总人口的比重超过 60%。2018 年年末，全国农村贫困人口 1660 万人，而除去东部的 147 万人，剩余的为中西部，贫困人口占比超过90%。2018年,欠发达地区农村居民人均可支配收入10371元,比上年增加994元,名义增长10.6%,扣除价格因素,实际增长8.3%,实际增速高于全国农村人均可支配收入增速1.7%,圆满完成增长幅度高于全国平均增速的年度目标任务,显现出该地区对于中国的发展具有重要的战略意义。

本研究这21个省份作为研究样本,时间跨度为2000—2018年。根据研究方法和模型,本研究的变量包括生态足迹因变量,人均GDP自变量,新能源消费占比、工业化水平以及城镇化水平等三个控制变量。

生态足迹是一种综合、全面且有效的自然资源开发和利用程度度量指标,可以用来反映经济增长和能源消费对环境的影响。根据本书第四章第三节生态足迹测算结果,生态足迹的单位是hm^2/人,用 ef 表示。人均GDP的单位为元,用2000年的不变价进行处理,用 gdp 表示。新能源消费占比使用风能、太阳能等非一次能源发电量在该省能源发电总量中的占比进行测度,用 ne 表示。工业化水平测度的方式有许多种,比如采用以非农产业就业人口占总就业人口的比重间接反映工业化水平,以非农产业(第二、第三产业之和)增加值占GDP的比重(简称非农占比)来反映工业化整体水平,以工业或第二产业增加值占国内GDP的比重来反映工业化水平等。还可采用西方的一些综合衡量方法,比如库兹涅茨法则、霍夫曼定理等。考虑到在快速工业化进程中,第二产业增长速度快,带来的污染程度很高,所以本研究采用工业增加值占GDP的比重作为工业化水平的衡量标准,用 ind 表示。城镇化是一个综合的概念,包括人口城镇化、地域城镇化、经济城镇化和生活方式城镇化等方面。通行的做法是用城镇人口占总人口的比重来衡量城镇化水平,本研究中用 urb 表示。

因此,本研究的研究样本是一个包含21个省份、时间跨度为2000—2018年的空间面板数据。所有数据均来自中国统计年鉴、中国能源统计年鉴和各省的统计年鉴。该面板数据的描述性统计结果如表8-1所示。

表8-1　　　　　　　　　指标描述性统计结果

变量名	单位	观察值	平均值	标准差	最小值	最大值
生态足迹（ef）	tce	399	135000000	8900000	8255331	383000000
人均实际GDP（gdp）	元	399	16504.830	9963.758	2661.557	51739.730
新能源消费占比（ne）	%	399	14.485	15.559	1.030	70.266
工业化水平（ind）	%	399	45.705	7.383	19.760	61.500
城镇化水平（urb）	%	399	43.930	9.544	23.300	65.500

第三节　基于欠发达地区的实证结果与讨论

本研究所有回归结果都是基于 Matlab 软件得出。首先，我们用混合 OLS 模型对面板数据进行估算和分析，结果如表 8-2 所示。从结果中，我们可以看到无固定的结果中 R^2 值较小，各个变量指标的显著性不明显，说明无固定回归结果并不理想。随后分别进行空间固定、时间固定和空间时间双固定的模型测算。对比这四个结果，我们可以看到空间时间双固定的模型拟合的结果最好，且各个变量指标的显著性也是最高的。为了避免空间效应对结果造成影响，进行 LM 检验，结果显示都没有拒绝原假设，所以空间滞后和空间误差对结果并没有产生巨大影响，空间时间双固定的测算结果最为准确。

由于空间时间双固定的结果是最好的，所以将三个模型的空间时间双固定的结果画出图像，使得结果更为直观化，如图 8-1 所示。

研究 EKC 的时候，计算的是拐点到达时间。从图 8-1 来看，能源总消费和各类能源消费的直接效应结果都呈倒"U"形。通过模型 1 的数据我们可以了解到，GDP 的结果是显著的，说明中国欠发达地区生态足迹和经济增长的拟合结果都是符合经典 EKC 的。其拐点在 92967 元（以

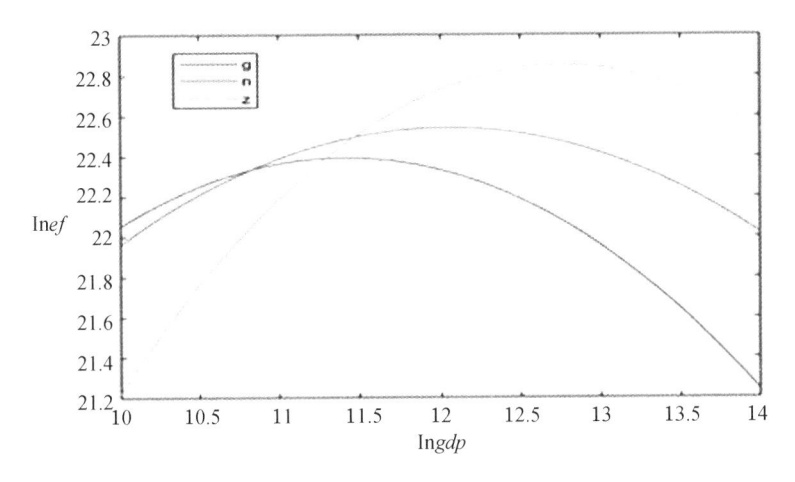

图 8 – 1　空间时间双固定结果

2000 年作为不变价）的位置。通过这个结果，我们可以了解到，与 2018 年人均 GDP 最大值 51739 元相比，中国欠发达地区距离拐点的到达还有一定的时间，在此之前，生态足迹（环境压力）将持续增加，直至峰值点，为此需有所准备。部分学者对 EKC 拐点测算进行研究，例如 Wang 和 Li（2019）认为中国的拐点将在 2030 年左右到达。Samuel 和 Strezov（2018）提出中国作为中等收入国家，拐点会在 28000 元左右的时候到达。对比计算结果，虽然存在一些差距，但是仍然属于合理范围之内，因为单独测算欠发达地区的数据结果，可能对结果产生影响。而且其实现在许多发达国家也未到达环境质量逐渐变好的拐点，所以拐点到来可能还需要一段时间。

通过改进模型，将控制变量加入 EKC 模型，从中我们可以判断这些控制变量对于 EKC 的影响作用。第一，三条曲线拐点对应的人均 GDP 不同，说明拐点到来的时间不同；第二，在拐点到来之前，生态足迹（环境压力）是不断上升的；第三，我们追求的目标是使 EKC 曲线尽量平缓，即尽可能降低拐点的峰值。这也正是制定政策的出发点。经过对比模型 1 与模型 2、模型 3 的结果，我们可以了解到这些控制变量对于拐点的到来具有推后作用，说明新能源消费占比的提升、工业化水平的提升和城镇化水平的提升使得环境压力峰值的到来推后。从结果中我们可以看到，仅加入新能源消费占比的拐点推后为 160813 元；将工业化水平以及城镇化水

表 8-2　回归结果

变量	模型1				模型2				模型3			
模型	lnef											
估计方法	无固定	空间固定	时间固定	双固定	无固定	空间固定	时间固定	双固定	无固定	空间固定	时间固定	双固定
C	9.060 (1.232)				14.704** (2.065)				11.601** (2.057)			
$\ln gdp$	1.319 (0.848)	1.208 (0.771)	3.976*** (4.836)	3.925*** (4.765)	0.181 (0.120)	0.152 (0.100)	3.343*** (3.975)	3.326*** (3.968)	0.995 (0.805)	0.885 (0.715)	5.371*** (6.747)	5.462*** (6.978)
$(\ln gdp)^2$	-0.035 (-0.424)	-0.029 (-0.347)	-0.174*** (-4.026)	-0.172*** (-3.951)	0.027 (0.334)	0.028 (0.354)	-0.139*** (-3.135)	-0.138*** (-3.119)	0.029 (0.451)	0.036 (0.563)	-0.212*** (-5.143)	-0.214*** (-5.296)
$\ln ef$					-0.179*** (-5.922)	-0.180*** (0.354)	-0.093*** (-2.996)	-0.095*** (-3.070)	-0.173*** (-6.978)	-0.174*** (-7.058)	-0.082*** (-3.103)	-0.085*** (-3.232)
$\ln ind$									1.433*** (9.820)	1.421*** (9.780)	0.459*** (3.614)	0.416*** (3.321)
$\ln urb$									-2.753*** (-11.369)	-2.819*** (-11.665)	-2.193*** (-11.631)	-2.305*** (-12.394)
R^2	0.270	0.273	0.580	0.587	0.330	0.333	0.589	0.597	0.597	0.603	0.705	0.719
$sigma^2$	0.470	0.466	0.115	0.112	0.433	0.429	0.113	0.110	0.262	0.256	0.082	0.077
$\ln L$	-413.958	-412.681	-133.860	-128.951	-396.987	-395.644	-129.388	-124.257	-295.705	-291.875	-63.433	-52.120
D-W	0.095	0.091	0.552	0.548	0.112	0.108	0.571	0.569	0.141	0.137	0.511	0.532

续表

因变量	lnef												
模型	模型1				模型2				模型3			
估计方法	无固定	空间固定	时间固定	双固定	无固定	空间固定	时间固定	双固定	无固定	空间固定	时间固定	双固定
LM spatial lag	1078.732	1083.974	0.480	0.353	903.066	910.425	0.151	0.090	526.490	530.616	0.245	0.111
	(0.000)	(0.000)	(0.488)	(0.552)	(0.000)	(0.000)	(0.697)	(0.764)	(0.000)	(0.000)	(0.621)	(0.740)
Robust LM spatial lag	0.642	0.608	0.635	0.502	0.000	0.010	0.588	0.404	31.449	31.095	0.198	0.100
	(0.423)	(0.436)	(0.425)	(0.479)	(0.989)	(0.920)	(0.443)	(0.525)	(0.000)	(0.000)	(0.656)	(0.752)
LM spatial error	1394.755	1408.473	0.089	0.056	1303.280	1320.997	0.003	0.007	922.394	947.806	0.070	0.025
	(0.000)	(0.000)	(0.765)	(0.814)	(0.000)	(0.000)	(0.953)	(0.936)	(0.000)	(0.000)	(0.792)	(0.873)
Robust LM spatial lerror	316.666	325.108	0.244	0.204	400.214	410.582	0.440	0.320	427.353	448.285	0.023	0.015
	(0.000)	(0.000)	(0.621)	(0.651)	(0.000)	(0.000)	(0.507)	(0.572)	(0.000)	(0.000)	(0.879)	(0.903)
拐点	18.992	21.060	11.395	11.440	−3.404	−2.680	11.988	12.029	−17.156	−12.230	12.688	12.745

注：lnef 表示省级能源消费总量的对数，C 为常数项，lnL 为极大似然值的对数，lngdp 表示人均收入的对数，lnne 为新能源使用占比的对数，lnind 为工业化水平的对数，lnurb 为城镇化水平的对数，D－W 表示 Durbin－Watson 统计量。解释变量估计值下方括号里是对应的统计量 t 值，各项 LM 检验统计量下方括号内为其对应的 p 值。***，**，* 分别表示在 1%，5%，10% 的显著水平下显著。

平加入后，拐点再次推迟为 342833 元。具体到每个控制变量的系数，我们可以观察到：新能源使用占比的弹性系数皆呈负数且显著，为 -0.085。Sharma 和 Chandel（2016）在回顾印度国家气候变化行动计划下可再生能源部门的各种举措的基础上强调了对可再生能源资源开发的有效投入和技术进步机制的需求，从而得出保护环境需要在可再生能源使用结构上提升技术。工业化水平对于能源的消耗具有较大的影响且呈正相关，弹性系数为 0.416。Ahmad（2016）等研究印度的能源消耗和经济发展之间的关系，也得出相同的结论，因为印度工业主要耗能是电，而发电主要模式是煤炭发电。城镇化水平在生态足迹作为因变量的拟合结果中，其弹性系数皆呈负相关关系，为 -2.305。这说明适度城镇化反而会有利于生态足迹的减少，城镇化水平的提升，使得集聚效应在能源消费方面的作用凸显出来。这表明适度城镇化反而有利于减小生态足迹拐点到达时的峰值。这也与 Daly 等（2014）的研究结果相一致，从长期来看，城市化对 CO_2 排放有负面影响。这主要是因为城市公共交通和城市私家车越来越多地使用清洁能源或无污染的电力，从而使交通部门的二氧化碳排放量逐渐减少。

但本研究也存在一定的局限性。例如，样本量较小。2000—2018 年的数据样本只有 399 个，涉及中国 21 个省份。对于进一步的研究，我们可以增加样本量，例如延长研究周期或将数据的样本改为更为微观的县市数据。我们甚至可以研究不同国家欠发达地区的经济发展、新能源消费与环境之间的关系，通过对结果进行比较，分析产生不同结果的原因，并提出不同的政策建议。

第四节　结论与小结

本研究选取中国欠发达地区 21 个省份进行研究，探究其 2000—2018 年的生态足迹发展现状及趋势，从侧面反映出经济发展与环境压力之间的 EKC 关系，并分析新能源消费占比、工业化水平以及城镇化水平等经济社会发展因素对 EKC 的影响机制，以期从环境效应视角出发，为优化中国欠发达地区能源消费结构以及相关政策，避免陷入中等收入陷阱，实现经济与环境发展提供参考借鉴，主要结论如下。

（1）中国欠发达地区生态足迹拟合图符合 EKC，为倒"U"形。

（2）加入控制变量的生态足迹拟合结果图显示拐点会推后到来，说明新能源消费占比、工业化水平和城镇化水平对环境压力有明显影响。

（3）同时新能源消费占比和城镇化水平与生态足迹是负相关关系，且城镇化水平的弹性系数更加大，而工业化水平与生态足迹是正相关关系。

根据实证分析结果，政策含义包括以下几点。

（1）加强区域经济合作治理。环境保护政策要综合考虑各种影响因素，做到因地制宜、因地施策。充分考虑各种对环境有影响的因素，通过技术改进对环境污染产生影响的各类因素，将会对环境拐点到来的时间，以及峰值的大小，带来显著的影响。

（2）重视新能源发展。欠发达地区为了完成工业化发展任务，在无法改变能源消费总量的情况下，应持续优化能源消费结构，提升清洁能源的消费占比，实现既维持经济较快增长又缓解环境压力的双重目标。通过分析新能源使用占比这个控制变量系数可以发现，对欠发达地区而言，当前应聚力共推传统化石能源进入向下拐点期，并在到达该顶点前，注重环境保护，缓解环境压力。在促发展、保速度、降能耗、减污染工作的过程中，尤其要注重通过财政政策扶持新能源发展，同时通过转变发展方式、推行绿色增长来支持经济发展。

（3）适度工业化和城镇化。通过对工业化和城镇化这两个控制变量的系数分析表明，欠发达地区工业化水平对于生态足迹呈正相关，而城镇化水平对生态足迹呈负相关。说明第二产业的发展和人口聚集会使能源消费增加，但是提升城镇化水平反而可能提高能源的供应效率。所以在制定政策时，应针对欠发达地区的特点，综合考虑地区收入、新能源发展水平以及不同地区工业化水平和城镇化水平等因素。例如，适度控制第二产业在国民经济中的占比，适度加强城镇化建设等，让工业化、城镇化等主要影响机制充分发挥其作用。充分发挥地区工业化、城镇化和生态足迹、环境保护的聚集效应、规模效应和耦合效应。

第九章

欠发达地区新能源发展的减贫效应

作为一种重要的政策工具,新能源扶贫政策的实施对欠发达地区打赢脱贫攻坚战具有重要意义。本研究运用 PSM-DID 法,以光伏扶贫政策为例,选取安徽省、河北省、陕西省、甘肃省等作为研究对象,从县级层面对光伏扶贫的减贫效应进行综合评估。研究发现,光伏扶贫政策的实施对农户提升自身生计水平有正向影响。针对研究中发现的问题,本研究从土地流转、人力资本和自然资源利用等方面提出政策建议,以期为政府部门和有关组织完善新能源扶贫相关政策提供参考借鉴。

第一节 问题的提出

在习近平新时代中国特色社会主义思想的指导下,我们必须准确理解绿色发展理念,转变发展方式。大力发展可再生能源,是推动生态文明的重要环节。光伏具有无污染、零排放等特点,受到越来越多的重视,因此光伏与扶贫相结合是一种重要的新能源扶贫方式,能够推动欠发达地区可持续发展。中国幅员辽阔,光照资源丰富,光伏产业具有发展的先天优势,将光伏产业与扶贫结合,是欠发达地区将能源优势转化为经济优势的重要途径。2015 年,光伏扶贫被确定为中国十大精准扶贫[①]方式之一。因地制宜地利用当地丰富的太阳能资源,发展光伏扶贫事业,是符合欠发达地区现实发展需要的。

---

① 精准扶贫是粗放扶贫的对称,指的是根据不同贫困区域环境、不同贫困区域状况、运用科学有效程序对扶贫对象实施精确识别、精确帮扶、精确管理的方式。

目前,国内研究认为光伏扶贫的减贫效应明显。胡宗义(2019)等采用 Hicks-Moorteen 指数测算了经济包容性全要素生产率,研究发现新阶段扶贫开发对中国经济的包容性增长产生了积极影响,且影响效果具有持续性。而太阳能作为中国最重要能源之一,在能源扶贫中占据着重要地位。随着精准扶贫的不断发展,出现了很多以农户为导向的政策评估,李明月(2020)以可持续生计理论为基础研究了精准扶贫对农户生计提升的效果评价。谢大伟(2020)对易地扶贫搬迁移民可持续生计问题进行了评估,并为提升资本整合、促进农户可持续发展提供了建议。

这些研究从不同角度检验了光伏扶贫减贫效应的显著性,认为光伏扶贫既开拓了光伏市场的新领域,也发挥了显著的经济社会效应。因此,光伏扶贫对于欠发达地区发展新能源产业、增加贫困群体收入、改善欠发达地区生活水平等方面发挥了不可替代的作用。同时,也促进了欠发达地区生产生活方式的变革,带动了当地经济社会的进步。但是这些研究侧重于宏观的减贫效应,较少从县级层面检验其减贫效应。

扶贫政策主要通过政策倾斜和项目实施等提高贫困人群分享发展成果的机会和能力,因此本研究利用政策效果评估来体现欠发达地区新能源发展的减贫效应。在已有研究成果基础上,本研究以国家能源局和国务院扶贫办联合颁布的《关于组织开展光伏扶贫工程试点工作的通知》(以下称为《通知》)为根据,挑选了安徽省、河北省、甘肃省、山西省作为样本,通过县级层面贫困区域进行减贫效应检验,样本区间为2011—2018年,运用 PSM-DID 方法检验光伏扶贫政策的减贫效应。

第二节 新能源扶贫减贫效应机理、模型及方法

一 作用机理

精准扶贫思想相比较于传统扶贫思想,不仅要精准识别帮扶对象,更要精准定位帮扶理念、精准落实帮扶措施。精准扶贫作为中国反贫困事业的创新,既是对共同富裕理论的继承和发展,又是符合中国国情的中国特色反贫困举措,是打赢脱贫攻坚战、全面建设建成小康社会的关键一招。

政策扶贫机制强调综合政策的运用,注重欠发达地区的自我发展能力。欠发达地区新能源开发可以转变扶贫方式,将传统的"输血式"扶

贫转变为"造血式"扶贫，这不仅有助于消除贫困、促进发展，更能提高欠发达地区人口的自我发展能力（林伯强，2016；胡宗义等，2019）。光伏扶贫政策的传导机制通过以下5个方面促进经济增长，实现减贫效应。一是在农村地区建设独立的电力系统，如户用分布式发电站、村级分布式光伏发电站、企业投资地方政府入股的扶贫电站模式等；二是安排银行优先贷款，国家发展改革委协助业主优先贷款的方式；三是通过固定上网电价实现财政贴息；四是国家安排专项发展基金，探索对可再生能源电价附加收入的征税方式；五是规定光伏发电全额保障性收购制度，为光伏发电关键技术提供财政资助。这些激励政策在降低成本、增加收益、政策优惠、技术支持、财政贴息等方面促进了经济的增长，所以在政府光伏扶贫试点政策的大力扶持下，本研究认为试点地区的经济会得到正向发展。

二 模型与方法

本研究采用双重差分法（DID）来评估《通知》对农民生活条件改善的减贫效应。由于处理组与对照组存在不同特征，双重差分法无法解决"选择性偏差"，故本研究采用PSM-DID法，即先通过倾向得分匹配找到与处理组尽可能相似特征的对照组，再通过双重差分得到政策影响的平均效应。

（一）第一阶段：双重差分法

本研究选取DID构建模型，该模型在计量经济学和社会学界被广泛应用，并经常性被应用于政策评估当中。根据DID方法，本研究建立模型如下：

$$Y_{it} = \beta_0 + \beta_1 * time_{it} + \beta_2 * treat_{it} + \beta_3 * time_{it} * treat_{it} + \beta_4 * Z_{it} + \varepsilon_{it}$$

(9-1)

其中，Y 为被解释变量，代表当地农民生活水平，下标 i 和 t 本别表示第 i 市和第 t 年；$time$ 和 $treat$ 分别为时间和政策虚拟变量；$time * treat$ 是虚拟变量的交互项；Z 表示一系列控制变量；ε 表示随机扰动项。

本研究的一个核心指标是"是否在试点县（市）范围内"，若该县（市）属于试点县（市）则赋值为1，否则赋值为0；另一个核心指标是"政策颁布的年份"，本研究选取2015年政策实施及之后年份赋值为1，

2015 年之前赋值为 0。

表 9-1　　　　　　　　　　　DID 模型参数

	政策实施前	政策实施后	差分
试点范围内	$p_2 + p_0$	$p_1 + p_2 + p_3 + p_0$	$\Delta Y_1 = p_1 + p_3$
试点范围外	p_0	$p_0 + p_1$	$\Delta Y_0 = p_1$
DID			$\Delta\Delta Y = p_3$

根据表 9-1 可知，$\Delta Y_1 - \Delta Y_0$ 就是光伏扶贫政策对地方经济发展水平的净影响 $\Delta\Delta Y = P_3$，时间和政策虚拟变量交互项是本研究使用 DID 方法估计的重点。若 P_3 显著为正，则说明《通知》促进了试点县（市）经济发展，改善了试点县（市）农民生活水平，光伏扶贫政策具有减贫效应。

（二）第二阶段：PSM-DID 法

PSM-DID 是将 PSM 和 DID 两种方法结合起来的一种政策评估方法，PSM 是采用倾向得分匹配的方法从控制组中找到与处理组尽可能相似（匹配）的对照组。如果处理组与对照组具有平行趋势，再采用 DID 方法识别处理组与对照组之间在外生政策实施后的差异，从而获得处理效应，以此来评估政策的有效性。本研究采用倾向得分匹配方法来确定权重，运用 Logit 模型，估计实验组与对照组变量倾向得分，找出匹配组，再用匹配后的得分立足于对照组进行双重差分，以有效检验《通知》颁布对农民贫困生活的改善水平。此外，为了防止"安慰剂效应"产生负向作用，本研究另外选取了不在《通知》等光伏扶贫政策内的贫困县作为实验组与对照组进行检验，以证明光伏扶贫政策的扶贫效果。

三　研究区域

本研究选取的实验组为安徽省、河北省、山西省、甘肃省划入《通知》的 12 个贫困县（见表 9-2），对照组为没有划入《通知》的 12 个贫困县。这些实验组与对照组的贫困县经济发展水平一致，贫困程度类似，因此具有可比性。

表9-2 研究对象

实验组	河北省	曲阳县	平山县	临城县	赤城县	平泉县	
	安徽省	金寨县	利辛县	阜南县	岳西县		
	山西省	汾西县	天镇县				
	甘肃省	民乐县					
对照组	河北省	海兴县	蔚县	威县			
	安徽省	潜山县	临泉县	砀山县			
	甘肃省	榆中县	会宁县	陇西县	秦安县	甘谷县	古浪县

四 数据与变量选取

（一）数据来源

本研究选取上述贫困县的面板数据来评估《通知》对试点县农民生活水平的影响。实验组为《通知》政策所规划的12个贫困县，对照组为未被纳入试点的12个县。由于国家在2016年颁布了《"十三五"第一批光伏扶贫计划的通知》，为了避免政策效应的重复性，本研究的对照组选择的是既不在2014年《通知》中的试点县，也不在《"十三五"第一批光伏扶贫计划的通知》中的其他国家级贫困县。本研究样本选择区间为2011—2018年，数据来自中国城市统计年鉴、中国农村贫困监测报告和相关省市统计年鉴等。

（二）变量设计

1. 被解释变量。本研究以《通知》的实施是否对纳入试点地区的经济有积极的推动作用为关注核心，且光伏扶贫主要是在试点县的农村地区建设集中式电站或分布式电站，所以核心被解释变量选择的是农民人均可支配收入（$perinc$）。

2. 核心解释变量。"该县是否在2015年后属于试点县"，若是则取值为1，若不是则取值为0。将时间节点设为2015年是因为，尽管《通知》的颁布时间为2014年，但各试点县落实政策要求落实光伏扶贫措施的时间为2015年，即政策效应开始的时间为2015年。

3. 控制变量。本研究的理论来源为可持续生计理论，可具体划分为人力资本、自然资本、物质资本、金融资本和社会资本。所以本研究依据可持续生计理论并参考其他文献，选取如下控制变量表示上述5个因素。

自然资本，用人均耕地面积（pca）表示。在精准扶贫的视角下一般表现为农户所拥有的自然资源，贫困户对自然资本的依赖性较高；而对于中国绝大多数农民来说，土地是其赖以生存的根本，故本研究选择人均耕地面积这个农户所依赖的最根本的资源作为指标。

金融资本，用城乡居民存款余额（ud）表示。金融资本主要指流动资金、储备资金以及容易变现的等价物，一般包括信贷和储蓄等。对于中国贫困家庭来说，由于自然资源、教育水平、就业环境等客观因素，其很难持续积累金融资本，贫困户的金融资本具有较强封闭性，家庭储蓄余额是农户常见的金融资本。

人力资本，用人均受教育年限（edu）表示。农户劳动技能、知识水平是其解决生计问题、改善贫困现状的重要因素。中国绝大多数贫困户的文化水平较低，大部分贫困户缺乏专业技能和劳动素养，所以必须加强贫困农户的文化教育水平，故本研究选取人均受教育年限作为人力资本。

社会资本，用城乡基本医疗保险参保率（mi）表示。城乡基本医疗保险是社会机构、社会关系、社会资本的重要组成因素。农户参与基本城乡居民基本医疗保险是其参与社会合作、参与资源整合的过程之一。

物质资本，用机械化总动力（mp）表示。物质资本的核心是住房、交通、能源等。随着中国不断开展棚户区改造、村村通建设，农户的住房与交通得到了一定改善，对于以种植业为生的绝大多数贫困户而言，是否拥有拖拉机等机械影响着贫困户的播种效率，机械化总动力是物质资本的重要组成部分。

主要变量及其计算方法如表9-3所示：

表9-3　　　　　　　　主要变量及其具体计算方法

变量名称	变量含义	计算方法
treat	虚拟变量，是否为《通知》试点县	如果是，$treat=1$；反之，$treat=0$
time	虚拟变量，是否在2015年后进行试点	如果是，$time=1$；反之，$time=0$
gd	解释变量，时间和政策变量的交互项	$time*treat$ 虚拟变量的交互项
perinc	被解释变量，农民人均可支配收入	各县农村居民人均可支配收入的对数
pca	控制变量，自然资本，人均耕地面积	总耕地面积除以人口的对数

续表

变量名称	变量含义	计算方法
ud	控制变量，金融资本，城乡居民存款余额	年末城乡居民存款余额的对数
edu	控制变量，人力资本，人均受教育年限	以各县所在市的人均受教育年限为替代指标
mi	控制变量，社会资本，城乡基本医疗保险参保率	城乡基本医疗保险参保人数除以总人口
mp	控制变量，物质资本，机械化总动力	机械化总动力（千瓦）的对数

第三节 新能源扶贫减贫效应评价

国家以县级为单位划分欠发达地区，因此针对贫困县进行新能源扶贫减贫效应评价具有显著针对性，有助于精确检验光伏扶贫减贫效应。本研究基于可持续生计理论，从县级层面，以光伏扶贫政策为例，对新能源扶贫减贫效果进行实证分析，检验光伏扶贫对农户生计可持续的影响。

一 平行趋势检验

平行趋势检验是双重差分政策绩效评估的必要前提。实验组和对照组的被解释变量具有平行趋势，才能证明实证结果的可靠性。事实上，除了光伏扶贫政策会对试点县经济发展产生影响外，其他政策实施以及其他因素都有可能造成试点地区经济发展、农民增收，这种差异会造成本研究结果不成立，所以本研究进行了平行趋势检验，将所有样本统一提前三年和两年之后进行检验。根据 Stata 中 coefplot 制图（如图 9-1 所示），发现在政策实施前系数在 0 附近波动，而政策实施后系数均大于 0，并呈现上升趋势。实验组与对照组的交互项系数通过了平行趋势检验，这说明实验组和控制组的确是可以进行比较的。

二 双重差分模型检验结果

首先，在进行回归以及 DID 分析之前，本研究运用 HC 检验对面板数

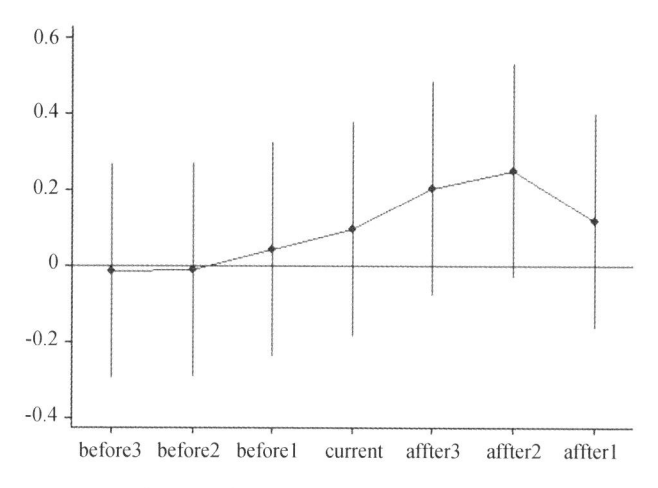

图 9-1　农民人均纯收入平行趋势检验

据进行了平稳性检验，结果显示各变量在检验中拒绝存在单位根的原假设，证明了数据的稳健性。

其次，本研究通过 DID 的方法进行实证检验，对被解释变量和控制变量均采取对数形式，计算结果如表 9-4 所示。在 Stata 13.0 运行时，本研究将交互项即处理组虚拟变量 * 实验组虚拟变量为 gd。《通知》对试点县经济增长影响的初步检验结果表 5 所示。第（1）列是不包含控制变量的基本汇报结果，第（2）列增加了人均耕地面积 pca（自然资本），第（3）列增加了平均受教育年限 edu（人力资本），第（4）增加了城乡居民基本医疗保险参保率 mi（社会资本），第（5）列加入了城乡居民存款余额 ud（金融资本），第（6）列加入了农业机械化总动力 mp（物质资本）。从结果可以看出，各个互动项系数即 gd 均显著为正。说明《通知》对于划定试点县的农民的人均纯收入增加具有明显的推动作用。

表 9-4　《通知》对试点县经济增长影响的初步检验结果（DID）

变量	（1）	（2）	（3）	（4）	（5）	（6）
gd	0.161**	0.156*	0.153*	0.155*	0.155*	0.167**
	(1.98)	(1.92)	(1.86)	(1.92)	(1.91)	(2.25)
$treat$	0.077	0.079	0.084	0.042	0.043	0.021
	(1.30)	(1.33)	(1.44)	(0.71)	(0.72)	(0.37)

续表

变量	(1)	(2)	(3)	(4)	(5)	(6)
$time$	0.493 ***	0.494 ***	0.507 ***	0.435 ***	0.433 ***	0.039 ***
	(9.55)	(9.76)	(8.09)	(5.97)	(5.96)	(6.21)
pca		-0.031	-0.033	-0.019	-0.20	-0.090 ***
		(-1.09)	(-1.18)	(-0.68)	(-0.71)	(-3.30)
edu			-0.180	0.035	0.026	0.165 ***
			(-0.39)	(0.65)	(0.41)	(3.29)
mi				0.717 **	0.719 **	0.608 **
				(2.52)	(2.55)	(2.17)
ud					0.016	-0.519
					(0.31)	(-1.06)
mp						0.003 ***
						(7.03)
常数项	8.445	8.669	8.838	7.724	7.594	7.753
	(227.95)	(41.78)	(18.73)	(11.29)	(10.07)	(10.93)
时间效应	控制	控制	控制	控制	控制	控制
个体效应	控制	控制	控制	控制	控制	控制
R^2	0.536	0.539	0.540	0.557	0.558	0.629

注：括号内为 t 值；*、**、*** 分别表示在 10%、5%、1% 的显著性水平下显著；下同。

(一) 基于 DID 的政策效应分析

从表 9-4 中显示的结果可得，《通知》颁布对试点县经济增长在 5% 的显著水平下具有正向促进作用，这与前文理论分析和评价分析得出结论是一致的。在光伏扶贫政策颁布之前，试点县没有得到国家政策支撑，缺乏资金、制度支持，无法充分发挥地区资源优势，不能对农民生活水平产生正向影响。而《通知》的颁布，将原本分散无序的发展通过国家战略层面政策的引导和推动，将贫困县的资源优势转化为了经济优势，对试点县加大政策资金投入，建立分布式光伏发电站或在农户家安装太阳能发电板，以"造血式"扶贫取代"输血式"扶贫。

表 9-5 显示了 PSM-DID 实证结果，由于本研究涉及面板数据，故采用逐年进行倾向得分匹配估计与匹配，分别计算每个处理组与对照组的结

果变量在《通知》实施前后的变化。这里汇报的是马氏匹配的结果。根据结果所示，PSM-DID 的估计结果显著为正，可以得出《通知》确实对试点贫困县扶贫起到了正向作用。

表9-5 《通知》对试点县经济增长影响的初步检验结果（PSM-DID）

地区生产总值	《通知》实施前		《通知》实施后		差分
	样本量	均值	样本量	均值	
处理组	31	8.580	28	8.964	0.384
对照组	44	8.550	40	9.244	0.694***
差分	75	-0.030	68	0.279	0.309***

（二）其他影响因素分析

通过对控制变量的分析可以得出（如表9-4所示）：

第（2）列中，加入人均耕地面积后，交互项系数在10%的水平上显著为正。也就是说，耕地作为现阶段农户最基本的生计资源，是农户最依赖且最直接能够获得收益的来源，属于资源禀赋因素。欠发达地区农户经营耕地的目的主要包括两点：一是满足自身粮食需求；二是进行农业商品生产，且以前者为首要目的。人均耕地面积越大越能满足农户生计及创收营生，耕地面积对于改善农户生计具有正向作用。

第（3）列中，加入了人均受教育年限后，交互项系数在10%的水平上显著。作为人力资本而言，教育是民生发展的基础动力，对于农村经济发展具有重大作用，农民受教育年限体现地区农户的素质与技能水平。随着受教育年限的提高，农户所收获的农业知识、劳动技能、政策离解度就越高，即农村劳动力教育水平与农村劳动力收入是正相关的。

第（4）列中，加入了城乡基本医疗保险参保率后，交互项系数在10%水平上显著。对于农村居民来说，参保新型农村合作医疗是其进行社会参与的主要方式，且参与面最广，新农合的参与在农村居民的大病医疗、住院报销方面都具有积极应对作用，是提高农民生计水平的重要依据。

在第（5）列中，加入了城乡居民存款余额后，交互项系数在10%的水平上显著，居民储蓄直接影响着居民的消费行为，随着居民存款额度的增加，其有更多资本可以用于消费与投资，这对拉动经济发展是具有促进作用的。提高农民居民金融资本即存款余额可以改善农户生计，改善其生活水平。

第（6）列中，在此前基础上又加入了机械化总动力，交互项系数在5%的水平上显著，且系数最大。机械化总动力代表了一个地区农民所拥有的物质资本程度，机械化动力越高，当地农民的物质资本越丰富，通过高度的机械化率促进农业发展，有利于实现精细生产，保护生态环境，提高农民的经济收益，对于政策效应具有正向作用。

通过对所添加的控制变量的分析，可以看出人均耕地面积、人均受教育年限、城乡基本医疗保险参保率、城乡居民存款余额、机械化总动力这些控制变量对光伏扶贫的政策效应均有正向作用，且加入控制变量时系数有所增加，显著性水平也更高。表明加入了自然资本、人力资本、金融资本、社会资本、物质资本后对光伏扶贫的正向作用更明显，随着社会经济发展、投资日益加强，这为光伏产业在农村地区的发展创造了良好的社会条件。

三 "安慰剂效应"检验

从上述分析还不能完全得出《通知》对试点县农民生活产生积极影响的结论。本研究进一步采用"安慰剂效应"检验进行稳健性分析。"安慰剂效应"最早是指病人虽然获得无效治疗，但却"预料"或"相信"治疗有效，而让病患症状得到舒缓的现象，后亦称作非特定效应。为了证明上述检验并非偶然性，本研究借助"安慰剂效应"检验，从试点县以外的贫困县中随机抽取 10 个为假定的"试点县"，观察针对这随机抽取的 10 个县区而言，实施了处理效应后，回归结果是否会发生显著变化。如果新设置的实验组并没有表现出显著的正向影响，则证明前文得出扶贫政策具有显著减贫效应的结论具有稳健性。

由表 9-6 和表 9-7 可以看出，在随机选取的试点县中，实验组与对照组的互动项估计结果是不显著的，证明农村居民产生创收的局面确实与《通知》所划定的试点县存在密切关系。

表9-6　　　　　　　"安慰剂效应"检验结果（DID）

变量	（1）	（2）	（3）	（4）	（5）	（6）
gd	0.002 (0.03)	0.006 (0.07)	0.093 (0.96)	0.097 (1.03)	0.103 (0.97)	0.116 (1.12)
treated	0.282*** (5.41)	0.251*** (4.73)	0.232*** (4.64)	0.220*** (4.75)	0.214*** (4.24)	0.158*** (3.36)
time	0.493*** (9.54)	0.496*** (9.97)	0.363*** (5.87)	0.316*** (5.06)	0.314*** (4.81)	0.347*** (5.58)
pca		-0.075** (-1.83)	-0.078** (-1.73)	-0.070 (-1.59)	-0.067 (-1.49)	-0.108*** (-2.66)
edu			0.187*** (4.54)	0.212*** (5.03)	0.224*** (3.09)	0.237*** (3.48)
mi				0.636** (3.37)	0.651*** (3.15)	-0.059 (-1.24)
ud					-0.013 (-0.26)	0.002*** (4.55)
mp						-0.698** (-1.33)
常数项	8.446 (228)	8.995 (30.03)	7.467 (17.53)	6.696 (12.92)	6.744 (13.69)	7.650 (14.93)
时间效应	控制	控制	控制	控制	控制	控制
个体效应	控制	控制	控制	控制	控制	控制
R^2	0.489	0.502	0.544	0.561	0.562	0.594

表9-7　　　　　　　"安慰剂效应"检验结果（PSM-DID）

地区生产总值	《通知》实施前		《通知》实施后		差分
	样本量	均值	样本量	均值	
处理组	17	8.596	16	9.067	0.487
对照组	36	8.722	36	9.209	0.471
差分	52	0.126	52	0.142	0.016

第四节　结论与小结

本研究基于 PSM-DID 的方法，从县级层面，对国家能源局和国务院扶贫办联合颁布的《关于组织开展光伏扶贫工程试点工作的通知》是否对贫困县的农民生活水平有改善作用进行实证检验，得出以下结论：

（1）光伏扶贫政策增加了农户生计，扶贫效果显著，光伏扶贫主要通过"造血机制"，提高贫困人口自我发展能力，增加了人民群众增收就业，具有明显的产业带动和社会效益，对农户的生活条件具有改善作用。

（2）光伏扶贫政策促进了农民生计的整体优化，教育水平的提升、自然资源的占有、机械化水平的提高、社会医疗保险的参与、储蓄存款的累积，这些生计资本对农户提升自身生计水平具有正向影响。

根据研究结论，具有以下几点政策含义。

（1）提高自然资源利用水平。欠发达地区自然条件恶劣，经济发展水平低下，贫困群体抗自然风险能力较差，自然资本存在较大的不确定性。因此需要尽可能降低贫困群体对自然资本的高度依赖，增加可持续资本发展的比重，才能有效提高贫困群体的收入水平。基于此，一方面可以通过土地流转等相关政策，实现土地适度规模经营，以提高贫困群体的抗风险能力；另一方面，以绿色经济发展理念为指导，将生态环境保护与自然资源开发统一起来，提高自然资源利用水平。

（2）提升农业机械水平。鼓励农户开展各种各样的生计活动，需要通过政策引导和制定科学的发展规划，持续加大对农机设备的研发力度，提高采购和售后服务水平，实现经济效益和社会效益最大化，促进农民生计转型及可持续性。

（3）提升金融服务水平。村"两委"等基层组织应该积极探索与银行、信用社等金融机构合作体制机制：一方面，鼓励农村社员、职工和居民将暂时不用的消费待用金、生活节余和生产准备金货币收入存入银行或信用社；另一方面，银行、信用社应开展多种多样的储蓄、信贷福利，促进金融资本的综合发展。

（4）提升基层医疗卫生水平。欠发达地区进一步深化以新农合为代表的社会保险机制，提高欠发达地区医疗保险报销比例及报销范围，实现城乡医疗资源共享（李婵，2019）。转变基层医疗机构服务模式，扎实推进县域医疗服务共同体试点工作。通过整合县乡医疗卫生服务资源、实行区域集团化经营管理、建立分工协作机制等，各地区大力推进基层首诊、分级诊疗，规范医疗行为，实现资源共享。

（5）提高贫困群体职业生活技能。全面推进乡村治理体系和治理能力建设，完善返贫长效机制。结合城乡产业融合大战略，充分利用城市人才资源，加强对贫困群体农业技术、劳动技能等方面的培训，以城带乡，提高贫困群体自身竞争力（李会琴，2019）。政府通过产业扶贫的方式，在欠发达地区开展就业培训，鼓励贫困群体结成互助组，学习先进的工业技术，以工补农，拓宽贫困群体就业渠道。

第十章

欠发达地区新能源发展提升机制、战略重点与政策优化

在实现两个"一百年"奋斗目标的伟大征程中，最艰巨、最繁重的任务在农村，最广泛、最深厚的基础在农村，最大的潜力和后劲也在农村。后扶贫开发要实现巩固脱贫攻坚成果与乡村振兴的政策衔接、机制整合和工作统筹。2020 年，中国脱贫攻坚取得了全面胜利，而新能源发展作为助力脱贫地区进一步发展的重要途径，能够将脱贫地区丰富的新能源开发为价格合理、包容可及的现代能源服务，为推动脱贫地区发展动能转换和提升做出积极贡献。未来，在现有以光伏扶贫为主要内容的新能源扶贫政策体系下，仍需从政策机制、战略重点和政策优化等方面构建新能源发展提升长效机制，以巩固新能源扶贫成果，助力乡村振兴。

第一节 欠发达地区新能源发展提升机制

开发新能源是脱贫地区实现进一步发展和乡村振兴的重要战略机遇和现实选择。欠发达地区新能源的发展，不仅可以开辟新的能源供应途径，有效增加新能源供应量，还可以有效降低环境污染，改善欠发达地区脆弱的自然生态环境，加快欠发达地区生态文明建设。另外，欠发达地区新能源发展，对实现能源产业结构调整、农村经济转型和提高欠发达地区经济运行的抗风险能力具有重要作用。

新能源发展政策体系广泛而全面，它不是一个简单的系统，而是多个领域的整体互动，从根本上有利于促进欠发达地区经济发展与扶贫政策效

第十章　欠发达地区新能源发展提升机制、战略重点与政策优化　/　201

果有机统一。一般而言，新能源发展政策体系包括政策目标、政策价值、模式、内容、工具等因素，以及结合这些因素形成的政策机制。

欠发达地区新能源发展机制可分解为政策价值和政策目标、筹资模式与政策内容、政策工具等几个方面，如图10-1所示。

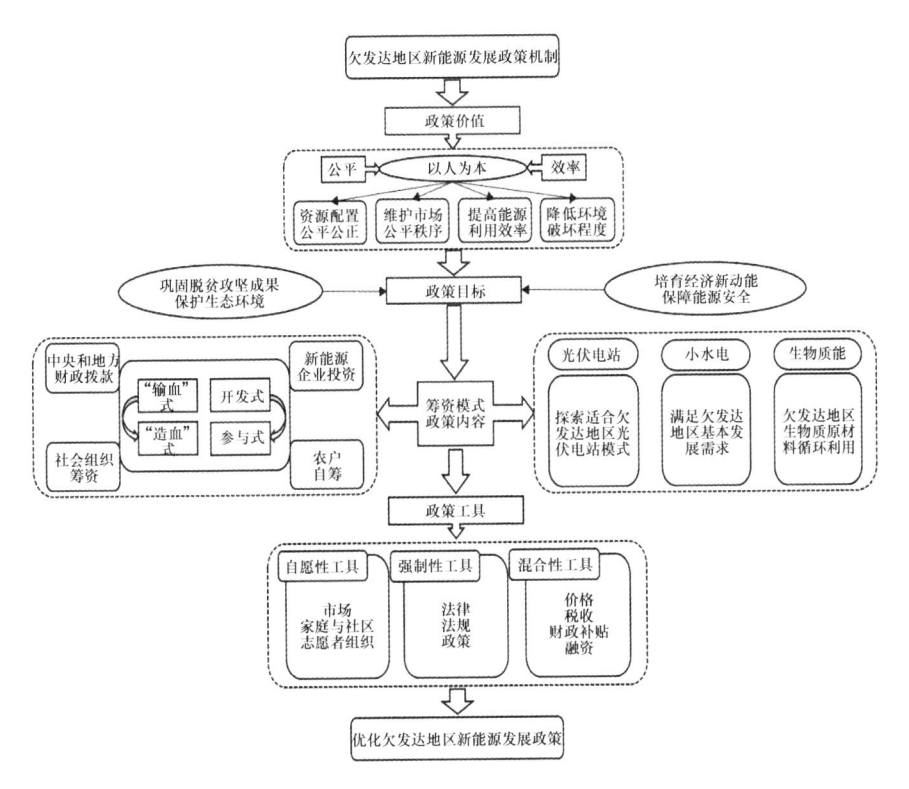

图10-1　欠发达地区新能源发展政策机制

一　新能源扶贫的政策价值和政策目标

（一）新能源扶贫的政策价值

政策价值直接影响政策的内容和结果。在制定新能源发展政策过程中必须要坚持正确的政策价值取向。一方面，要把公平和效率作为新能源扶贫政策的基本价值取向。在新能源发展政策制定过程中，要处理好资源分配的公平公正，给予建档立卡贫困户优先照顾，为其提供更多的就业岗位和扶贫资金，尽力维护市场公平和秩序。与此同时，要提高企业的能源利用效率，对高耗能的工业进行相应的节能减排技术改造，减少对生态环境的破坏，促进其可持续发展。另一方面，要把以人为本作为新能源发展政策的核心价值取向。新能源政策的优先对象是脱贫户，必须要满足脱贫群体的能源需求，以清洁能源替代传统能源，实现服务社会、服务群众的使命。

（二）新能源发展的政策目标

欠发达地区新能源发展不仅是优化中国能源结构、确保能源安全和生态安全的重要举措，也将成为中国助力乡村振兴、实现经济高质量发展的重要支撑。一般而言，欠发达地区发展新能源产业，具有以下四个方面政策目标：第一，巩固脱贫攻坚成果，将成果巩固拓展地区新能源发展工作统筹纳入脱贫攻坚成果巩固拓展政策，全面推进能源发展与巩固脱贫攻坚成果的有机结合，实现长效体制机制的建立是推动乡村振兴的重要路径；第二，保护生态环境，将发展新能源作为保护资源与环境的一种有效途径，是保障中国生态安全的重要举措；第三，培育经济新动能，将新能源产业发展为国家的战略性新兴产业，培育新的经济增长点；第四，保障能源安全，将新能源发展成为重要的替代性能源，是构建中国能源安全体系的重要途径。基于此，国家及地方政府需确定欠发达地区新能源对传统能源的替代转型战略，使新能源从当前的补充能源地位逐步发展为替代能源、主流能源，最终成为主导能源，实现在能源结构中的战略中心地位（牛学杰和李常洪，2014）。

二 新能源发展的四种模式

新能源发展离不开资金的支持，筹资在新能源发展过程中充当了重要的输血和造血功能，它可以促进欠发达地区新能源产业发展，改善欠发达地区人民的生活水平，是实现欠发达地区脱贫致富不可或缺的引擎。因此，这里所说的新能源发展模式重点关注的是新能源发展的筹资模式。综合现阶段欠发达地区新能源发展的现状来看，中国新能源扶贫筹资模式经历了从"输血式"扶贫到"造血式"扶贫、从开发式扶贫到参与式扶贫的转变，具体包括中央和地方财政拨款、相关新能源企业投资、农户自筹、社会组织筹资四种模式。

（一）中央和地方财政拨款模式

中央和地方政府在欠发达地区新能源发展中发挥着主导作用。政府设立专项扶贫财政资金,通过向新能源发展提升中各参与主体提供直接的资金、基础设施建设、技术以及信息等方面的支持,用以改善相关要素的供给条件,扩大供给以此促进新能源项目的快速发展,早日实现脱贫目标。这种直接计划调拨、无偿投入的"输血式"扶贫模式,在重视社会效益的同时忽视了经济效益,只能暂时缓解农户的贫困问题,无法形成长期有效的激励机制,不利于调动欠发达地区群众发展生产和开拓创新的积极性,同时也加大了政府的财政负担。

(二) 新能源企业投资模式

新能源企业投资模式是指各类企业直接参与新能源资源开发和发展工作而形成的筹资模式。据中国能源报社相关数据统计,2015年全球新能源企业500强中,中国企业有168家,由此可见,运用好新能源企业投资模式对欠发达地区经济发展具有重要作用。国有企业在被赋予了定点扶贫任务之外,还主动承担了社会扶贫的责任。除此之外,随着民营企业和外资企业力量的壮大,出于承担社会责任和塑造企业形象的需要,也积极参与到新能源发展中。企业的参与,为欠发达地区新能源的发展提供了一定的资金和技术支持,在一定程度上优化了新能源扶贫项目的资源配置,极大地促进了政府扶贫工作的顺利开展,实现了企业发展和欠发达地区脱贫的双重目标。目前,中国新能源企业的市场份额较小,投资主要在大型企业中进行,未来还需要发挥中小型新能源企业的投资潜力,为实现欠发达地区经济发展提供支撑。

(三) 农户自筹模式

作为新能源发展筹资模式的投资主体之一,农户不单是扶贫的对象,更是项目的直接受益人,可以凭借自筹,抑或是贷款的方式来进行新能源项目的筹资。由于贫困群体收入水平低、收入来源单一,单凭个人的力量无法有效筹集资金,面临资金不足的难题。由此,政府必须要制定一系列的优惠贷款政策,包括"光伏贷""阳光贷"等专项贷款,以此来确保农户投资新能源项目的资金来源。在政府的引领下,农户通过自筹参与到具体的扶贫项目中来,有利于克服"等靠要"等依赖心理,有效避免了返贫现象的出现,推动欠发达地区新能源发展由开发式扶贫向参与式发展转变。

(四) 社会组织筹资模式

社会组织筹资模式是指除政府、市场体系之外的，具有非政府、非盈利、公益性特征的各类社会组织参与新能源发展过程中形成的筹资模式。社会组织可利用的社会资源更为广泛，因此对于解决欠发达地区新能源发展问题提供了第四种途径。现阶段中国主要新能源领域的社会组织不断增多，有全联新能源商会、中国新能源协会等，这些社会组织涉及太阳能、风能、生物质能、地热能、水能、储能等新能源各领域，为推动欠发达地区新能源产业的健康持续发展、助力脱贫攻坚做出了重要贡献。除这类大型社会组织外，还有一些小规模的基金会和越来越多的非营利组织积极加入到了新能源发展工作中，为欠发达地区新能源发展筹集社会资金提供了新的渠道。

三 新能源发展的政策工具

政策工具的分类方式有多种形式，参考加拿大公共政策学者Howlett和Ramesh（1995）的分类方法，政策工具可以分为自愿性工具、强制性工具和混合性工具。基于政府介入程度来看，自愿性工具几乎不存在政府干预，强制性工具则完全借助政府的强制力，混合性工具政府干预程度介于自愿性工具和混合性工具之间。结合实际，分析目前中国新能源政策工具使用现状，可以为后疫情时代欠发达地区新能源发展领域政策工具的选择提供参考建议。

（一）自愿性工具

自愿性工具主要包括市场、家庭与社区、志愿者组织，其中家庭、志愿者组织政策工具使用较少，市场工具使用较多。市场工具方面，《关于加快培育和发展战略性新兴产业的决定》《太阳能光伏产业"十二五"发展规划》等政策的出台，将光伏产业列入中国战略性新兴产业的重要领域，并通过鼓励社会投资、财政补贴和税收优惠等措施，大力扶持光伏产业发展。中国一直在促进新能源市场的建立，但由于价格政策、融资政策等政策尚未完善，还未形成完全的市场。后疫情时代，能源行业疲软，发展新能源不仅有助于缓解全球气候变暖，而且有助于疫后经济恢复。因此，要发挥市场工具的决定性作用，减少政府对市场的干预，通过补贴、融资等政策扶持欠发达地区新能源企业发展，实现减贫效应的最大化。同时，要鼓励建立志愿性组织，将志愿性组织引入新能源发展的网络系统中，有利于整合社会资源，弥补公共支持方面的不足。

(二) 强制性工具

在强制性工具中，政府可以通过一系列法律、法规、政策对个人或者组织的行为做出要求和规定。由于中国能源发展政策是由政府主导的自上而下的推动式扶贫，因此强制性工具是中国比较普遍的政策工具。2005年颁布的《中华人民共和国可再生能源法》，从法律的角度明确了可再生能源的战略地位，2009年对其进行了修订。目前，中国新能源发展的强制性工具还未形成系统，缺少诸如细则、技术规范等配套文件。进入后疫情时代，要继续发挥政府在新能源发展领域的主导地位，根据中国实际情况，调整政策以适应新能源发展的需要。通过立法的形式建立系统性的管制工具是新能源领域发展的基础保障，对中国欠发达地区巩固脱贫攻坚战略成果具有重要意义。

(三) 混合性工具

在混合性政策工具中，主要是根据市场规律，运用价格、税收、财政补贴、融资等方式调节市场杠杆。在价格方面，《中华人民共和国可再生能源法》规定新能源上网电价由国务院主管部门根据不同地区情况和新能源发电特点进行适时调整。在税收方面，2008年颁布实施了《关于执行资源综合利用企业所得税优惠目录有关问题的通知》，通过税收优惠减轻新能源企业的税负。精准扶贫政策提出后，发展光伏产业被认为是提高欠发达地区经济水平、保护生态环境的重要路径，《关于加快培育和发展战略性新兴产业的决定》《太阳能光伏产业"十二五"发展规划》等政策的出台，规定通过税收优惠，扶持光伏产业的发展。在财政补贴方面，2006年《可再生能源发展专项资金管理暂行办法》规定中央财政设立专项资金，采取无偿补助和贷款贴息，扶持潜力大、前景好的新能源的开发利用。随后，国家能源局《关于加快推进深度贫困地区能源建设助推脱贫攻坚的实施方案》提出，确保欠发达地区光伏扶贫项目补贴发放落地，做好光伏扶贫项目电网接入和并网工作，对新能源企业的发展起到了激励作用。在融资方面，目前中国新能源领域采用的融资方式主要是银行贷款。2010年国家开发银行发放2320亿元节能减排方面的贷款，为新能源企业的发展提供了财力支撑。综合来看，中国在新能源发展领域的混合性政策工具种类很多，但财政补贴、融资方式较为单一，扶持新能源企业发展的效果不明显。结合中国新能源发展现状，要在欠发达地区建立完善的新能源税收激励政策、财政补贴政策，大力扶持欠发达地区新能源企业发展，增强其融资能力，在满足居民新能源需求的同时，实现减贫效应的最大化。

后疫情时代，面对全球能源格局的不确定性及全球气候变化形势，发展新能源产业是大势所趋。结合中国脱贫攻坚任务，制定和落实欠发达地区新能源发展政策是实现可持续发展的重要路径。在选择政策工具时，要结合具体问题，匹配合适的政策工具，最大化发挥其作用。同时，要明确政府、市场、个人等政策主体角色，鼓励多元主体参与政策制定，促进欠发达地区新能源治理能力的现代化。

四 新能源发展的实践途径

新能源发展战略要围绕国内国际政策环境，坚持"实现稳定和高质量脱贫、保障能源安全、坚持清洁低碳、加强科技创新"为方向，以加快新能源示范区建设和实施重大工程为抓手，推动新能源产业发展与乡村振兴战略相互结合。如何正确推进新能源发展，创新新能源资源利用方式，将扶贫与未来最具潜力的产业有机地结合起来，是后疫情时代扶贫工作的重中之重。从中国精准扶贫实践看，新能源发展主要是依靠风能、水能、太阳能、生物质能等新能源资源，以水电项目、风电项目、光伏产业等方式带动欠发达地区经济发展。其中，以光伏电站、小水电、生物质能为主要代表。

（一）光伏电站

一般而言，光伏电站可分为分布式和集中式电站。分布式电站投入较少，维护和使用简单，较为适合人口分散的地区；集中式电站投资较大，维护和使用需要一定的技术支持，较为适合有一定基础设施和经济发展水平的地区。应通过土地政策、税收优惠、资金补贴等方式积极发展适合欠发达地区特点的光伏电站模式。

（二）小水电

小水电对于水资源丰富的西南山区具有不可替代的发展优势。由于小水电对基础设施和环境要求较小，投资相对较低，能有效解决欠发达地区当地的家庭用能。但是，小水电对于水资源的依赖度较高，同时发电较为不稳定。因此，应通过基础设施创新统筹小水电发展，积极引导小水电服务于欠发达地区生产生活需求。

（三）生物质能

生物质能发展应与"厕所革命"相结合，为解决欠发达地区家庭生产生活用能提供一定的技术资金支持。生物质能广泛存在于欠发达地区，在沼气发电、沼气燃料等方面适合欠发达地区家庭用能方式，能有效实现欠发达地区的农村各种生物质原材料的经济循环利用。

第二节 欠发达地区新能源发展提升战略重点

党的十八大以来，习近平总书记多次深入欠发达地区调研，结合世情国情和欠发达地区情况，提出了一系列新思想、新论断、新举措，形成了新时代中国特色社会主义扶贫开发战略思想，为打赢脱贫攻坚战提供了行动指南和根本遵循。后疫情时代是中国能源转型变革和实现乡村振兴的关键时期，能源需求发生新变化，高质量发展要求更加突出。欠发达地区新能源发展的战略重点要在乡村振兴战略要求下，遵循"政府引导、市场运作、生态循环、惠及民生"的原则，深入推进能源革命，结合乡村的资源优势、经济水平、发展基础，以清洁低碳发展为导向因地制宜发展各种新能源，推动形成欠发达地区绿色生产模式和清洁新能源消费方式，从而增强可持续发展能力，提高欠发达地区人民生活水平。

一 新能源发展战略重点的内涵

欠发达地区新能源发展迎来了重要机遇，对打赢脱贫攻坚战具有重要的助推作用。由于反贫困具有长期性和持久性的特征，在2020年后现行标准下的绝对贫困的消除不等于扶贫工作的终结。未来欠发达地区新能源开发利用，应结合乡村振兴的战略要求和当前新能源发展实践中面临的一些挑战，找准欠发达地区新能源发展的战略重点。一般而言，新能源发展战略重点内涵包括两个方面：一是应结合欠发达地区的资源禀赋差异和社会经济发展现状，有重点地进行区域布局，因地制宜开发新能源；二是要结合区域布局，根据未来新能源发展的目标和使命，选择实施一批重点工程。

欠发达地区分布地理空间跨度大，各地区新能源资源品种差异较大，突出表现为：东北和华中地区风能资源充沛，西北地区太阳能资源富集，西南地区水电资源充裕，华北、华东和华南地区核电资源丰富等。因此，政府应充分发挥政府职能，有重点地选择一些区域进行新能源布局，鼓励欠发达地区结合当地资源特点和经济发展水平，因地制宜优化新能源发展路径，充分挖掘各自优势新能源资源，助力乡村振兴，推动当地经济进一步发展。

欠发达地区新能源项目建设应坚持社会效益优先、兼顾经济效益的政策导向，立足于自给自足、就近消费原则，结合区域布局选择一批新能源发展重点工程。新能源发展重点工程具有示范引领作用，将带动一批中小企业参与新能源建设项目，有利于完善中国新能源产业链，推进欠发达地区新能源发展的规模化和产业化，推动当地经济高质量发展。

二　确立欠发达地区新能源发展重点布局

中国欠发达地区新能源得到了一定程度的开发，其中22个欠发达省份主要新能源的发电装机容量如表10-1所示。从表中数据可知，近年来欠发达地区太阳能发电量迅猛增长，光伏产业发展迅速。

表10-1　22个欠发达省份主要新能源发电装机容量　　单位：万千瓦，%

省份	水电			核电			风电			太阳能发电		
	2017年	2016年	同比增长	2017年	2016年	同比增长	2017年	2016年	同比增长	2017年	2016年	同比增长
河北	182	182	0.00				1181	1138	3.78	868	443	95.94
山西	244	244	0.00				872	771	13.10	590	297	98.65
内蒙古	242	241	0.41				2670	2557	4.42	743	638	16.46
吉林	380	378	0.53				505	505	0.00	159	56	183.93
黑龙江	103	102	0.98				570	561	1.60	94	17	452.94
安徽	310	295	5.08				217	177	22.60	888	345	157.39
江西	615	613	0.33				169	108	56.48	449	228	96.93
河南	399	399	0.00				233	104	124.04	703	284	147.54
湖北	3671	3663	0.22				253	201	25.87	413	187	120.86
湖南	1570	1553	1.09				263	217	21.20	176	30	486.67

续表

省份	水电			核电			风电			太阳能发电		
	2017年	2016年	同比增长	2017年	2016年	同比增长	2017年	2016年	同比增长	2017年	2016年	同比增长
广西	1669	1665	0.24	217	217	0.00	150	70	114.29	78	16	387.50
海南	114	91	25.27	130	130	0.00	34	31	9.68	43	29	48.28
重庆	736	688	6.98				33	28	17.86	12	5.1	135.29
四川	7714	7246	6.46				210	125	68.00	135	96	40.63
贵州	2119	2089	1.44				363	362	0.28	135	46	193.48
云南	6281	6088	3.17				825	737	11.94	238	208	14.42
西藏	158	156	1.28				1	1	0.00	79	33	139.39
陕西	326	272	19.85				288	179	60.89	434	246	76.42
甘肃	868	861	0.81				1282	1277	0.39	786	686	14.58
青海	1191	1192	-0.08				162	69	134.78	791	682	15.98
宁夏	43	43	0.00				942	942	0.00	620	526	17.87
新疆	702	665	5.56				1836	1776	3.38	934	893	4.59

资料来源：《2018中国电力年鉴》。

主要新能源发电量如表10-2所示，可以看出欠发达地区水电和风电的发电量较为可观，但核电与太阳能发电仍然有较大发展空间。

表10-2　　　　22个欠发达省份主要新能源发电量　　　单位：亿千瓦时,%

省份	水电			核电			风电			太阳能发电		
	2017年	2016年	同比增长	2017年	2016年	同比增长	2017年	2016年	同比增长	2017年	2016年	同比增长
河北	20	24	-16.67				263	216	21.76	77	40	92.50
山西	42	39	7.69				165	135	22.22	56	27	107.41
内蒙古	24	27	-11.11				551	464	18.75	113	83	36.14
吉林	77	85	-9.41				87	67	29.85	13	3.4	282.35
黑龙江	25	23	8.70				108	88	22.73	5.7	1.3	338.46
安徽	57	63	-9.52				41	34	20.59	62	21	195.24

续表

省份	水电			核电			风电			太阳能发电		
	2017年	2016年	同比增长	2017年	2016年	同比增长	2017年	2016年	同比增长	2017年	2016年	同比增长
江西	157	199	-21.11				31	19	63.16	30	11	172.73
山东	6.7	13.9	-51.80				166	147	12.93	73	31	135.48
河南	100	93	7.53				30	18	66.67	44	11.5	282.61
湖北	1494	1399	6.79				48	35	37.14	28	11	154.55
湖南	498	560	-11.07				50	39	28.21	6	1.7	252.94
广西	614	600	2.33	127	103	23.30	25	13	92.31	4.1	1.1	272.73
海南	26	23	13.04	75	60	25.00	6	6	0.00	3	3	0.00
重庆	253	247	2.43				7	5	40.00	0.2	0.03	566.67
四川	3164	2989	5.85				35	21	66.67	16	11	45.45
贵州	733	727	0.83			0.00	63	55	14.55	5.7	1	470.00
云南	2502	2268	10.32			0.00	188	149	26.17	28	23	21.74
西藏	51	46	10.87				0.1	0.02	400.00	6	4	50.00
陕西	93	69	34.78			0.00	42	28	50.00	41	20	105.00
甘肃	374	314	19.11				188	136	38.24	73	60	21.67
青海	332	302	9.93			0.00	18	10	80.00	113	90	25.56
宁夏	16	14	14.29				155	129	20.16	76	55	38.18
新疆	256	211	21.33				318	220	44.55	107	67	59.70

资料来源:《2018中国电力年鉴》。

通过将数据进行汇总处理,得到图10-2和图10-3。从中我们可以大致了解到中国不同区域新能源发展现状,其中太阳能发电主要位于西北地区,水电主要位于西南地区,风电主要位于东北和华中地区,核电主要位于华北、华东和华南地区。

目前,中国一些欠发达地区已经逐步建设了一批新能源发电重大项目。截至2018年,欠发达地区在建新能源发电重大工程如表10-3所示,22个欠发达省份新能源装机总容量为6953万千瓦,比2017年装机容量增加了13%,呈现稳步增长趋势。由表10-3、表10-4、表10-5、表

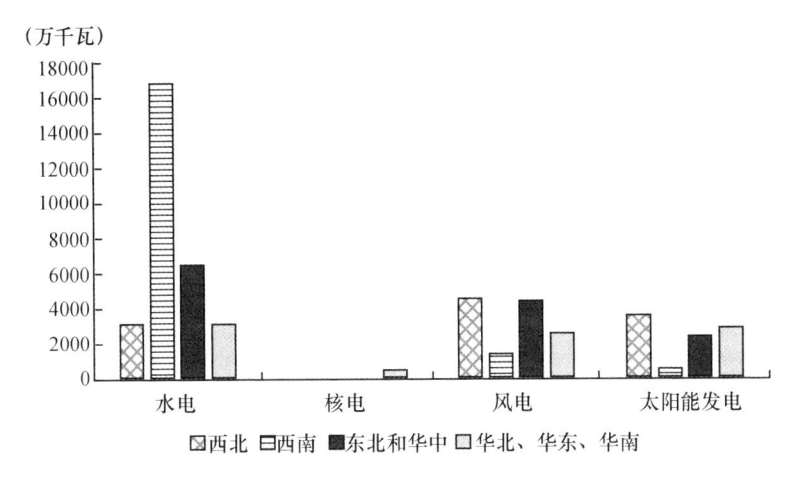

图 10 – 2　2017 年分区域新能源装机容量

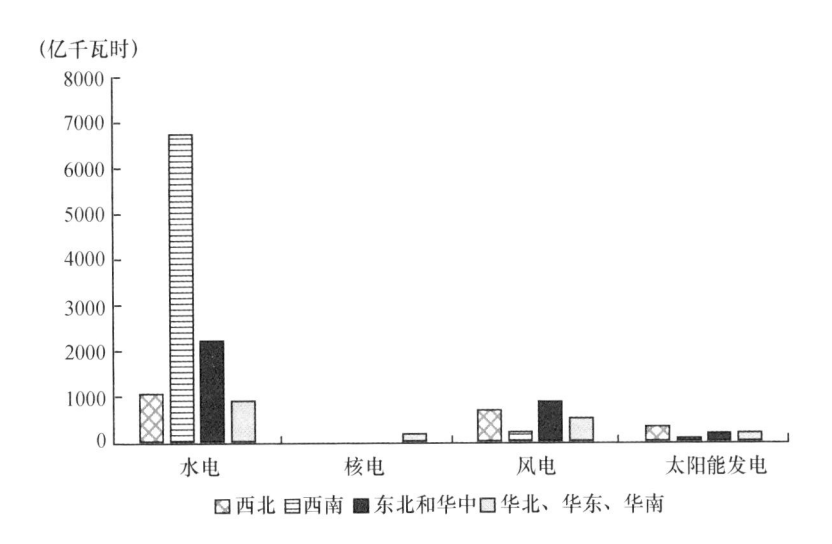

图 10 – 3　2017 年分区域新能源发电量（亿 kWh）

10 – 6 可知，水电工程主要集中于四川，核电工程主要集中于广西，风电工程主要集中于内蒙古，太阳能发电工程主要集中于青海省。根据区域特点和资源优势，中国欠发达地区发展新能源的布局重点为：西北区域以青海为龙头发展太阳能发电，西南区域以四川为龙头发展水电，东北、华中区域以内蒙古为龙头发展风电，华北、华东、华南区域以广西为龙头发展核电。

表10-3　　截至2018年欠发达地区新能源发电在建重大项目（水电工程）

序号	项目名称	建设地址	台数（台）	总容量（万千瓦）
1	河北丰宁抽水蓄能电站	河北省承德市	6	180
2	河北丰宁抽水蓄能电站二期项目工程	河北省承德市	6	180
3	河北易县抽水蓄能电站	河北省保定市	4	120
4	内蒙古芝瑞抽水蓄能电站	内蒙古自治区赤峰市	4	120
5	丰满大坝全面治理工程	吉林省吉林市	6	120
6	吉林敦化抽水蓄能电站	吉林省延边朝鲜族自治州	4	140
7	吉林蛟河抽水蓄能电站	吉林省蛟河市	4	120
8	黑龙江牡丹江抽水蓄能电站	黑龙江省牡丹江市	4	120
9	安徽绩溪抽水蓄能电站	安徽省宣城市	6	180
10	安徽金寨抽水蓄能电站	安徽省六安市	4	120
11	河北抚宁抽水蓄能电站	河北省秦皇岛市	4	120
12	河南天池抽水蓄能电站	河南省南阳市	4	120
13	河南洛宁抽水蓄能电站	河南省洛阳市	4	140
14	湖北溇水江坪河水电站	湖北省恩施土家族苗族自治州	2	45
15	湖南平江抽水蓄能电站	湖南省岳阳市	4	140
16	重庆蟠龙抽水蓄能电站	重庆市綦江区	4	120
17	川藏苏洼龙电站	四川省甘孜州	4	120
18	白鹤滩水电站	四川省凉山彝族自治州 云南省昭通市	16	1600
19	乌东德水电站	四川省凉山彝族自治州 云南省昆明市	12	1020
20	四川两河口水电站	四川省甘孜州	6	300
21	四川杨房沟水电站	四川省凉山州	4	150
22	乌弄龙水电站	云南省迪庆藏族自治州	3	74
23	加查水电站	西藏自治区山南地区	3	36
24	西藏内需电源重大项目工程	西藏自治区山南地区	4	66
25	陕西镇安抽水蓄能电站	陕西省商洛市	4	140
26	新疆阜康抽水蓄能电站	新疆维吾尔自治区阜康市	4	120
27	新疆哈密抽水蓄能电站	新疆维吾尔自治区哈密市	4	120

资料来源：《中国可能能源发展报告2018》。

表10-4　截至2018年欠发达地区新能源发电在建重大项目（核电工程）

序号	项目名称	建设地址	台数（台）	总容量（万千瓦）
1	广西防城港核电二期工程项目工程	广西壮族自治区防城港市	2	238

资料来源：根据防城港市人民政府网站公开资料整理。

表10-5　截至2018年欠发达地区新能源发电在建重大项目（风电工程）

序号	项目名称	建设地址	台数（台）	总容量（万千瓦）
1	河北朝阳湾风电项目工程	河北省承德市	50	10
2	河北杨家湾风电项目工程	河北省承德市	50	10
3	河北沽源闪电河风电二期项目工程	河北省张家口市	45	10
4	丰宁大滩200兆瓦项目工程	河北省承德市	100	20
5	河北康保卧虎石风电项目工程	河北省张家口市	120	30
6	河北围场棋新风电项目工程	河北省承德市	50	10
7	河北围场风电场二期项目工程	河北省承德市	100	20
8	唐山乐亭菩提岛海上风电场300兆瓦示范项目工程	河北省唐山市	35	14
9	承德围场大西沟风电场项目工程	河北省承德市	100	20
10	利民三期风电场项目工程	山西省朔州市	67	10
11	平鲁白玉山二期项目工程	山西省朔州市	133	20
12	山西泽州一期风电项目工程	山西省晋城市	45	10
13	山西汾阳杨家庄风电项目工程	山西省吕梁市	50	10
14	山西和顺横岭风电项目工程	山西省晋中市	60	14
15	内蒙古乌达莱风电项目工程	内蒙古自治区锡林郭勒盟	238	48
16	安徽公司安徽宿松新州渡风电场项目工程	安徽省安庆市	50	10
17	江西瑞昌蜈蚣山风电场项目工程	江西省九江市	55	11
18	江西全南乌梅山风电场项目工程	江西省赣州市	50	10
19	新天浮梁中岭100兆瓦风电场项目工程	江西省景德镇市	50	10
20	渑池风电项目工程	河南省三门峡市	75	15
21	大唐卢氏石牛岭风电项目工程	河南省三门峡市	55	11
22	河南滑县枣村风电项目工程	河南省安阳市	150	30

续表

序号	项目名称	建设地址	台数（台）	总容量（万千瓦）
23	湖南连坪风电项目工程	湖南省郴州市	36	10
24	广西玉林博白四方嶂风电项目工程	广西壮族自治区玉林市	44	10
25	宾阳马王风电场项目工程	广西壮族自治区南宁市	50	10
26	四川盐源小高山风电项目工程	四川省凉山彝族自治州	60	15
27	四川剑阁摇铃风电场项目工程	四川省广元市	40	10
28	昭觉碗厂三期龙恩项目工程	四川省凉山彝族自治州	50	10
29	广元何家山风电项目工程	四川省广元市	51	10
30	贵州从江达棒山风电项目工程	贵州省黔东南州	69	15
31	陕西定边周台子北畔项目工程	陕西省榆林市	50	10
32	宁夏青山三期项目工程	宁夏回族自治区吴忠市	68	15

资料来源：根据国家能源局公开资料整理绘制。

表10-6 截至2018年欠发达地区新能源发电在建重大项目（太阳能发电工程）

序号	项目名称	建设地址	台数（台）	总容量（万千瓦）
1	领跑基地河北海兴4号110兆瓦光伏项目工程	河北省沧州市		11
2	领跑基地山西寿阳3号100兆瓦光伏项目工程	山西省晋中市		10
3	领跑基地山西大同100兆瓦光伏项目工程	山西省大同市		10
4	格尔木光伏发电应用领跑者基地项目工程	青海省格尔木市		25

资料来源：根据国家能源局公开资料整理绘制。

中国欠发达地区大多具有生态环境脆弱、新能源资源丰富、人口分布分散等主要特点，而这些特点正好有利于布局和发展新能源。西藏、内蒙古以及甘肃、青海、新疆、宁夏、陕西的太阳能和风能资源丰富，适宜大规模开发利用。湖北、海南以及云南、贵州、四川、重庆的水能、地热和生物质能资源丰富，适宜小规模开发利用。吉林、黑龙江、河南、河北、安徽等是中国重要的粮食产区，农作物秸秆等生物质能资源丰富，适宜推广家庭用和小型养殖场用沼气发电项目。湖南、江西、广西的铀矿资源丰富，山西的煤层气资源丰富，适宜国家统筹开发利用。

三　确立欠发达地区新能源发展重点工程

中国欠发达地区新能源发展需要因地制宜，突出各区域优势，建设一批具有地域特色的新能源发展重点工程。基于中国欠发达地区地理空间跨度大、各地区新能源资源品种差异大的特点，有重点地规划新能源发展区域布局、建设一批新能源发展重点工程，是深入推进中国欠发达地区新能源发展的必然选择。通过科学布局，分步推进，实现欠发达地区新能源资源的全面开发利用，巩固新能源扶贫成果，助力乡村振兴。

（一）建设新能源电力市场化改革试验区

2015年电力体制改革以来，中国电力市场化进一步发展。2019年6月，国家发展改革委选择的第一批电力现货市场建设试点工作全面落实启动。2019年8月发布《关于深化电力现货市场建设试点工作的意见》，要求进一步推进电力市场化改革，这将有利于激发市场主体活力，扩大新能源消纳空间，促进能源清洁低碳发展。

可以选择内蒙古、四川和甘肃作为建设新能源电力市场化改革试验区，这些地区被选入第一批电力现货市场建设试点地区，因而建设新能源电力市场化改革具有良好的政策基础。同时，内蒙古拥有中国最丰富的风能资源，四川拥有全国最丰沛的水能资源，甘肃拥有丰富的太阳能资源，这些都为建设新能源电力市场化改革试验区奠定了物质基础。

通过以试验区为先导，创新新能源开发利用体制机制，加强地方政府间、企业间的互动交流，促进各类机构、区域、产业组织的合作，实现更深层次、更大领域、更高水平的合作共赢。建立产业股权投资基金，吸引社会资本，推动欠发达地区清洁能源开发应用；建立"政府+电网+发电企业+用户侧"四方协作机制，制定实施欠发达地区新能源市场化交易规则，将新能源电力纳入电力市场直接交易，确保新能源电力就近消纳；加快欠发达地区电网的升级改造。

（二）建设新能源先进技术应用先导区

目前中国新型能源技术主要体现在核聚变技术、生物质能技术、海洋能源的开发、太阳能源的开发等方面，其中共性关键技术可以促进能源行业的转型升级，前沿引领技术可以提升示范工程的质量水平。当前中国新能源关键和核心技术对外依赖程度高、自主创新力不足等问题凸显，严重制约着中国新能源技术开发与发展。由此，新形势下，要把加快欠发达地区新能源先进技术应用先导区建设、提高自主创新能力作为欠发达地区新能源发展的重点。

基于中国欠发达地区新能源发展的水平不一、资源禀赋不同的现状，建设新能源先进技术应用先导区要因地制宜，遵循"先试点、后推广"的建设原则，循序渐进。例如，甘肃凭借其太阳能、风能资源丰富的优势，有较为完善的新能源基地及产业链，已规划建立多个百万千瓦级光电基地和太阳能光伏发电示范工程，与联合国教科文组织等17个国际机构成为合作伙伴；新疆在光伏、风能等新能源资源技术方面建立了技术中心以及相关的国家重点实验室和院士流动工作站；陕西拥有从硅矿石开采、提纯到光伏电板的生产以及尖端设备研发制造的完整太阳能光伏产业链，已建成数批"智能电网"项目。由此，中国新能源先进技术应用先导区的建设可以从甘肃、新疆、陕西这类具有一定新能源技术基础的省份着手，以点带面，最终实现欠发达地区新能源先进技术的全面提升。

从实施路径来看，加快欠发达地区新能源先进技术应用先导区建设，首先，要着力推动以新能源企业为核心的产业合作，学习和借鉴国外先进的新能源利用和开发技术。其次，结合信息化技术、数字化技术打造多类型示范项目建设，如"互联网+"智慧能源（能源互联网）示范项目、多能互补集成优化示范工程、新能源微电网项目以及储能技术试点示范项目。最后，以提升欠发达地区新能源产业自主创新能力为最终目标，加大新能源技术研发力度和资金投入，构建以风电、光伏等新能源设备生产和工程建设、运营、使用的闭合产业链，从而推动欠发达地区新能源技术先导区实现高质量、高产出、高效率发展。

（三）建设"新能源+"产业融合发展示范区

"新能源+"产业融合发展是脱贫攻坚的创新举措，本质是一种"造血式"扶贫方式创新。该模式将欠发达地区新能源资源开发利用和当地特色产业进行融合发展，延长新能源产业链，提高新能源开发附加值。一方面，通过欠发达地区新能源发展对当地特色产业的帮扶，将扶贫和特色产业有机结合，形成专属于该欠发达地区的特色产业体系，既有利于帮助贫困人口脱贫，又有利于助推乡村振兴。另一方面，通过欠发达地区新能源发展与生态环境保护相结合，形成具有地域特色的绿色发展模式，实现"绿水青山就是金山银山"发展理念。

结合新能源分布特点和发展实践，可以选择太阳能资源丰富的欠发达地区建设"新能源+农业""新能源+农旅"等产业融合发展示范区。比如，曾经的国家级贫困县张北县地处河北省西北部，内蒙古高原南缘，光照条件好，太阳能资源丰富，盛产甜菜、马铃薯等特色农产品。该县以农业特色产业为支撑，将光伏产业与当地马铃薯种植业、甜菜种植业有机结合，在"新能源+"产业融合发展方面具有基础和优势。因此，该县可以建设"光伏+特色农业"融合发展示范区，为其他欠发达地区"新能源+"产业融合发展提供经验借鉴。

（四）建设"一带一路"新能源示范区

能源合作是"一带一路"倡议的重要组成部分。推动"一带一路"沿线国家能源合作、加强能源开发技术创新和能源装备制造，能够为沿线国家和地区经济发展、民生改善和环境保护提供重要支撑。

"一带一路"覆盖中国18个省份，其中位于本研究所界定的欠发达地区有13个省份，包括西北地区的甘肃、青海、新疆、宁夏、陕西，西南地区的云南、重庆、西藏，华南地区的广西、海南，东北地区的黑龙江、吉林，华北地区的内蒙古。这些地区是中国欠发达地区，经济发展水平落后，生态环境较为脆弱，民众生活水平较低。与此同时，这些地区新能源资源丰富，资源开发潜力大，经济价值高，新能源开发的国际合作示范效应显著。

因此，依托"一带一路"这一条重要经济廊道，打造一批以太阳能、风能、水能、生物质能、核电等新能源为代表的"一带一路"新能源示范区，实现"一带一路"沿线国家和地区在新能源开发、技术创新和能源供给等方面互惠互利、资源共享和共同发展。一方面，可以满足本地经济发展对能源的需求；另一方面，还可以将欠发达地区新能源资源优势转化为经济优势，以清洁、低碳和绿色的高质量用能结构推动欠发达地区经济高质量发展，助推乡村振兴。

（五）建设一批因地制宜新能源发展示范工程项目

水能方面，西部地区资源丰富、开发潜力大，应重点扶持西藏、四川、云南、青海、甘肃四省藏区和少数民族脱贫地区有序开发水能资源，建设一批农村小水电开发示范工程。风能方面，应加快推进中东部和南方地区风电风能开发工作，有序建设"三北"大型风电基地、海上风能示范工程。太阳能方面，应重点扶持资源条件好、具备接入电网条件、消纳能力强的中西部地区开展大规模光伏建设工作。同时，在中东部有条件的地区建设光伏小镇和光伏新村，因地制宜推进太阳能热发电示范工程、太阳能热利用示范工程建设。生物质能方面，结合新型城镇化建设，在具备资源条件的地级市及部分县城，建设生物天然气、生物质能供热、生物液体燃料等非电利用的重点示范工程。地热能方面，在青藏铁路沿线、西藏、四川西部等高温地热资源分布地区开展地热能开发工作，优先建设高温地热发电重点示范工程。

第三节　欠发达地区新能源发展提升政策优化路径

长期以来，中国扶贫政策经历了由救助式扶贫到开发式扶贫再到精准扶贫的一个演变历程。救助式扶贫的核心在于缓解欠发达地区生存状况，给予贫困群体一定财力和物力方面的救济，属于暂时性的"输血"式扶贫措施。开发式扶贫和精准扶贫则更倾向于提升欠发达地区的可持续发展能力，激发贫困群体发展的内生动力，包含产业扶贫、教育扶贫、生态保护扶贫、就业扶贫、搬迁扶贫、健康扶贫、兜底保障扶贫、社会扶贫等多项重点工作，属于"造血"式的扶贫。其中，实行扶贫产业可持续发展是深入贯彻扶贫政策、构建扶贫长效机制的有效手段，也是防止返贫、巩固脱贫攻坚成果的重要举措。中国能源领域的扶贫，过去常常以救助式扶贫模式为主，注重传统能源方面的扶贫。在后疫情时代背景下，这种扶贫模式往往较为脆弱，应尽快转变发展方向，由传统能源扶贫向可持续的新能源发展过渡。中国应在总结前期光伏扶贫经验的基础上，进一步优化新能源发展政策价值和目标，创新新能源发展筹资模式，完善新能源发展政策内容，组合使用新能源发展政策工具，在构建新能源发展长效机制上下功夫。具体而言,未来新能源发展政策优化路径应从以下几个方面入手。

一 优化新能源发展政策目标

目前,中国新能源发展政策已初步形成了全方位、立体目标体系。未来我们在此基础上进行优化,涵盖农户生计、生态保护、融合发展、能源贫困等方面。

(一)实现农户生计的可持续性

新能源发展政策应以实现农户生计的可持续性为目标,重视新能源发展的减贫效应,关注农户可持续发展的5种生计资本(即自然资本、金融资本、人力资本、物质资本、社会资本),提升农户可持续生计能力。新能源发展应从农户视角出发,以基层扶贫队伍建设为抓手,培育多维度的扶贫格局。首先,构建农户可持续生计资本的获取机制,提高欠发达地区农户对新能源等生计资本的获取能力;其次,完善欠发达地区农户可持续生计资本的扩张机制,充分挖掘欠发达地区发展潜力,加速欠发达地区新能源产业融合;最后,建立欠发达地区农户可持续资本的长期发展机制,政府应对新能源发展方向进行内容上的转变,关注贫困户脱贫后是否具有返贫风险,帮助农户建立就业渠道,提高就业竞争力和发家致富的能力。总之,新能源发展与可持续生计理论包含的5种资本息息相关,新能源政策目标应落实到各种生计资本的获取、融合与发展上,促进欠发达地区人们生产生活的可持续发展。

(二)实现农村生态环境有效保护

新能源发展政策应将实现农村生态环境有效保护作为目标,重视农村生态环境质量,不断提高农村生态环境的治理水平。首先,转变农村能源利用观念。以新能源发展政策为契机,建立以政府为主导的宣传机制,加大对新能源的宣传,提高农民对新能源利用的认知度,让农村能源消费观念从传统的能源消费向清洁能源消费转变。其次,选择正确的新能源利用方式。构建新能源利用评价体系,将村民满意度、环境保护程度和经济效益等纳入评价指标,因地制宜地选择能源利用方式,提高新能源的利用效益。最后,提高新能源的环保价值。将新能源发展政策与促进环境保护有机结合起来,通过新能源的大力开发和深层次使用,采用"新能源+旅游"等方式,提高新能源的环保价值,促进农村生态环境的保护和改善,进而实现农村"山更绿,水更清"的优美环境。

（三）实现农村产业的融合发展

新能源发展政策应将与农村产业的融合发展作为目标,重视新能源的综合开发利用,探索融合发展新机制,通过"新能源+新农业""新能源+副业""新能源+农旅"等模式来实现农村经济发展的绿色转型,并带动农村其他产业融合发展。首先,加大农村产业融合发展的资金投入。在政府的主导下,构建新能源融合发展融资平台,实行市场准入机制,为新能源综合开发利用提供充足的资金支持。其次,加大农业产业融合发展的政策倾斜。不断完善新能源发展政策,将"新能源+"列为专项计划,实行税收减免和政府补贴,通过政策红利来促进农村产业的融合发展,实现脱贫地区共同富裕。最后,创新"新能源+"模式,提高农村产业融合发展质量。例如,通过发展光伏与农业相结合,推行"光伏+蔬菜/瓜果""光伏+渔业"等,在大力发展光伏产业的同时,带动相关产业发展,有效推进农业经济的转型升级。

（四）实现多维能源贫困综合治理

随着全面打赢脱贫攻坚战任务的完成,中国绝对贫困问题得到解决,但相对贫困和返贫风险仍然存在,当前的能源贫困由绝对能源贫困转变为多维能源贫困,能源贫困的概念延伸出能源消费种类、能源利用效率、饮食质量、居住环境以及健康影响等多个维度。因此,化解多维能源贫困,需要优化新能源扶贫政策,通过采取多角度的政策措施,包含推进脱贫家庭使用清洁化能源、减少居民用能成本、保护生态环境、保障居民身心健康等,达到多维能源贫困有效治理目标。首先,政府应推动能源基础设施的完善,提升电力和天然气等清洁能源管网普及率,组织欠发达地区居民向清洁能源富集区异地搬迁,因地制宜规划新能源项目。其次,减少脱贫家庭的用能负担,通过采取清洁能源用能补贴,实行阶梯电价等方式促进脱贫家庭新能源的使用。再次,推进清洁绿色能源利用和传统能源清洁化使用,提升固体燃料燃烧效率,鼓励生物质能综合化利用,如秸秆气化供气、供电和秸秆固化成型燃料供热、材料化致密成型等项目。最后,减缓非清洁能源使用对居民健康的影响。通过推进"煤改电""煤改气""冬季清洁取暖"等政策,提升能源服务水平,满足居民基本生活需要,不断提升居民生活质量和幸福感。

二 优化新能源扶贫筹资模式

随着中国脱贫攻坚战的顺利完成,全面建成小康社会,中国的绝对贫困问题已得到解决,未来中国的扶贫战略将迈入以解决相对贫困为主题的历史阶段。因此,中国在新能源发展筹资模式上需要大胆创新,充分发挥市场的决定性作用,以及更好发挥政府作用,鼓励全社会共同参与,优化筹资模式。

(一)优化财政资金使用效率

政府全额出资模式是一种普惠性的筹资模式,扶贫成本由各级政府分摊。其不足之处是无法做到贫困的精准识别,扶贫资金可能无法到达最急需帮扶的新能源资源富集地区以发挥其产业扶贫优势。因此,应因地制宜,精准识别,发挥地区新能源资源禀赋优势,提高扶贫效率,减少扶贫资金浪费。一是建立新能源资源交易制度,将财政资金投入与各地资源禀赋挂钩,避免财政资金的非高效使用,使财政资金向急需帮扶的优势资源富集区倾斜,实现新能源资源与财政投入达到较高的匹配度。二是建立财政资金使用的考核机制,提高财政资金利用效率,加强资金使用监督管理。

(二)优化农户互助自筹模式

农户互助自筹模式是在政府投资的基础上,由农户互助组成的筹资模式。其优势是减少个体负担,互助规模灵活,凝聚力较强。其不足之处是收益分成机制不完善,农户仍有一定的负担。因此,应进一步优化农户互助自筹模式。一是建立新能源收益分成机制,创新土地、劳动力等生产要素参与收益分配。二是鼓励金融机构参与农户新能源项目贷款,定期凭借项目分红来偿还新能源产业专项贷款,在偿还完贷款后,后续收入归个人所有,形成长期的"造血"机制。

(三)优化企业投资环境

"政府+企业"投资模式主要由政府和企业共同进行项目资金的筹措,无须农户投资。新能源发展政策实施以来,有大量企业进入新能源行业,对新能源发展产生了积极作用。但是,目前新能源发展领域参与企业良莠不齐,发生了劣币驱逐良币现象,不利于新能源发展的良性健康发展。下一步,可以从以下两个方面优化投资环境:一是建立新能源企业投资准入机制，引入"领跑者"标准，使真正投资新能源发展领域的企业获得公平竞争环境；二是应加强对新能源发展贷款的监管，建立专款专用机制，对贷款真正用于新能源发展的企业进行奖励，从而提高企业参与新能源的积极性。

（四）发挥市场在新能源发展中的决定性作用

在建设社会主义现代化国家的伟大目标指引下，欠发达地区的新能源发展将由市场主导，发挥市场决定性作用，政府应发挥服务性职能，建立起以金融机构和企业为实施主体的新能源发展筹资模式，促进欠发达地区新能源产业的良性发展。解决相对贫困从过去的"吃得饱"到"吃得好"的转变。欠发达地区经济发展已具有一定的坚实基础，应充分发挥市场机制的作用，创新金融服务，加大新能源贷款支持力度，引导生产要素按照市场要求进行优化配置，提高全要素生产率，进一步培育欠发达地区"造血"功能，夯实新能源发展的经济基础。另外，应充分发挥多种所有制相结合的优势，建立起以国有企业为引领，民营企业共同参与的新能源发展的市场主体，形成多主体筹资模式，促进新能源产业的发展。

（五）构建政府搭台、多方参与的新能源发展筹资模式

相对于绝对贫困阶段由政府主导的筹资模式，未来应构建政府搭台，企业、金融机构和农户自筹资金共同参与的新能源扶贫筹资模式。在筹资方面，政府应充分发挥职能作用，借助"有形的手"来引导以及规范新能源扶贫项目筹资行为。要基于实际状况，开发融资新渠道，进而多方位进行扶贫项目运行资金的筹措，制定一系列的扶贫政策，诸如金融机构的贷款优惠政策及新能源企业的税收减免政策等，积极引导金融行业和新能源企业参与到扶贫项目中来，鼓励农户自筹资金参与新能源产业建设。

三 优化新能源发展政策工具

（一）强化"造血式"发展政策工具的应用

欠发达地区内生动力不足是制约新能源发展的关键问题。其表现主要是脱贫群体对新能源发展的认知不到位、新能源产业较少且带动性不强、欠发达地区基础设施相对落后。基于此，欠发达地区新能源发展政策应以开发式扶贫为重点，借助教育扶贫、产业扶贫、就业扶贫、新能源基础设施建设等政策工具，激发脱贫群体脱贫的内在动力。

一是深化脱贫群体对新能源发展的认知。通过教育宣传，提高公众对新能源和可再生能源的认识，积极引导脱贫人口改变能源使用思维，转变用能方式，提高清洁能源和可再生能源的使用率。二是以新能源产业发展为突破口。依据欠发达地区资源禀赋和发展基础，积极争取、谋划新能源脱贫产业项目和工程，以新能源产业发展激发人群发展生产的内生动力。鼓励脱贫人口参与新能源产业项目运营管理工作，调动脱贫群体的积极性与主动性，增加脱贫群体就业机会，发挥扶贫开发主体作用。三是聚焦新能源基础设施建设，补齐新能源发展短板。如结合农村电网改造重点工程，加快欠发达地区新能源微电网建设。

（二）重视新能源扶贫的兜底保障功能

欠发达地区经济社会和新能源发展受各种不确定性因素的影响较大，巩固脱贫攻坚成果任务艰巨。实践中，脱贫家庭用能涉及烹饪、照明、取暖、食物储存等多方面，对脱贫群体的基本生活保障、身心健康、生活质量提升和发展生产具有重要影响。基于此，新能源发展政策应结合兜底保障扶贫、精准扶贫、健康扶贫、社会扶贫等方式，强化救助式扶贫和精准扶贫力度，注重从多维视角缓解脱贫群体面临的能源贫困问题。

一是加大新能源发展救助力度，突出社会兜底保障功能。对农户加强扶贫力度，通过家用光伏电站、光伏路灯、光伏大棚等多种等新能源建设扶贫方式，实现农户增收，为脱贫群体带来新的经济收益。二是精准对应脱贫人口，实现精准帮扶。以农户的能源生产生活需求为核心，制定新能源发展政策与计划。三是后疫情背景下，新能源发展应更加关注脱贫群体健康。通过政府补贴和政策扶持，引导脱贫群体使用绿色环保、清洁低碳的新能源，减少煤炭等传统化石能源带来的健康隐患。

（三）推广碳交易等新能源扶贫新工具

当前中国大力发展绿色经济，将节能减排、推行低碳经济作为国家发展的重要任务。欠发达地区新能源发展的重心也将侧重于优化能源结构和生态环境保护方面。碳排放权交易是一种环境补偿机制，即将废气污染物减排能力转换为企业资产的市场交易机制。目的是调动所有参与方的积极性，通过市场行为的最优调节，从而整体上对节能减排做出最大贡献。碳排放权交易是中国生态文明建设的重要组成部分，具有广阔的发展前景。

碳排放交易是以制度设计、数据核查、配额分配、机构建设等步骤，减排困难的企业向减排容易的企业购买碳排放权,后者替前者完成减排任务,同时获得收益的过程。从世界各国发展经验来看,碳交易体系能有效拓宽金融服务范围、完善服务体系。随着社会经济建设的不断发展,碳金融已经成为发展低碳经济的重要工具。

国家发展改革委、林业局等部门发布的《生态扶贫工作方案》明确提出探索碳交易补偿方式,鼓励开展生态扶贫。湖北省率先提出利用碳市场开展精准扶贫工作,建设国内首个基于 CCER 的碳众筹项目"红安县农村户用沼气 CCER 开发项目",用于当地 11740 户户用沼气池的 CCER 项目开发,预计减少温室气体排放 23 万吨,使当地农民年均增收 300 万元。碳交易扶贫是深入贯彻生态文明建设和精准扶贫、新能源发展政策的新工具,湖北省红安县的经验可以在全国欠发达地区推广。

(四)推动"新能源+"相关产业融合发展

中国地域辽阔,各欠发达地区的地域自然环境和资源禀赋不同,必须要区别对待,精准施策,根据各个地区特点选择新能源发展模式。将欠发达地区的多种新能源综合利用,如太阳能和风能相结合,是现阶段欠发达地区新能源发展的创新举措。

"光伏+"模式是光伏发电和其他新能源发电相结合的模式,主要是太阳能和风能、生物质能综合开发利用。该模式有利于提高光伏发电项目土地的综合利用率,实现阳光、土地资源的立体高效利用,使其在许多地区得以推广。以光伏发电产业为基础,形成"光伏产业—其他新能源产业—新型融合产业"的发展格局。提高资源和环境配置效率,在欠发达地区形成一系列新能源产业体系,为欠发达地区农民带来了新的经济收益。

光伏产业和农业的有机结合也是当下新能源产业发展的途径之一。"光伏+农业"作为一种新兴的农业形式,将光伏产业扶贫和欠发达地区农业有机结合,带动区域农业科学技术推广,实现农业科技化、产业化。将光伏产业与地区生态环境、旅游业相结合,利用地区景观、农业活动等打造特色旅游景区吸引游客,综合化利用资源以增加欠发达地区人民经济收益。光伏产业为欠发达地区农业指明了一条"类工业"的绿色发展道路,为欠发达地区巩固脱贫攻坚成果和乡村振兴提供了重要途径。

参考文献

［印度］阿马蒂亚·森：《贫困与饥荒：论权力与剥夺》，王宇、王文玉译，商务印书馆2001年版，第49页。

林伯强：《中国能源扶贫发展研究报告2018》，北京大学出版社2019年版，第78页。

王小鲁、樊纲：《中国经济增长的可持续性：跨世纪的回顾与展望》，经济科学出版社2000年版，第31页。

［美］约瑟夫·熊彼特：《经济发展理论》，郭武军、吕阳译，华夏出版社2015年版，第141页。

白丽飞：《基于环境溢出效应视角的风电产业环境价值测度——以甘肃风电产业发展为例》，《干旱区资源与环境》2016年第2期。

曹静、郭哲：《中国二氧化硫排污权交易试点的政策效应——基于PSM-DID方法的政策效应评估》，《重庆社会科学》2019年第7期。

曾翔、沈继红：《江浙沪三地城市大气污染物排放的环境库兹涅茨曲线再检验》，《宏观经济研究》2017年第6期。

陈华：《以绿色发展打造特色产业增长极——恩施州对"绿水青山就是金山银山"理论的实践》，《环境保护》2018年第18期。

陈青青、龙志和、林光平：《空间滞后模型的空间相关性稳健检验》，《管理工程学报》2014年第2期。

陈诗一：《中国的绿色工业革命：基于环境全要素生产率视角的解释（1980—2008）》，《经济研究》2010年第11期。

陈伟：《日本新能源产业发展及其与中国的比较》，《中国人口·资源与环境》2010年第6期。

陈昭、刘映曼:《中国财政支出对经济发展质量的空间溢出效应——基于省级数据时空异质性研究》,《地方财政研究》2019 年第 12 期。

程承、王震等:《执行时间视角下的可再生能源发电项目激励政策优化研究》,《中国管理科学》2019 年第 3 期。

慈向阳、孔艳杰:《中国光伏产业发展态势与规制重构》,《学术交流》2015 年第 3 期。

丁士军、陈传波:《贫困农户的能源使用及其对缓解贫困的影响》,《中国农村经济》2002 年第 12 期。

丁芸、胥力伟:《我国新能源产业财税政策效应研究》,《经济研究参考》2015 年第 38 期。

杜艳春、王倩等:《"绿水青山就是金山银山"理论发展脉络与支撑体系浅析》,《环境保护科学》2018 年第 4 期。

方时娇、周倩玲:《绿色发展的理论归旨与社会主义经济创新发展》,《毛泽东邓小平理论研究》2017 年第 11 期。

傅佳莎、浦正宁、蔡轩:《资源型城市转型政策实施效果评价——基于 PSM-DID 方法》,《环境经济研究》2019 年第 1 期。

高慧、杨艳、赵旭等:《国内外氢能产业发展现状与思考》,《国际石油经济》2019 年第 4 期。

高赢、冯宗宪:《城镇化进程中能源环境约束"尾效"研究》,《西安交通大学学报》(社会科学版) 2018 年第 3 期。

郭海涛、胡明禹:《中国能源政策回顾与 2020 年调整方向研判》,《国际石油经济》2020 年第 2 期。

郭莎莎、陈明星、刘慧:《城镇化与资源环境的耦合过程与解耦分析——以北京为例》,《地理研究》2018 年第 8 期。

郝宇、廖华:《中国能源消费和电力消费的环境库兹涅茨曲线:基于面板数据空间计量模型的分析》,《中国软科学》2014 年第 1 期。

何宝海、商福民、孙石:《吉林省新能源产业发展现状与前景展望》,《改革与战略》2011 年第 3 期。

何代欣:《促进新能源产业发展的财税政策:评估与调适》,《税务研究》2014 年第 9 期。

何立华、孙婷:《城市化进程的能源结构约束"尾效"研究——以山东省为例》,《中外能源》2017 年第 3 期。

何鑫、田丽慧、毛凌琳:《生态足迹模型下的人口适度规模研究——以常德市为例》,《中国农业资源与区划》2019 年第 4 期。

何雄浪、叶连广:《长江经济带城市群经济关联、空间溢出与经济增长》,《现代财经》(天津财经大学学报) 2020 年第 1 期。

何则、杨宇等:《中国能源消费与经济增长的相互演进态势及驱动因素》,《地理研究》2018 年第 8 期。

胡宗义、刘亦文、唐李伟:《低碳经济背景下碳排放的库兹涅茨曲线研究》,《统计研究》2013 年第 2 期。

胡宗义、张青、李毅:《新阶段扶贫开发对经济包容性增长的影响研究》,《华东经济管理》2019 年第 9 期。

蒋萍、余厚强:《EKC 拐点类型、形成过程及影响因素》,《财经问题研究》2010 年第 6 期。

揭昌亮、王金龙、庞一楠:《中国农业增长与化肥面源污染:环境库兹涅茨曲线存在吗?》,《农村经济》2018 年第 11 期。

金碚、吕铁、邓洲:《中国工业结构转型升级:进展、问题与趋势》,《中国工业经济》2011 年第 2 期。

靖学青:《长江经济带城镇化水平综合测度及对废水排放的影响》,《学习与实践》2018 年第 5 期。

康晓光:《90 年代我国的贫困与反贫困战略》,《中国国情国力》1995 年第 7 期。

柯善咨:《中国中西部发展中城市的增长极作用》,《地理研究》2010 年第 3 期。

李达、王春晓:《我国经济增长与大气污染物排放的关系——基于分省面板数据的经验研究》,《财经科学》2007 年第 2 期。

李丹、裴育、陈欢:《财政转移支付是"输血"还是"造血"——基于国定扶贫县的实证研究》,《财贸经济》2019 年第 6 期。

李甫春:《广西少数民族地区的十种扶贫开发模式》,《民族研究》2000 年第 4 期。

李国志:《基于变参数模型的中国碳排放与经济增长 EKC 拐点研究》,《环境工程》2018 年第 2 期。

李会琴、陈嫣琳、何彪:《可持续生计视角下易地搬迁精准扶贫效果评价》,《国土资源科技管理》2020年第2期。

李慧:《我国连片贫困地区生态扶贫的路径选择》,《四川行政学院学报》2013年第4期。

李佳佳、罗能生:《制度安排对中国环境库兹涅茨曲线的影响研究》,《管理学报》2017年第1期。

李静、彭飞:《城市空气污染与收入关系的EKC再检验》,《统计与决策》2013年第20期。

李慷、王科、王亚璇:《中国区域能源贫困综合评价》,《北京理工大学学报》(社会科学版)2014年第2期。

李明月、陈凯:《精准扶贫对提升农户生计的效果评价》,《华南农业大学学报》(社会科学版)2020年第1期。

李鹏涛:《中国环境库兹涅茨曲线的实证分析》,《中国人口·资源与环境》2017年第1期。

李庆珍:《区域经济视角下云南县域经济发展研究》,《经济问题探索》2017年第5期。

李泉、鲁科技、李梦:《设立国家级贫困县能提升当地农民收入水平吗——基于2007—2016年中国296个县面板数据的实证研究》,《贵州财经大学学报》2019年第5期。

李世祥、李丽娟:《中国农村能源贫困区域差异及其影响因素分析》,《农林经济管理学报》2020年第2期。

李世祥、刘江宜、张莉等:《煤炭消费、碳排放与区域经济绩效——基于13个煤炭消费大省的实证研究》,《资源科学》2013年第8期。

李世祥、陈岗岗、吴巧生:《中国能源扶贫政策发展阶段及演变特征研究》,《江西理工大学学报》2019年第2期。

李影、沈坤荣:《能源结构约束与中国经济增长——基于能源"尾效"的计量检验》,《资源科学》2010年第11期。

李志学、吴硕锋、雷理钊:《我国新能源产业价格补贴政策现状、问题与对策分析》,《价格月刊》2018年第12期。

梁雯、孙红:《新型城镇化、空间溢出与物流产业集聚——基于省域数据的空间杜宾模型研究》,《电子科技大学学报》(社科版)2019年第

3 期。

林伯强、牟敦国：《能源价格对宏观经济的影响——基于可计算一般均衡（CGE）的分析》，《经济研究》2008 年第 11 期。

林伯强、刘希颖：《中国城市化阶段的碳排放：影响因素和减排策略》，《经济研究》2010 年第 8 期。

蔺迎辉、徐含、孙秀亭：《我国新能源与可再生能源区域发展状况研究》，《山东行政学院学报》2012 年第 5 期。

刘华军、裴延峰：《我国雾霾污染的环境库兹涅茨曲线检验》，《统计研究》2017 年第 3 期。

刘慧、叶尔肯·吾扎提：《中国西部地区生态扶贫策略研究》，《中国人口·资源与环境》2013 年第 10 期。

刘建民、毛军、谢兮晨：《湖南省新能源产业发展的财税支持政策研究》，《湖南大学学报》（社会科学版）2014 年第 3 期。

刘杰：《增长极理论对菏泽区域经济发展的启示》，《经济地理》2010 年第 12 期。

刘任远、鲁仕宝、黄强：《四川小水电发展问题研究》，《生态经济》2011 年第 9 期。

刘荣茂、张莉侠、孟令杰：《经济增长与环境质量：来自中国省际面板数据的证据》，《经济地理》2006 年第 3 期。

刘伟平、戴永务：《碳排放权交易在中国的研究进展》，《林业经济问题》2004 年第 4 期。

刘耀彬、陈斐：《中国城市化进程中的资源消耗"尾效"分析》，《中国工业经济》2007 年第 11 期。

刘耀彬、杨新梅：《基于内生经济增长理论的城市化进程中资源环境"尾效"分析》，《中国人口·资源与环境》2011 年第 2 期。

刘耀彬：《中国城市化与能源消费关系的动态计量分析》，《财经研究》2007 年第 11 期。

刘永旺、马晓钰、杨瑞瑞：《人口集聚、经济集聚与环境污染交互影响关系——基于面板协整和 PECM 模型的分析》，《人口研究》2009 年第 3 期。

刘自敏、邓明艳、崔志伟、曹晖：《能源贫困对居民福利的影响及其机制：

基于 CGSS 数据的分析》，《中国软科学》2020 年第 8 期。

娄伟：《可再生能源与扶贫结合的属性矛盾分析》，《中国能源》2018 年第 7 期。

陆远权、刘姜：《脱贫农户生计可持续性的扶贫政策效应研究》，《软科学》2020 年第 2 期。

罗能生、王玉泽：《财政分权、环境规制与区域生态效率——基于动态空间杜宾模型的实证研究》，《中国人口·资源与环境》2017 年第 4 期。

罗鑫、张粒子、李才华：《可再生能源电力市场模式研究》，《中国电力》2006 年第 9 期。

马莉、叶强强：《能源消费与经济增长关系的实证研究——以陕西省为例》，《经济地理》2016 年第 6 期。

毛雁冰、薛文骏：《中国能源强度变动的就业效应研究》，《中国人口·资源与环境》2012 年第 9 期。

米国芳、长青：《能源结构和碳排放约束下中国经济增长"尾效"研究》，《干旱区资源与环境》2017 年第 2 期。

牛学杰、李常洪：《中国新能源产业发展战略定位、政策框架与政府角色》，《中国行政管理》2014 年第 3 期。

戚聿东、姜莱：《中国新能源产业政府补贴优化方向研究》，《财经问题研究》2016 年第 11 期。

钱文婧、贺灿飞：《经济增长与环境关系：生态足迹视角》，《生态经济》2010 年第 10 期。

秦腾、章恒全、佟金萍等：《长江经济带城镇化进程中的水资源约束效应分析》，《中国人口·资源与环境》2018 年第 3 期。

冉丹、高崴：《吉林省新能源产业现状与发展对策研究》，《工业技术经济》2010 年第 7 期。

任东明、张正敏：《我国可再生能源发展面临的问题及新机制的建立》，《中国能源》2003 年第 9 期。

邵帅、杨莉莉、曹建华：《工业能源消费碳排放影响因素研究——基于 STIRPAT 模型的上海分行业动态面板数据实证分析》，《财经研究》2010 年第 11 期。

沈坤荣、李影：《中国经济增长的能源尾效分析》，《产业经济研究》2010

年第 2 期。

沈镭、刘立涛：《中国能源政策可持续性评价与发展路径选择》，《资源科学》2009 年第 8 期。

沈政、李军、张也：《探析经济增长与保持草原生态——基于 EKC 理论的实证分析》，《中国农业资源与区划》2012 年第 3 期。

师博、姚峰：《中国经济增长的能源尾效测算与分析——基于拥挤效应的实证研究》，《南京财经大学学报》2018 年第 3 期。

宋静怡、林朋飞、张珍珍等：《新能源发电全生命周期评价及环境协同发展——以甘肃省新能源发电为例》，《中国资源综合利用》2020 年第 3 期。

孙久文、卢怡贤：《习近平关于扶贫的重要论述研究》，《西北师大学报》（社会科学版）2020 年第 1 期。

谭琪、及月如：《中国地方新能源产业激励政策创新体系研究》，《生态经济》2011 年第 11 期。

檀江林、项银霞：《安徽金寨"光伏扶贫"的历程、经验及政策支持》，《皖西学院学报》2017 年第 4 期。

唐建荣、张白羽：《中国经济增长的碳排放尾效分析》，《统计与信息论坛》2012 年第 1 期。

田茂君、薛惠锋：《甘肃省新能源发展问题及对策》，《甘肃社会科学》2016 年第 6 期。

童光毅、倪琦等：《农业信息化背景下光伏发电扶贫模式及效益提升机制研究》，《农业工程学报》2019 年第 10 期。

童中贤、曾群华、马骏：《我国连片特困地区增长极培育的战略分析——以武陵山地区为例》，《中国软科学》2012 年第 4 期。

王宾、杨琛：《长江经济带水资源对城镇化的约束效应研究》，《宏观经济研究》2019 年第 6 期。

王德录、高标：《区域生态足迹与经济增长演进关系及其社会经济动因》，《水土保持研究》2016 年第 5 期。

王家庭：《中国区域经济增长中的土地资源尾效研究》，《经济地理》2010 年第 12 期。

王俊乐、洛松泽仁：《西藏风能资源及其开发情况浅析》，《太阳能》2018

年第 10 期。

王立国、鞠蕾：《光伏产业产能过剩根源与对策找寻》，《改革》2015 年第 5 期。

王莉叶、陈兴鹏、庞家幸、段建军：《基于 LMDI 的能源消费碳排放因素分解及情景分析——以兰州市为例》，《生态经济》2019 年第 9 期。

王崙：《基于精准扶贫视角下的光伏产业实践困境及化解对策》，《工业技术经济》2018 年第 7 期。

王涛、郭晶、赵昕、郑慧、潘艳艳：《能源消费与经济增长动态关系的实证分析》，《统计与决策》2016 年第 8 期。

王玺、蔡伟贤、唐文倩：《构建中国新能源税收政策体系研究》，《税务研究》2011 年第 5 期。

王宪恩、王寒凝等：《典型国家工业化进程中经济社会与能源环境协调发展分析》，《资源科学》2016 年第 10 期。

王衍行、汪海波、樊柳言：《中国能源政策的演变及趋势》，《理论学刊》2012 年第 9 期。

王艳、陈丽霖：《政策获得感的内涵、分析框架与运用——以三台山德昂族乡实证分析为例》，《云南行政学院学报》2020 年第 4 期。

王勇、俞海等：《中国环境质量拐点：基于 EKC 的实证判断》，《中国人口·资源与环境》2016 年第 10 期。

魏楚、韩晓：《中国农村家庭能源消费结构：基于 Meta 方法的研究》，《中国地质大学学报》（社会科学版）2018 年第 6 期。

魏下海、余玲铮：《空间依赖、碳排放与经济增长——重新解读中国的 EKC 假说》，《探索》2011 年第 1 期。

吴滨、庄芹芹、张茜：《我国节能政策的演进及趋势分析》，《重庆理工大学学报》（社会科学）2018 年第 9 期。

吴素华：《精准扶贫背景下光伏扶贫高质量发展研究》，《中国特色社会主义研究》2018 年第 5 期。

吴文恒、乌亚娇、李同昇：《农村生活用能的区域分异——以关中临渭区为例》，《自然资源学报》2013 年第 9 期。

吴彦丽、李文英等：《中美洁净煤转化技术现状及发展趋势》，《中国工程科学》2015 年第 9 期。

吴玉鸣：《广西生态足迹与能源消费的库兹涅茨曲线分析》，《中国人口·资源与环境》2010年第11期。

夏栗、李志华等：《长株潭城市群生态足迹测算及其动态变化分析》，《湖南林业科技》2019年第2期。

向琼：《贵州省农村能源建设现状与对策》，《中南林业调查规划》2006年第4期。

肖德、张媛：《经济增长、能源消费与二氧化碳排放的互动关系——基于动态面板联立方程的估计》，《经济问题探索》2016年第9期。

肖功为、刘洪涛、贺翀：《制度创新、社会资本与区域经济差距生成——基于空间杜宾模型的实证研究》，《湖南大学学报》（社会科学版）2019年第5期。

肖良武、黄臻、罗玲玲：《省域经济增长极选择及培育路径研究》，《经济问题》2017年第5期。

肖思思、黄贤金、吴春笃：《江苏省生态足迹时间维度变化及其驱动因素分析——基于PLS方法对STIRPAT模型的修正》，《地理与地理信息科学》2012年第3期。

谢大伟：《易地扶贫搬迁移民的可持续生计研究——来自新疆南疆深度贫困地区的证据》，《干旱区资源与环境》2020年第9期。

谢书玲、王铮、薛俊波：《中国经济发展中水土资源的"增长尾效"分析》，《管理世界》2005年第7期。

许冬兰、李琰：《能源约束对经济增长和城市化影响的实证研究——以山东省为例》，《北京理工大学学报》（社会科学版）2012年第4期。

薛俊波、王铮等：《中国经济增长的"尾效"分析》，《财经研究》2004年第9期。

闫晓霞：《新常态下陕西省能源消费结构研究》，《煤炭经济研究》2018年第10期。

颜廷武、田云、张俊飚、汪洋：《中国农业碳排放拐点变动及时空分异研究》，《中国人口·资源与环境》2014年第11期。

燕连福：《新时代文旅融合发展：一个新的增长极》，《人民论坛·学术前沿》2019年第11期。

杨骞、王弘儒、秦文晋：《中国农业面源污染的地区差异及分布动态：

2001—2015》，《山东财经大学学报》2017 年第 5 期。

杨林伟、曾绍伦、王强：《乡村振兴的内涵界定、政策体系与实施路径》，《昆明理工大学学报》（社会科学版）2020 年第 4 期。

杨嵘、常烜钰：《西部地区碳排放特征及发展低碳经济途径分析》，《西南石油大学学报》（社会科学版）2012 年第 1 期。

杨杨、吴次芳等：《中国水土资源对经济的"增长阻尼"研究》，《经济地理》2007 年第 4 期。

杨英明、孙建东、李全生：《我国能源结构优化研究现状及展望》，《煤炭工程》2019 年第 2 期。

尹小平、孙璞：《新能源产业如何助力脱贫攻坚》，《人民论坛》2019 年第 11 期。

于丹、张兰、张彩虹：《基于熵权 TOPSIS 的林木生物质能源区域发展潜力的评价研究》，《北京林业大学学报》（社会科学版）2016 年第 3 期。

岳利萍、白永秀：《区域经济增长与环境质量演进关系模型研究——基于环境库兹涅茨曲线》，《南京理工大学学报》（社会科学版）2006 年第 4 期。

扎恩哈尔·杜曼、孙慧、王士轩：《新能源产业集群规模、分布与地区经济增长水平关系研究》，《科技管理研究》2020 年第 13 期。

张爱菊、张白汝、向书坚：《中部 6 省生态足迹的测算与比较分析》，《生态环境学报》2013 年第 4 期。

张红婴、吕银娇、李剑琨：《江西省太阳能资源时空分布特征及建筑太阳能利用分析》，《河南城建学院学报》2017 年第 6 期。

张军、吴桂英、张吉鹏：《中国省际物质资本存量估算：1952—2000》，《经济研究》2004 年第 10 期。

张雷、黄园淅等：《中国碳排放区域格局变化与减排途径分析》，《资源科学》2010 年第 2 期。

张琳、许晶、王亚辉等：《中国城镇化进程中土地资源尾效的空间分异研究》，《中国土地科学》2014 年第 6 期。

张泉：《改革开放 40 年中国能源政策回顾：从结构到逻辑》，《中国人口·资源与环境》2019 年第 10 期。

张瑞文：《大力发展洁净煤技术，促进煤炭产业健康发展》，《工程技术：

引文版》2016 年第 11 期。

张士杰：《区域经济增长的能源尾效分析——以皖江城市带为例》，《华东经济管理》2013 年第 7 期。

张兴平、汪辰晨、张帆：《北京市能源消费的因素分解分析》，《工业技术经济》2012 年第 1 期。

张翼：《社会发展，结构变迁与社会治理——"十四五"社会治理需关注的重大问题》，《中国特色社会主义研究》2020 年第 3 期。

张颖、张婷：《创新产出影响因素的区域差异性比较研究——来自新能源产业的经验数据》，《工业技术经济》2020 年第 7 期。

张永胜：《河南省新能源发展状况研究》，《河南牧业经济学院学报》2018 年第 3 期。

张云飞：《"绿水青山就是金山银山"的丰富内涵和实践途径》，《前线》2018 年第 4 期。

张中秋、胡宝清等：《广西土地整治增长极及其驱动类型分析——基于改进灰色关联模型》，《农业资源与环境学报》2019 年第 4 期。

张梓榆、舒鸿婷：《多维能源贫困与居民健康》，《山西财经大学学报》2020 年第 8 期。

赵立祥、赵蓉：《经济增长、能源强度与大气污染的关系研究》，《软科学》2019 年第 6 期。

赵良仕、孙才志、郑德凤：《中国省际水资源利用效率与空间溢出效应测度》，《地理学报》2014 年第 1 期。

赵雪雁：《生计方式对农户生活能源消费模式的影响》，《生态学报》2015 年第 5 期。

赵勇强、王红芳：《我国可再生能源限电问题分析及对策建议》，《中国能源》2015 年第 12 期。

赵忠秀、王苒等：《基于经典环境库兹涅茨模型的中国碳排放拐点预测》，《财贸经济》2013 年第 10 期。

郑义、秦炳涛：《能源消费、碳排放与经济增长的关系研究——基于中国（1970—2010 年）ARDL 模型的实证分析》，《科研管理》2016 年第 8 期。

中国农村贫困标准课题组：《中国农村贫困标准研究》，《统计研究》1990

年第 6 期。

周鹏程、王晟嫣等:《光伏扶贫地区分布式开发利用及消纳研究》,《山东电力技术》2019 年第 5 期。

周祖光:《海南省可再生能源开发利用研究》,《安徽农业科学》2014 年第 15 期。

朱勤、彭希哲、陆志明、吴开亚:《中国能源消费碳排放变化的因素分解及实证分析》,《资源科学》2009 年第 12 期。

朱新玲:《科技创新、空间外溢与区域发展——以长江经济带为例》,《武汉科技大学学报》(社会科学版) 2019 年第 5 期。

邹长新、徐梦佳等:《全国重要生态功能区生态安全评价》,《生态与农村环境学报》2014 年第 6 期。

王仲瑀:《黑龙江省能源可持续发展研究》,博士学位论文,北京林业大学,2007 年。

杨杨:《土地资源对中国经济的"增长阻尼"研究》,博士学位论文,浙江大学,2008 年。

杜梦晨:《基于系统动力学的我国能源贫困影响因素研究》,硕士学位论文,云南财经大学,2018 年。

陈吉宁:《坚持绿水青山就是金山银山 打好环保扶贫攻坚战》,《中国环境报》2015 年 10 月 19 日第 1 版。

国家统计局住户办:《扶贫开发持续强力推进 脱贫攻坚取得历史性重大成就》,《中国信息报》2019 年 8 月 13 日第 1 版。

郝永平、蒲实:《多措并举巩固拓展脱贫攻坚成果》,《经济日报》2020 年 10 月 22 日第 11 版。

何肇、王顺超:《"后疫情时代"国际能源合作要抓住关键》,《中国能源报》2020 年 5 月 4 日第 4 版。

林伯强:《能源扶贫的双重红利:支持中国全面脱贫和可持续发展》,《第一财经日报》2020 年 6 月 15 日第 A12 版。

林伯强:《能源扶贫促进农村发展,空间还很大》,《第一财经日报》2019 年 7 月 10 日第 A11 版。

林火灿:《把电气化、网络化、智能化作为能源变革方向》,《中国矿业报》2015 年 11 月 28 日 A2 版。

国家统计局住户办:《中国农村贫困监测报告 2019》,https://data.cnki.net/yearbook/Single/N2020020019。

张翼:《我国农村用电条件显著改善》,《光明日报》2020 年 10 月 21 日第 10 版。

张宇、钟艳平:《"十四五"期间将基本解决弃水弃风弃光问题》,《中国改革报》2020 年 7 月 28 日第 5 版。

生态环境部:《2018 中国生态环境状况公报发布》,http://www.mee.gov.cn/xxgk2018/xxgk/xxgk15/201912/t20191231_754139.html。

赵华林:《实现经济高质量发展离不开能源的高质量发展》,http://www.xinhuanet.com/energy/2018-09/12/c_1123418559.htm。

Abbas K., Li S., et al., "Do socioeconomic factors determine household multidimen-sional energy poverty? Empirical evidence from South Asia", *Energy Policy*, Vol. 146, No. 11, 2020, p. 111754.

Acaravci A., Ozturk I., "On the relationship between energy consumption, CO_2 emissions and economic growth in Europe", *Energy*, Vol. 35, No. 12, 2010, pp. 5412–5420.

Ahmad A., Zhao Y., et al., "Carbon emissions, energy consumption and economic growth: an aggregate and disaggregate analysis of the Indian economy", *Energy Policy*, Vol. 96, No. 9, 2016, pp. 131–143.

Ahmad N., Du L., et al., "Modelling the CO_2, emissions and economic growth in Croatia: Is there any environmental Kuznets curve?", *Energy*, Vol. 17, No. 123, 2017, pp. 164–172.

Akif M., "Investigation of environmental Kuznets curve for ecological footprint: The role of energy and financial development", *Science of the Total Environm-ent*, Vol. 650, No. 2, 2019, pp. 2483–2489.

Alam M. M., Murad M. W., "The impacts of economic growth, trade openness and technological progress on renewable energy use in organization for economic cooperation and development countries", *Renewable Energy*, Vol. 145, No. 1, 2020, pp. 382–390.

Alazraki R., Haselip J., "Assessing the uptake of small-scale photovoltaic electricity production in Argentina: the PERMER project", *Journal of Cleaner

Production, Vol. 15, No. 2, 2007, pp. 131 – 142.

Altıntaş H., Kassouri Y., "Is the environmental Kuznets Curve in Europe related to the percapita ecological footprint or CO_2 emissions?", *Ecological Indicators*, Vol. 18, No. 113, 2020, p. 106187.

Aristondo O., Onaindia E., "Counting energy poverty in Spain between 2004 and 2015", *Energy Policy*, Vol. 113, No. 2, 2018, pp. 420 – 429.

Arnette A., Zobel C. W., "An optimization model for regional renewable energy development", *Renewable and Sustainable Energy Reviews*, Vol. 16, No. 7, 2012, pp. 4606 – 4615.

Ben Nasr A., Gupta R., Sato J. R., "Is there an Environmental Kuznets Curve for South Africa? A co-summability approach using a century of data", *Energy Economics*, Vol. 52, No. 12, 2015, pp. 136 – 141.

Bergmann A., Colombo S., Hanley N., "Rural versus urban preferences for renewable energy developments", *Ecological Economics*, Vol. 63, No. 3, 2008, pp. 616 – 625.

Bloch H., Rafiq S., Salim R., "Economic growth with coal, oil and renewable energy consumption in China: Prospects for fuel substitution", *Economic Modelling*, Vol. 44, 2015, pp. 104 – 115.

Bullock R., Zurba M., et al., "Open for bioenergy business? Perspectives from Indigenous business leaders on biomass development potential in Canada", *Energy Research and Social Science*, Vol. 64, No. 1, 2020, p. 101446.

Byrne J., Zhou A., et al., "Evaluating the potential of small-scale renewable energy options to meet rural livelihoods needs: A GIS and lifecycle cost-based assessment of Western China's options", *Energy Policy*, Vol. 35, No. 8, 2007, pp. 4391 – 4401.

Cabraal R. A., Barnes D. F., Agarwal S. G., "Productive uses of energy for rural development", *Annual Review of Environment and Resources*, Vol. 30, No. 17, 2005, pp. 117 – 144.

Carley S., "The era of state energy policy innovation: A review of policy instruments", *Review of Policy Research*, Vol. 28, No. 3, 2011, pp. 265 – 294.

Chang T., Chu H. P., Chen W. Y., "Energy consumption and economic growth in 12 Asian countries: panel data analysis", *Applied Financial Letters*, Vol. 20, No. 13, 2013, pp. 282 – 287.

Chong C. H., Ma. L., et al., "Logarithmic mean Divisia index (LMDI) decomposition of coal consumption in China based on the energy allocation diagram of coal flows", *Energy*, Vol. 85, No. 1, 2015, pp. 366 – 378.

Colinet M. J., Rocío Román, "LMDI decomposition analysis of energy consumption in Andalusia (Spain) during 2003 – 2012: the energy efficiency policy implications", *Energy Efficiency*, Vol. 9, No. 3, 2015, pp. 1 – 17.

Cordoves-Sanchez M., Vallejos-Romero A, "Social construction of risk in non-conventional renewable energy: Risk perception as a function of ecosystem services in La Araucania, Chile", *Ecological Economics*, Vol. 159, No. 5, 2019, pp. 261 – 270.

Daly H. E., Ramea K., Chiodi A., et al., "Incorporating travel behaviour and tra-vel time into TIMES energy system models", *Applied Energy*, Vol. 8, No. 135, 2014, pp. 429 – 439.

Day R., Walker G., Simcock N., "Conceptualising energy use and energy poverty using a capabilities framework", *Energy Policy*, Vol. 93, No. 193, 2016, pp. 255 – 264.

Efroymson R. A., Dale V. H., et al., "Environmental indicators of biofuel sustainability: what about context?", *Environmental Management*, Vol. 51, No. 2, 2012, pp. 296 – 306.

Feng Y. Y., Zhang L. X., "Scenario analysis of urban energy saving and carbon abatement policies: A case study of Beijing city, China", *Procedia Environmental Sciences*, Vol. 13, No. 8, 2012, pp. 632 – 644.

Fodha M., Zaghdoud O., "Economic growth and pollutant emissions in Tunisia: An empirical analysis of the environmental Kuznets curve", *Energy Policy*, Vol. 38, No. 2, 2010, pp. 1150 – 1156.

Gebreslassie M. G., "Public perception and policy implications towards the deve-lopment of new wind farms in Ethiopia", *Energy Policy*, Vol. 139, No. 4, 2020, p. 111318.

Getie E. M., "Poverty of Energy and Its Impact on Living Standards in Ethiopia", *Journal of Electrical and Computer Engineering*, Vol. 23, No. 12, 2020, pp. 1 – 6.

Gillard R., Snell C., Bevan M., "Advancing an energy justice perspective of fuel poverty: Household vulnerability and domestic retrofit policy in the United Kingdom", *Energy Research and Social Science*, Vol. 29, No. 7, 2017, pp. 53 – 61.

Grossman G. M., Krueger A. B., "Economic grwth and the environment", *The Quarterly Journal of Economics*, Vol. 110, No. 2, 1995, pp. 353 – 377.

Grossman G. M., Kruger A. B., "Environmental impact of a north American free trade agreement", *National Bureau of Economic Research*, Vol. 11, No. 3, 1991, pp. 1120 – 1145.

Hernández D., "Understanding 'energy insecurity' and why it matters to health", *Social Science and Medicine*, Vol. 167, No. 10, 2016. pp. 1 – 10.

IEA: "World Energy Outlook 2002", http://www.riei.go.jp/en/enents/bbl/03022801.pdf, 2002.

Jain G., "Energy security issues at household level in India", *Energy Policy*, Vol. 38, No. 6, 2010, pp. 191 – 197.

Jefferson M., "Safeguarding rural landscapes in the new era of energy transition to a low carbon future", *Energy Research & Social Science*, Vol. 37, No. 11, 2018, pp. 191 – 197.

Kamalapur G. D., Udaykumar R. Y., "Rural electrification in India and feasibility of Photovoltaic Solar Home Systems", *International Journal of Electrical Power and Energy Systems*, Vol. 33, No. 3, 2011, pp. 594 – 599.

Kellett J., "Community-based energy policy: A practical approach to carbon reduction", *Journal of Environmental Planning and Management*, Vol. 50, No. 3, 2007, pp. 381 – 396.

Khanna R. A., Li Y., et al., "Comprehensive energy poverty index: Measuring energy poverty and identifying micro-level solutions in South and Southeast Asia", *Energy Policy*, Vol. 132, No. 9, 2019, pp. 379 – 391.

Kim K., "Changes in risk perception of Seoul National University students in nuclear power under opposing government policy", *Sustainability*, Vol. 10,

No. 7, 2018, p. 2350.

Kobos P. H., Erickson J. D., Drennen T. E., "Technological learning and renewable energy costs: implications for US renewable energy policy", *Energy Policy*, Vol. 34, No. 13, 2006, pp. 1645 – 1658.

Korsnes M., "Ambition and ambiguity: Expectations and imaginaries developingoffshore wind in China", *Technological Forecasting and Social Change*, Vol. 107, No. 6, 2016, pp. 50 – 58.

Kowsari R., Zerriffi H., "Three dimensional energy profile: A conceptual framework for assessing household energy use", *Energy Policy*, Vol. 39, No. 12, 2011, pp. 7505 – 7517.

Kraft J., Kraft A., "Relationship between energy and GNP", *Journal of Energy Finance & Development*, Vol. 32, No. 2, 1978, pp. 401 – 403.

Kristmannsdóttir H., Ármannsson H., "Environmental aspects of geothermal energy utilization", *Geothermics*, Vol. 32, No. 4, 2003, pp. 451 – 461.

LaBelle M., "Constructing post-carbon institutions: Assessing EU carbon reduction efforts through an institutional risk governance approach", *Energy Policy*, Vol. 40, No. 1, 2011, pp. 390 – 403.

Lange P., Bornemann B., Burger P., "Sustainability impacts of governance modes: insights from Swiss energy policy", *Journal of Environmental Policy and Planning*, Vol. 21, No. 2, 2019, pp. 174 – 187.

Lee J. Y., An S., et al., "Life cycle environmental and economic analyses of a hydrogen station with wind energy", *International Journal of Hydrogen Energy*, Vol. 35, No. 6, 2010, pp. 2213 – 2225.

Li J., Chen C., Liu H., "Transition from non-commercial to commercial energy in rural China: Insights from the accessibility and affordability", *Energy Policy*, Vol. 127, No. 4, 2019, pp. 392 – 403.

Liang Y., Yu B., Wang L., "Costs and benefits of renewable energy development in China's power industry", *Renewable Energy*, Vol. 131, No. 2, 2019, pp. 700 – 712.

Lin B. Q., Liu K., "Using LMDI to analyze the decoupling of carbon dioxide emissions from China's heavy industry", *Sustainability*, Vol. 9, No. 7,

2017, p. 1198.

Liu D., Upchurch R. S., Curtis C., "Chinese domestic tourist perceptions of wind farms experiences", *Journal of Sustainable Tourism*, Vol. 24, No. 11, 2016, pp. 1569-1583.

Madlener R., Stagl S., "Sustainability-guided promotion of renewable electricity generation", *Ecological Economics*, Vol. 53, No. 2, 2004, pp. 147-167.

Mainali B., Pachauri S., et al., "Assessing rural energy sustainability in developing countries", *Energy for Sustainable Development*, Vol. 19, No. 1, 2014, pp. 15-28.

Marc Marí-Dell'Olmo, Novoa A. M., Lluís Camprubí, et al., "Housing Policies and Health Inequalities", *International Journal of Health Services*, Vol. 47, No. 2, 2016, pp. 207-232.

Miah M. D., Rashid H. A., Shin M. Y., "Wood fuel use in the traditional cooking stoves in the rural floodplain areas of Bangladesh: A socio-environmental perspective", *Biomass and Bioenergy*, Vol. 33, No. 1, 2009, pp. 70-78.

Modi B. V., "Measuring energy poverty: Focusing on what matters", *Renewable and Sustainable Energy Reviews*, Vol. 16, No. 1, 2012, pp. 231-243.

Mondal A. H., Kamp L. M., Pachova N. I., "Drivers, barriers, and strategies for implementation of renewable energy technologies in rural areas in Bangladesh—An innovation system analysis Energy", *Policy*, Vol. 38, No. 8, 2010, pp. 4626-4634.

Movshuk O., "Restructuring, productivity and technical efficiency in China's iron and steel industry, 1988-2000", *Journal of Asian Economics*, Vol. 15, No. 1, 2005, pp. 135-151.

Mukherjee I., Sovacool B. K., "Sustainability principles of the Asian Development Bank's (ADB's) energy policy: An opportunity for greater future synergies", *Renewable Energy*, Vol. 48, No. 7, 2012, pp. 173-182.

Munro F. R., "Renewable energy and transition-periphery dynamics in Scotland", *Environmental Innovation and Societal Transitions*, Vol, 31, No. 5, 2019, pp. 273-281.

Nakata T., Kubo K., Lamont A., "Design for renewable energy systems with application to rural areas in Japan", *Energy Policy*, Vol. 33, No. 2, 2005, pp. 209–219.

Narbel K. P. A., "Solar energy: markets, economics and policies", *Renewable and Sustainable Energy Reviews*, Vol. 16, No. 1, 2012, pp. 449–465.

Ndiritu S. W., Nyangena W., "Environmental goods collection and children's schooling: evidence from Kenya", *Regional Environmental Change*, Vol. 11, No. 3, 2011, pp. 531–542.

Nike D., Remidius R., et al., "The influence of energy policy on charcoal consumption in urban households in Tanzania", *Energy for Sustainable Development*, Vol. 57, No. 3, 2020, pp. 200–213.

Njiru C. W., Letema S. C., "Energy poverty and its implication on standard of living in Kirinyaga, Kenya", *Journal of Energy*, Vol. 2018, No. 9, 2018, pp. 1–12.

Nordman E., Mutindab J., "Biodiversity and wind energy in Kenya: Revealing landscape and wind turbine perceptions in the world's wildlife capital", *Energy Research and Social Science*, Vol. 19, No. 7, 2016, pp. 108–118.

Ocal O., Aslan A., "Renewable energy consumption-economic growth nexus in Turkey", *Renewable and Sustainable Energy Reviews*, Vol. 28, No. 4, 2013, pp. 494–499.

O'Sullivan K., Golubchikov O., Mehmood A., "Uneven energy transitions: Understanding continued energy peripheralization in rural communities", *Energy Policy*, Vol. 138, No. 9, 2020, p. 111288.

Oum S., "Energy poverty in the Lao PDR and its impacts on education and health", *Energy Policy*, Vol. 132, No. 9, 2019, pp. 247–253.

Panayotou T., "Demystifying the environmental Kuznets curve: turning a black box into a policy tool", *Environment & Development Economics*, Vol. 2, No. 4, 1997, pp. 465–484.

Panayotou T., *Empirical tests and policy analysis of environmental degradation at different stages of economic development*, International Labour Organization Working Papers, 1993.

Pata U. K. , Mücahit A. , "Testing the EKC hypothesis for the top six hydropower energy-consuming countries: Evidence from Fourier Bootstrap ARDL procedure", *Journal of Cleaner Production*, Vol. 264, No. 121699, 2020, pp. 1 – 10.

Paul C. , Denis L. , Bertrand S. , "Spatial patterns of production linkages in the context of Europe's small towns: How are rural firms linked to the local economy?", *Regional Studies*, Vol. . 42, No. 3, 2007, pp. 355 – 374.

Popp J. , Lakner Z. , et al. , "The effect of bioenergy expansion: food, energy, and environment", *Renewable and Sustainable Energy Reviews*, Vol. 30, No. 2, 2014, pp. 559 – 578.

Qiu H. , Yan J. , Lei Z. , "Rising wages and energy consumption transition in rural China", *Energy Policy*, Vol. 119, No. 8, 2018, pp. 545 – 553.

Recalde M. , et al. , "Structural energy poverty vulnerability and excess winter mortality in the European Union: Exploring the association between structural determinants and health", *Energy Policy*, Vol. 133, No. 3, 2019, p. 110869.

Resch G. , Held A. , et al. , "Potentials and pro-spects for renewable energies at global scale", *Energy Policy*, Vol. 36, No. 11, 2008, pp. 4048 – 4056.

Rogers J. C. , Simmons E. A. , et al. , "Public perceptions of opportunities for com-munity based renewable", *Energy Policy*, Vol. 36, No. 11, 2008, pp. 4217 – 4226.

Romer D. , *Advanced macroeconomics and Edition*, Shanghai University of Finance & Economics Press, The McGraw Hill Companies, Inc. , 2001.

Sandu S. , Yang M. , Shi X. , "A governance perspective on electricity industry de-velopment: The case of Papua New Guinea", *Energy Policy*, Vol. 141, No. 9, 2020, p. 111464.

Santos M. A. , Rosa L. P. , et al. , "Gross greenhouse gas fluxes from hydropower reservoir compared to thermo-power plants", *Energy Policy*, Vol. 34, No. 4, 2006, pp. 481 – 488.

Sarkodie S. A. , Strezov V. , "Empirical study of the environmental kuznets curve and Environmental Sustainability curve hypothesis for Australia, China, Ghana and USA", *Journal of Cleaner Production*, Vol. 201, No. 10,

2018, pp. 98-110.

Schoenefeld J. J., Knodt M., "Softening the surface but hardening the core? Governing renewable energy in the EU", *West European Politics*, Vol. 44, No. 1, 2020, pp. 49-71.

Sharma B., Ingalls R. G., et al., "Biomass supply chain design and analysis: basis, overview, modeling, challenges, and future", *Renewable and Sustainable Energy Reviews*, Vol. 24, No. 10, 2013, pp. 608-627.

Sharma V., Chandel S. S., "A novel study for determining early life degradation of multi-crystalline-silicon photovoltaic modules observed in western Himalayan Indian climatic conditions", *Solar Energy*, Vol. 134, No. 9, 2016, pp. 32-44.

Shin H., Choi B. D., "Risk perceptions in UK climate change and energy policy narratives", *Journal of Environmental Policy and Planning*, Vol. 17, No. 1, 2015, pp. 84-107.

Sohag K., Begum R. A., et al., "Dynamics of energy use, technological innovati-on, economic growth and trade openness in Malaysia", *Energy*, Vol. 90, No. 13, 2015, pp. 1497-1507.

Soinia K., Pouta E., et al., "Local residents' perceptions of energy landscape: the case of transmission lines", *Land Use Policy*, Vol. 28, No. 1, 2011, pp. 294-305.

Sovacool B. K., "Conceptualizing urban household energy use: Climbing the 'Energy Services Ladder'", *Energy Policy*, Vol. 39, No. 3, 2011, pp. 1659-1668.

Soytas U., Sari R., "Energy consumption and GDP: causality relationship in G-7 countries and emerging markets", *Energy Economics*, Vol. 25, No. 1, 2003, pp. 33-37.

Tan R., Lin B., "Public perception of new energy vehicles: Evidence from willin-gness to pay for new energy bus fares in China", *Energy Policy*, Vol. 130, No. 7, 2019, pp. 347-354.

Thomson H., "Housing improvements for health and associated socio-economic outcomes" *International Journal of Evidence-Based Healthcare*, Vol. 12,

No. 2, 2014, pp. 157 – 159.

Tourkolias C., Mirasgedis S., "Quantification and monetization of employment benefits associated with renewable energy technologies in Greece", *Renewable and Sustainable Energy Reviews*, Vol. 15, No. 6, 2011, pp. 2876 – 2886.

Tzankova Z., "Public policy spillovers from private energy governance: New opportunities for the political acceleration of renewable energy transitions", *Energy Research and Social Science*, Vol. 67, No. 5, 2020, p. 101504.

UNDP, *World Energy Assessment: Energy and the challenge of sustainability*, New York: UNDP, 2000.

Uri N. D., "A reconsideration of effect of energy scarcity on economic growth", *Energy*, Vol. 20, No. 1, 1995, pp. 1 – 12.

Usman O., Iorember P. T., Olanipekun I. O., "Revisiting the environmental kuznets curve (EKC) hypothesis in India: the effects of energy consumption anddemocracy", *Environmental Science and Pollution Research*, Vol. 26, No. 13, 2019, pp. 13390 – 13400.

Wackernagel M., Rees W., "Our ecological footprint: Reducing human impact on the earth", *Population and Environment*, Vol. 1, No. 3, 1998, pp. 171 – 174.

Wang Z. X., Li Q., "Modelling the nonlinear relationship between CO_2 emissions and economic growth using a PSO algorithm-based grey Verhulst model", *Journal of Cleaner Production*, Vol. 207, No. 15, 2018, pp. 214 – 224.

Welton S., Eisen J., "Clean energy justice: charting an emerging agenda", *Harvard Environmental Law Review*, Vol. 2, No. 1, 2019, pp. 308 – 330.

Yang L., "Wind energy development and its environmental impact: A review", *Renewable and Sustainable Energy Reviews*, Vol. 16, No. 1, 2012, pp. 1031 – 1039.

后　　记

本书的研究受到 2016 年国家社会科学基金一般项目"环境效益视角下贫困地区新能源发展及其扶贫政策"（16BJY049）的资助。在研究和出版过程中，本书还得到了湖北省社科基金重点项目暨省新型智库项目"坚持长江经济带生态优先、绿色发展的路径研究"（HBSK2021703）、河南金冠电力工程有限公司委托课题"农村能源革命实践及模式创新"（2018176402）的支持。

本书共十章，具体分工为：第一章、第二章、第三章、第六章、第九章由李世祥主笔，郭凯路、闫浩然、王琨、刘兆博、刘梦茹、赛娜、王钰莹、李津至参与；第四章由李先敏主笔；第五章由王楠主笔；第七章由白俊主笔，第八章由史见汝主笔；第十章由吴巧生主笔，汪金峰、汪军、康契瀛、李沁园、彭婧参与。全书由李世祥统稿。

本书在研究过程中得到了全国政协常委和河南省政协副主席高体健，中国农工民主党南阳市委员会副主委闫保卫，湖北省发展改革委二级巡视员冉述楣，南阳金冠电气有限公司樊崇、马英林、王海霞等单位相关同志，以及中国地质大学（武汉）成金华、邢相勤、王来峰、吕凌燕、马海燕等专家的大力支持，在此表示诚挚的谢意！

本书在撰写过程中，查阅了大量的文献资料，并从中借鉴了许多有价值的观点和思想，在此对这些文献的作者表示衷心的感谢。在书的末尾，列出了本书所借鉴的参考文献，但由于资料来源较广，难免有所疏忽，如有遗漏，深表歉意，并盼谅解。

感谢中国社会科学出版社编辑认真细致的校对工作。

由于时间仓促，水平有限，研究中难免存在一些不足之处，恳请大家批评指正。

李世祥

2021 年 5 月 10 日